D1936614

Doris Hartmann

Frauen, die wissen, was sie wollen, sind nicht zu schlagen!

DORIS HARTMANN

Frauen, die wissen, was sie wollen, sind nicht zu schlagen!

WUNDERLICH

1. Auflage Juli 1999
Copyright © 1999 by Rowohlt Verlag GmbH,
Reinbek bei Hamburg
Alle Rechte vorbehalten
Umschlaggestaltung Susanne Müller
(Foto: IFA-Bilderteam; F. Lance)
Satz aus der Sabon und Dax Postscript PageOne
Gesamtherstellung Clausen & Bosse, Leck
Printed in Germany
ISBN 3 8052 0656 9

Inhalt

Vorwort

Als ich vor vielen Jahren den erfahrenen Personalchef eines weltweit agierenden Konzerns fragte, warum denn so wenig Frauen in den oberen Positionen zu finden seien, kam die Antwort des Experten wie aus der Pistole geschossen: «Frauen muß man gar nicht erst fragen, die wollen sowieso nicht!» Die Reaktion hat mich natürlich geärgert, aber sie war zugleich eine Herausforderung, den Ursachen dieses (Vor-)Urteils nachzugehen. Irgend etwas müssen wir Frauen ja falsch machen, wenn diese Meinung so hartnäckig verbreitet wurde und wird, obwohl sie – wie ich aus vielen Gesprächen mit verschiedenen Frauen weiß – nicht zutrifft. Derselbe Personalchef antwortete mir auf meine Frage nach den wichtigsten Kriterien für Karrierechancen mit «Wollen und Glück». Damals war ich eher verblüfft über diese knappe Formel, heute kann ich sie aus meiner Erfahrung bestätigen: Nur wer den beruflichen Erfolg wirklich will, bringt die notwendige Energie auf, um sich mit Kompetenz, Ideen und Durchsetzungsstärke in einem Unternehmen zu behaupten. Und ohne das notwendige Quentchen Glück, das heißt zur richtigen Zeit und am richtigen Ort die richtige Aufgabe zu erhalten, bleibt ein noch so großes Engagement erfolglos.

Tatsächlich aber fand ich im Laufe meiner 15jährigen Beratungspraxis, in der ich mit zahlreichen Frauen ihre individuellen Karrierechancen sondiert habe, bei vielen von ihnen gute Gründe, ihr «Wollen» genauer abzuwägen; Frauen haben oft die sehr unterschiedlichen Lebenswelten von Beruf und Familie miteinander zu vereinbaren, und das führt zu diffizilen Zielkonflikten.

Gerade Frauen, die diese Zielkonflikte sehr genau wahrnehmen und realistisch die verschiedenen Optionen prüfen wollen, wirken auf andere – auch im beruflichen Umfeld – paradoxerweise zögerlich und entscheidungsschwach. Ihre Bedachtsamkeit wirkt wie Unsicherheit und/oder mangelnde Zielstrebigkeit. Und damit fehlen vermeintlich die wichtigsten Voraussetzungen für verantwortungsvolle Positionen. Gerade solche scheinbaren «Mankos», die in den letzten Jahren bei Frauen beobachtet wurden – und einer Heerschar von Psychologinnen reichlich Arbeit verschafften –, galten als Bestätigung für die These vom fehlenden weiblichen Karrierepotential.

Wahrscheinlich sind persönliche «Defizite» wie mangelndes Selbstbewußtsein, fehlende Durchsetzungsstärke und ähnliches bei Frauen tatsächlich häufiger als bei Männern zu beobachten, doch oftmals fehlt nur die persönliche Entscheidung in wichtigen Lebensfragen: Frauen müssen für sich selbst klären, welche Ziele sie erreichen wollen und wie ihr zukünftiges Leben – beruflich und privat – aussehen soll.

Grundsätzlich sind für Frauen die Schwierigkeiten, aber auch die Chancen beruflichen Aufstiegs gar nicht so verschieden von denen der Männer. Dennoch gibt es Besonderheiten, die prinzipiell für alle Gruppen gelten, die sich in eine für sie neue Lebenswelt begeben: Erfordert der Wechsel eine Anpassung an die Normen und Rituale der neuen Gruppe? Wie kann ich trotzdem meine persönliche Identität bewahren? Dabei geht es nicht darum, angebliche «Defizite» zu beseitigen, sondern «besetztes Land» zu erobern. Ziel ist nicht die Verdrängung der jetzigen Besetzer, sondern die Gewinnung gemeinsamer Gestaltungskompetenz.

Erfolgreiche Frauen betonen oft, daß glückliche Umstände ihnen behilflich waren; Männer waren in ihrer Selbstwahrnehmung in der Regel eher selbst tüchtig. An ihr gern zitiertes «Glück» mögen Frauen dennoch kaum glauben, weil sie in der männerdominierten Führungswelt Zufallschancen zu gering einschätzen. Das ist sicher ein Fehlurteil, denn wenn auch das vielbeschworene «Glück» am wenigsten in meiner Macht liegt, so kann ich ihm doch eine Chance geben. Wer daran nicht glaubt, arbeitet zu wenig an den Bedingungen der Möglichkeit von beruflichem Erfolg.

Wenn Frauen also heute vor der Frage stehen, ob sie tatsächlich eine berufliche Karriere anstreben sollten, dann ist die Antwort darauf in den letzten Jahren nicht gerade leichter geworden. Denn mehr denn je ist das eigene «Wollen» von zentraler Bedeutung. Im stärker werdenden Wettbewerb um wichtige Positionen wird die souveräne Steuerung eigener Interessen, das bewußte und gezielte Wahrnehmen von Einflußchancen und das geschickte Planen der individuellen Lebensziele immer wichtiger. Was sind die Gründe?

- ❑ Der Zeithorizont für die beruflichen Entwicklungsmöglichkeiten ist enger geworden: In der Personalplanung wird vor allem die Altersgruppe der 25- bis 45jährigen als Leistungsträger und Zukunftspotential gefordert und gefördert. Dies ist aber in der Regel auch der Zeitraum, in dem für Frauen die Frage der Familienplanung ansteht. Bei der heute längeren Ausbildung starten viele erst mit Ende 20 und stehen schon bald vor der ernüchternden Erkenntnis, daß ihnen eigentlich nur 10 Jahre für Kinder und Karrieremöglichkeiten bleiben. Viele kapitulieren angesichts so konzentrierter Anforderungen.
- ❑ Die Leistungsanforderungen nehmen zu: Heute werden Mitarbeiter zu einem sehr viel früheren Zeitpunkt mit verantwortungsvollen Aufgaben betraut. Die Wahl für

den Führungsnachwuchs fällt häufig schon auf die 30jährigen. Von ihnen verspricht man sich jugendlichen Schwung, hohen Einsatz und unbekümmerte Entscheidungsfreude, die den oft verkrusteten Institutionen im globalen Wettbewerb die notwendige Beweglichkeit zurückbringen sollen. Die Erwartungen an diese Zielgruppe sind groß: Sie müssen sofort funktionieren, erhalten wenig Chancen zu lernen, und für Fehler gibt es kaum noch Toleranz. Der Einsatz ist sehr hoch; für Frauen mit Familie fast nur als «doppelter Salto mortale» zu schaffen.

- ❑ Chancen werden nicht mehr gewährt, sondern müssen erkämpft werden; also will neben der nötigen fachlichen Kompetenz auch das subtile Spiel um Einfluß und Macht gekonnt sein. Frauen bemerken dies oft zu spät, denn sie konzentrieren sich vornehmlich auf die Sache und prüfen nicht ausreichend, ob ihr Einsatz überhaupt der aktuellen Interessenslage in ihrem beruflichen Umfeld entspricht. Mit dem fatalen Ergebnis, daß sie oft in ihrem Leistungspotential verkannt werden.

Die veränderten Szenarien in den Unternehmenswelten, der Abbau von Hierarchien, die Beschleunigung von Veränderungsprozessen fordern auch von beruflich engagierten Frauen ein hohes Maß an Flexibilität und Einsatz. Trotz allem – noch nie waren die Vorzeichen gleichzeitig so günstig für Frauen! Die vielfältigen Umstrukturierungen in den Unternehmen, die sich aus Firmenaufkäufen und -zusammenschlüssen ergeben, stellen permanent alles Gewohnte auf den Prüfstand: scheinbar unerschütterliche Positionen, alte Besitzstände und eingefahrene Routine. Mit Veränderungen sind aber auch unvorhersehbare Chancen verbunden. Frauen sind traditionell nicht so stark institutionell verankert wie die meisten Männer und können daher viel vorbehaltloser und flexibler reagieren – sie müssen nur ihre Chancen erkennen und ergreifen.

Heute steht die gute Sachleistung, die innovative Lösung und kundenorientierte Vorgehensweise im Mittelpunkt unternehmerischen Handelns. In dieser Situation ergeben sich für Frauen zahlreiche neue Möglichkeiten, denn für sie ist es eher selbstverständlich, problemlösungs- und nicht statusorientiert zu handeln. Da ihr Blick sich vorrangig auf Lösungen konzentriert, die den vielfältigen Bedürfnissen von Menschen gerecht werden, können Frauen ihre spezifischen Stärken in zunehmendem Maße in den Beruf einbringen.

Vorausschauende Unternehmen stellen sich inzwischen die Frage, ob ihre gegenwärtige Belegschaft mental auf die vielfältigen Bedürfnisse globaler Märkte eingestellt ist. Manche müssen dabei feststellen, daß sie bei ihrem derzeit geringen Frauenanteil noch nicht einmal in der Lage sind, die Kundenbedürfnisse von etwa 50 % der Bevölkerung sensibel zu erfassen, weil ihnen schlicht der weibliche Blick im Hause fehlt oder er nicht in dem Maße ernst genommen wird, wie es für die Marktchancen einiger Produkte wichtig wäre. Weibliche Erfahrungen und Bedürfnisse sind für die Marktorientierung vieler Firmen unerläßlich. Frauen sind Kundinnen, und für sie wird eine Vielzahl von Angeboten produziert.

Welches sind also die zentralen Punkte, mit denen sich Frauen, die eine berufliche Karriere anstreben, befassen sollten?

- ❑ Das eigene «Wollen» klären: Entscheidungen für die berufliche Laufbahn sollten möglichst auf der Grundlage einer umfassenden Information über sich selbst, des Wissens um die persönlichen Werte, Bedürfnisse und Interessen getroffen werden.
- ❑ Eine «Vision» entwickeln: Sie erst gibt die Kraft, die Geduld und Beharrlichkeit, um Auseinandersetzungen zu bestehen, Rückschläge zu ertragen und mit Widerständen produktiv umzugehen.

- ❑ Eine gute Lösung für die Verbindung von Familie und Beruf finden.
- ❑ Einen eigenen Stil finden, der nicht nur dem Anpassungsdruck einer männlich geprägten Arbeitswelt entspricht.
- ❑ Marketing in eigener Sache: eine Kunst, die es zu erlernen gilt.
- ❑ Die eigenen Interessen sachgerecht durchsetzen, ohne dabei den guten Teamgeist aufs Spiel zu setzen.

II Die unvermeidliche Entscheidung

Nichts bewegt Frauen mehr als die Frage nach der richtigen Entscheidung, wenn es um ihre Lebens- und Berufskonzepte geht. Der gesellschaftliche Wandel in den letzten drei Jahrzehnten hat Veränderungen bewirkt, die besonders die Lebenswelt der Frauen massiv betroffen haben. Sie müssen sich heute in ihrer gesellschaftlichen Rolle, ihrem persönlichen Selbstverständnis und ihren Aufgaben neu definieren. Was ist anders als früher?

Der «Beruf Familie» ist im Vergleich zur früheren Großfamilie für viele Frauen kein Full-time-Job fürs Leben mehr. Mit der Kleinfamilie sind heute die Versorgungsaufgaben für die Familienmitglieder nach etwa 20 Jahren erfüllt, und wer früh Kinder bekommen hat, dem bleibt noch viel Lebenszeit für andere Aufgaben. Auch die Hausarbeit ist durch Technik und viele praktische Hilfsmittel inzwischen so erleichtert worden, daß sie nicht mehr den ganzen Tag beansprucht.

Auch die Einstellung zur Ehe hat sich erheblich gewandelt. Sie ist aufgrund aktueller Erfahrungen (33 % Scheidungsrate jährlich in der Bundesrepublik) kaum noch eine lebenslange Einrichtung, und das Sichverlassen auf einen «Versorger» ist für junge Frauen verständlicherweise keine Alternative mehr. Sie verschaffen sich durch eine Berufsausbildung und -tätigkeit auf jeden Fall ein «zweites Standbein» für die existentielle Sicherung ihres Lebens.

Ein erheblich höherer Anteil an Frauen hat die Chance

und auch die Möglichkeit ergriffen, sich beruflich so zu qualifizieren, daß sie dauerhaft und auch parallel zu einer möglichen Familiengründung berufstätig bleiben wollen. Damit ist generell eine höhere Qualifikation von Frauen entstanden, und der Anspruch dieser Gruppe, ihr Leistungspotential in die Berufswelt einzubringen, ist erheblich gestiegen.

Dies alles hat bewirkt, daß wir kein einheitliches, für alle verbindliches Lebensmuster mehr vorfinden – Soziologen sprechen heute von «Wahlbiographien». Die Vielfalt an möglichen Lebensformen hat erheblich zugenommen und damit auch die «Qual der Wahl». Viele Frauen verunsichert dies, da sie für die Gestaltung ihrer Biographie stärker in die Eigenverantwortung genommen werden. Frauen haben heute vergleichsweise sogar mehr Wahlmöglichkeiten, ihr individuelles Lebenskonzept zu entwerfen, als Männer und stehen deshalb auch unter hohem Entscheidungsdruck. Ist es für Männer immer noch selbstverständlich, den größten Teil ihres Lebens im Beruf zu verbringen, so gilt dies nicht unbedingt für Frauen, selbst wenn sie die gleiche Kompetenz mitbringen.

1. Frauen haben die Wahl

Wie man es auch macht im Leben, macht man es falsch! Zu diesem Schluß kommen viele Frauen, wenn sie mit Freunden, Bekannten oder in der Familie das Gespräch über Lebenskonzepte suchen. Für was soll ich mich entscheiden: Beruf oder Karriere mit oder ohne Familie, nur Familie? Im Urteil vieler Menschen ist nichts mehr eindeutig richtig. Entscheidet man sich nur für den Beruf, so hat man eine wichtige Erfahrung ausgelassen, ist seiner gesellschaftlichen Verantwortung nicht gerecht geworden, weil man nicht für zukünftige Rentenzahler sorgt und als Doppelverdiener die Mieten in unerreichbare Höhen treibt. Ist eine Frau voll berufstätig mit Kindern, dann gilt sie immer noch als «Rabenmutter» – auch nicht gerade ein erstrebenswerter Ruf. Hat sich eine Frau ausschließlich für die Familie entschieden, um dieser Aufgabe voll gerecht zu weden, kommt sofort das mitleidige Urteil: «Nur-Hausfrau». Also scheint dies auch nicht zu genügen. Und diejenigen, die beides verbinden, Beruf und Familie jeweils zur Hälfte, machen es nach «deutscher Manier» auch falsch, da ja beides nicht ordentlich gelingen kann. Wie entscheidet man als Frau in einer solchen Situation?

Ganz klar: Machen Sie es sich selbst recht! Das allerdings ist leichter gesagt als getan. Woran soll man sich orientieren? Selbst wenn es Beispiele oder Vorbilder gäbe, wäre damit noch nicht gesagt, ob sie für einen selbst passend sind; denn dazu müßte man ja schon wissen, was man will. Wo früher verbindliche Lebensmuster die Leitlinien vorgaben, sind Frauen heute in der Situation, daß sie sich selbst entscheiden müssen. Wenn Frauen früher gegen starre Lebensmuster protestierten, wußten sie auf jeden Fall sehr genau, was sie *nicht* wollten. Heute gilt eher die Empfehlung «Mach es so, wie du denkst» – und damit fangen die Schwierigkeiten oft erst richtig an.

Was geht Frauen durch den Kopf, wenn sie die verschiedenen Lebens- und Berufskonzepte gegeneinander abwägen? Sie haben sich mit Ambivalenzen auseinanderzusetzen – ob es sich um althergebrachte, zu Vorurteilen verfestigte Meinungen handelt, die eigenen Erfahrungen im sozialen Umfeld oder persönliche Wunschbilder, die mit den Erfordernissen der Realität abzustimmen sind. Einige der Vorstellungen, die in den Köpfen von Frauen und Männern herumgeistern, sind nichts als zählebige Mythen, fremde oder eigene, die längst überlebt sind und doch immer wieder auftauchen. Diejenigen, die mir immer wieder begegneten, sollen hier geschildert werden.

Wenn Frauen mit Karriereambitionen sich für das Berufsleben entscheiden, bedeutet das natürlich vollen Einsatz und unter den heutigen Arbeitsbedingungen womöglich auch den Verzicht auf geregelte Arbeitszeiten. Ist dies nicht nur dann zu schaffen, wenn auf Familie oder sogar feste Partnerschaft verzichtet wird? Nicht jede Frau schätzt eine solche Lebensform, sie scheint eher der unvermeidliche Preis für eine berufliche Karriere zu sein. Das Bonmot, nach dem «Männer *ohne* und Frauen *mit* Familie keine Karriere machen», scheint sich immer noch zu bewahrheiten. Die in den Medien präsentierten Vorzeige-Managerinnen, die zur Motivation für andere Frauen dienen sollen, haben oft weitgehend auf ein Privatleben verzichtet. Ausnahmen wie die Autorin und Superfrau Hera Lind bestätigen die Regel.

Einige Frauen fürchten, mit der Karriere eine Persönlichkeitsveränderung in Kauf nehmen zu müssen. Sie denken, daß mit beruflicher Verantwortung eher Härte, Durchsetzungsvermögen und Zielstrebigkeit verbunden sind und nicht so sehr Einfühlungsvermögen, Rücksichtnahme und Verständnis, die ja wiederum im privaten Bereich sehr erwünscht sind. So stellt sich für viele die Frage: «Ist der Preis für die Karriere vielleicht der, als Partnerin für einen Mann nicht mehr so attraktiv zu sein?» Daß diese Befürchtungen nicht ganz unbegründet sind, konnte ich bei einer Veranstaltung selbst feststellen. Als ich dort Manager fragte, wie sie die Führungskompetenz einer Margaret Thatcher beurteilen würden, antworteten sie spontan mit großem Lob und klarer Anerkennung. Hingegen kam auf die Frage, wer denn gern mit ihr verheiratet wäre, sofort ein lautes und deutliches: «Niemals – Unvorstellbar!» Eine ähnliche Erfahrung schilderte mir eine Frau, die nach einer Familienphase in den Betrieb ihres Mannes zurückgekehrt war und dort einen eigenständigen Verantwortungsbereich übernommen hatte. Im Betrieb mußte sie sich zu Beginn des erneuten Berufseinstiegs von ihrem Mann ständig sagen lassen: «Nun setz dich doch mehr durch!» Am Abend jedoch, wenn beide gemeinsam zu Hause waren, meinte er: «Du bist in der letzten Zeit so schroff geworden!»

Solche widersprüchlichen Anforderungen können manche Frauen innerlich zerreißen. Viele sehen nicht, wie sie die geforderten unterschiedlichen Verhaltensweisen in sich vereinen sollen, ohne dabei ihre Persönlichkeit aufzugeben. Dabei spielt sicher eine Rolle, daß Frauen oftmals nicht so gut zwischen ihrem Verhalten im Beruf und im Privatleben trennen können. Die Folge ist ein ständiger Balanceakt, in dem viele ungeübt sind und dessen Notwendigkeit sie nicht so recht einsehen.

Nun wollen ja nicht alle Frauen Karriere machen, im übrigen auch nicht alle Männer. Für viele ist die Berufstätigkeit einfach etwas Selbstverständliches und auch Gutes. Die eigenen Stärken einzubringen, vielfältige Anerkennung und nicht zuletzt finanzielle Unabhängigkeit sind ihnen wichtig. Verhängnisvoll wird es nur dort, wo der Beruf bloß notwendiges Übel ist und damit auch keine Freude macht. Oftmals wird dies von Personalchefs schnell bemerkt und mit dem entsprechenden Kommentar versehen: «Na ja, wenn der Richtige ihr über den Weg läuft, ist sie hier weg!» In meiner Beratung von Enddreißigerinnen, die sich bei mir Tips für ihre weitere berufliche Entwicklung holen, höre ich tatsächlich häufig die Erklärung: «Wissen Sie, bei mir ist das mit der Familienplanung nicht so gelaufen, wie ich dachte, nun muß ich mich um meine berufliche Entwicklung kümmern!» Meist sind dann schon viele Chancen vertan.

Auch wenn auch heute die meisten Frauen Kinder haben möchten, der Beruf «Familie» ist tatsächlich out. Keine wird mehr ausschließlich dafür qualifiziert, die entsprechenden Neigungen werden selten entwickelt. Das Ansehen des Berufes «Hausfrau» ist in der Gesellschaft so rapide gesunken, daß sich kaum jemand traut, diese Arbeit als eine erstrebenswerte Aufgabe anzusehen. Selbst wenn bei einigen Frauen ausgesprochene Begabung und auch Neigung vorhanden wäre: Selbstbewußt äußern würde dies niemand mehr. Kaum jemandem fällt auf, wie sehr wir Frauen uns hier von männlich geprägten Maßstäben leiten lassen: «Was nichts kostet, ist auch nichts», oder noch deutlicher: «Was nichts einbringt, kann nichts sein.» Wenn man aber bedenkt, wie wichtig diese Aufgabe ist – immerhin wird bis heute die nachfolgende Generation hauptsächlich von Müttern und Hausfrauen erzogen –, so ist die andauernde Diskriminierung dieser Arbeit nicht mehr verständlich.

Damit soll nicht der alten Mär gehuldigt werden, alle Frauen seien die geborenen Hausfrauen und Mütter und gingen damit nur ihrer eigentlichen Berufung nach. Genau dies steckt aber dahinter, wenn es heißt: «Eine Mutter gehört zu ihrem Kind!» Nur was ist, wenn die Mutter zwar ihr Kind, aber den Job als Hausfrau nicht liebt? Nichts ist unerträglicher für Kinder und Partner als eine meist frustrierte, sich ständig für andere opfernde Hausfrau. An das spätere Einklagen von Dankbarkeit bei den erwachsenen Kindern erinnern sich viele nur mit Abscheu. Nur weil kleine Jungen bekanntlich gern mit Autos spielen, machen wir ja auch nicht alle Männer zu Automechanikern, -händlern oder -ingenieuren. Warum sollen also aus all den mit Puppen spielenden kleinen Mädchen automatisch Babys hätschelnde Supermuttis werden?

Männliche Manager fragen mich häufig, warum Frauen sich denn den Berufsstreß antun, warum es ihnen nicht genüge, Hausfrau und Mutter zu sein. Viele meinen auch, es sei doch ein «herrliches Dasein», frei vom Druck der Arbeitswelt zu sein, sich den Tag selbst einteilen zu können und keinem fremdbestimmten Leistungsdruck zu unterliegen. Hierbei verkennen Männer oft einen wichtigen Punkt: Familie ist heute keine ausfüllende Aufgabe fürs Leben mehr. Sie verstehen kaum, daß es dem Selbstverständnis vieler Frauen nicht genügt, ihren Mann zum Geldverdienen in die Arbeitswelt zu schicken und sich selbst nur irgendwelchen Töpferkursen zu widmen. Frauen wollen für die gemeinsame Sache einen gesellschaftlich gleichwertigen Beitrag liefern, und daran fehlt es vielen Hausfrauen. Sicher ist zudem das gemeinnützige Betätigungsfeld in Deutschland noch unterentwickelt und wenig populär, im Vergleich zu den Vereinigten Staaten, wo das Engagement in Wohltätigkeitsvereinen beinahe eine moralische Pflicht ist und große gesellschaftliche Anerkennung erhält.

Frauen, die Karriere und Familie in ihrem Leben miteinander verbinden wollen, werden oft von dem Gefühl beherrscht, beiden Lebensbereichen nicht gleichermaßen gerecht werden zu können. Sie plagt das ewig schlechte Gewissen, und dadurch sind sie nicht souverän in der Erfüllung ihrer vielfältigen Aufgaben. Unzweifelhaft stellt die Verbindung von beidem eine große Herausforderung dar, denn der Tag hat nun mal nur 24 Stunden. Aber oftmals ist es der hohe Anspruch, in allem gut und perfekt sein zu wollen, der die Belastung ausmacht. Oft sind es auch Mißverständnisse im Hinblick auf die richtige Erziehung, die unangebrachten Streß verursachen. Erziehung ist keine Sache der Quantität, sondern eine der Qualität: Es kommt für das Kind nicht so sehr darauf an, ob die Mutter immer da ist, sondern wie die Beziehung gepflegt wird. Bei einer vergleichenden Untersuchung zwischen Hausfrauen und berufstätigen Frauen zu der Frage, wer von ihnen sich den Kindern intensiver widme, schnitten die berufstätigen Frauen zum Erstaunen vieler besser ab. In regelmäßigen Abständen werden dennoch die angeblichen Erziehungsschäden durch berufstätige Mütter immer wieder heraufbeschworen. Mir sind noch die «Schlüsselkinder» der 50er Jahre gegenwärtig, denen schlimmste Verwahrlosung vorausgesagt wurde. Im Endeffekt aber haben sie sich zu sehr selbständigen und eigenverantwortlichen Menschen entwickelt. Im Grundsatz gilt: Zufriedene Mütter sind immer die besseren Mütter. Was sie zufrieden macht, ob Berufs- oder Hausfrauentätigkeit, bleibt jeder selbst überlassen.

Frauen, die schon früh wußten, daß sie vor allem berufstätig sein wollen, sind noch vor nicht allzu langer Zeit hämisch als «Frustrierte», «Mannweiber» oder «Emanzen» etikettiert worden: Vorurteile, die denen galten, die sich zu weit in die vermeintliche Männerdomäne vorgewagt hatten. Doch auch heute noch haben viele Männer Schwierigkeiten, vorbehaltlos zu akzeptieren, daß es auch einer Frau höchst sinnvoll erscheinen kann, sich ganz einer Sache zu widmen. Vergleichsweise geringe Probleme haben Frauen mit Berufen im sozialen und medizinischen Bereich, aber schon junge Ingenieurinnen, Chemikerinnen oder Informatikerinnen kämpfen um gesellschaftliche Anerkennung. In den Unternehmen sind diese Frauen dagegen sehr begehrt, weil ihr Verhalten den männlich geprägten Strukturen entspricht und damit keine Komplikationen wegen einer Berufsunterbrechung durch Familienaufgaben verursacht.

Gelegentlich kann es einem so vorkommen, als ob Frauen sich zu sehr von den überkommenen Vorstellungen und Meinungen anderer abhängig machen und deshalb nicht zu dem kommen, was ihnen selbst wichtig ist. Hierbei sollte der Faktor der Anerkennung, die jeder Mensch braucht, nicht unterschätzt werden. Pionierhafte Einzelleistung, die sich auch gegen Widerstände behauptet, ist schätzenswert, kann aber nicht ohne weiteres von allen verlangt werden.

Bei diesen Betrachtungen steht die große Gruppe der Mittelschicht-Frauen im Zentrum. Dennoch sollte nicht verkannt werden, daß für die weniger privilegierten Arbeiterinnen der Beruf «Familie» bis heute meist einen individuellen «Aufstieg» bedeutet: Wer nur die Wahl hat zwischen der Arbeit an einem Fertigungsband oder der Hausarbeit, der wählt nur zu gern letztere, denn der Grad der Selbstbestimmung ist bei der Familienarbeit immer noch höher.

2. Die Strategie des Noch-nicht-Entscheidens

Angesichts des Dilemmas, sich zu den Möglichkeiten, Beruf und/oder Familie verhalten zu müssen, und wegen der vielen «Unbekannten» – begegnet mir der richtige Mann, gibt es den Traumjob, wie kriege ich Familie und Beruf später unter einen Hut? –, neigen viele Frauen dazu, sich alles offenzuhalten oder präziser gesagt «gar nichts» zu entscheiden. Sie schieben die Entscheidungen einfach auf.

Die Vermutung liegt nahe, heute kaum noch ausgesprochen, aber deswegen nicht weniger plausibel, daß Frauen Lebensentscheidungen in hohem Maße von einem Mann abhängig machen. Obwohl seit Jahrzehnten der emanzipatorische Anspruch formuliert und oft radikal eingefordert wird, sind Frauen es traditionell nicht gewohnt, autonom und eigenständig einen Lebensplan zu entwerfen. Wenn sie dies dennoch tun, wird der Plan relativ schnell wieder in Frage gestellt, sobald der Lebenspartner nicht mitzieht. Ein Bild soll dies verdeutlichen: Wir Frauen stehen eher auf einem Bahnhof, warten auf Zug und Zugführer, und wenn letzterer uns gefällt, steigen wir ein und reisen mit. Wie aber können Frauen dann glaubwürdig vertreten, daß sie es mit ihren individuellen beruflichen Absichten ernst meinen? Sind sie nicht doch zu sehr fremdbestimmt und zu wenig zielorientiert?

Viele Frauen ahnen, daß die Orientierung an den Lebensplänen eines Mannes eine fragwürdige Sache ist; denn angesichts der Scheidungsraten in der Bundesrepublik wird deutlich, daß die Ehe als Sinnstiftungs- und Versorgungseinrichtung nicht mehr funktioniert. Die meisten Mütter haben ihren Töchtern diese Botschaft inzwischen auch vermittelt und sich für deren Berufsausbildung stark gemacht. Noch nie hatten wir so viele gutausgebildete Frauen auf dem Arbeitsmarkt. Noch in den sechziger Jahren verließen viele Frauen die Universitäten ohne Examen, und der beliebte Spruch machte die Runde: «Wer bis zum vierten Semester keinen Doktor hat, muß ihn leider selbst machen!» Heute hat sich das zum Glück grundlegend geändert. Frauen machen nicht nur überhaupt Examen, sondern auch sehr gute. Leider oft in Fächern ohne große berufliche Perspektiven, was natürlich die Frage aufkommen läßt, wie es denn um eine ernsthafte, langfristige Berufsorientierung wirklich steht.

Häufig werden die Folgen des langen «Abwartens» verkannt: notwendige Entscheidungen häufen sich verspätet und zu einem Zeitpunkt, der aus biologischen, wirtschaftlichen oder gesellschaftlichen Gründen vieles unmöglich macht. Die Frauen, die das Kinderkriegen vor sich hergeschoben haben, geraten durch die biologische Uhr in die Bredouille. Oder sie stehen zu dieser Zeit gerade an einem beruflichen Wendepunkt, der hohes Engagement erfordert, und wissen nicht, wie sie in der verbleibenden Zeit alle ihre Lebenswünsche verwirklichen sollen. Hier flüchten viele in trügerische Illusionen und Phantasien. Doch das Tückische an dieser Situation ist gerade die eigene Passivität: man wartet auf den richtigen Job, den Traummann, die gute Gelegenheit und ganz generell darauf, daß man gebeten wird. Dabei verstreicht viel ungenutzte, wertvolle Zeit, so daß die erträumten Chancen keine mehr sind, weil sie weder rechtzeitig erkannt noch genutzt wurden.

Wenn ich Frauen in meinen Seminaren frage, ob sie bis zur Rente berufstätig sein wollen, erhalte ich häufig die Antwort: «So weit habe ich noch gar nicht gedacht. Ich bin erst mal froh, wenn ich weiß, was ich in den nächsten fünf Jahren machen werde!» Die gleiche Frage, an Männer gerichtet, wird folgendermaßen beantwortet: «Haben Sie eine Alternative?» Dieser feine Unterschied in der Sichtweise, der immer noch auf der Annahme gründet: «Ein Mann muß, eine Frau kann arbeiten», ist für viele Frauen folgenschwer. Denn wer keine Vorstellung davon hat, wie lange er sich im Feld der Berufstätigkeit bewegen will, denkt auch zuwenig darüber nach, ob und womit und mit wem er es da aushalten kann. So entstehen leicht Verbissenheit und Frustration, wenn Frauen in Ermangelung besserer Alternativen «leider arbeiten müssen». Früher gab es das Klischee von den verbitterten Nonnen, die ins Kloster gehen mußten, weil sie keinen Mann abbekommen hatten. Gelegentlich treffe ich berufstätige Frauen, die mich an dieses Bild erinnern. Es ist also auch für Frauen unabdingbar, sich beruflich angemessen zu qualifizieren und dabei das wichtigste Kriterium zu beachten: In welchem Berufsfeld würde ich Freud und Leid einer etwa 40 Jahre dauernden Tätigkeit ertragen?

Noch vor wenigen Jahrzehnten war die Meinung vorherrschend, daß Berufstätigkeit nur eine Übergangszeit zur «eigentlichen» Bestimmung im Leben der Frau sei, nämlich Hausfrau und Mutter zu werden. Wenn eine berufliche Qualifizierung ins Auge gefaßt wurde, dann immer mit Blick auf die Chancen für eine «gute Partie» – ob als Krankenschwester, die einen Arzt, als Sekretärin, die ihren Chef heiraten kann, oder als Stewardess, deren Auswahl an attraktiven Kandidaten unendlich schien. Wichtig war auch die Frage, wie man Beruf und Familie optimal verbinden könnte – z.B. als Lehrerin. Oder man wurde direkt für die Aufgabe «Hausfrau und Mutter» ausgebildet, etwa als Hauswirtschaftslehrerin, Kindergärtnerin oder Erzieherin.

Hier hat die Frauenbewegung der siebziger Jahre zum Glück gründlich mit den Klischees der Groschenromane aufgeräumt. Ein Studium, eine qualifizierte Ausbildung, ja Bildung generell wurde ein wichtiger Emanzipationsschritt für viele Frauen. Sie förderte die aktive Teilnahme vieler Frauen am öffentlichen Leben, politischen Geschehen und gesellschaftlichen Entwicklungen. Gemäß dem von Simone de Beauvoir formulierten Anspruch, daß nur ökonomische Unabhängigkeit die Freiheit für die Frauen bringt, setzte sich dieses Denken in der weiblichen Welt durch. Dies ist eine große Errungenschaft, die eigentlich keine mehr preisgeben will. In der Praxis hält sich bei vielen Frauen jedoch hartnäckiger als oftmals eingestanden der Traum vom Ernährtwerden. Wie ist sonst die vorrangig geisteswissenschaftliche Fächerwahl – als brotlose Kunst bekannt – bei weiblichen Studierenden zu erklären, die objektiv die Chancen auf einen angemessenen Arbeitsplatz minimiert. Überhaupt gewinnt man bei der Art und Weise, wie Frauen ihre Berufsausbildung betrachten und handhaben, den Eindruck, als wäre sie lediglich eine gute Mitgift, auf die man im Fall der Fälle noch einmal zurückgreifen kann, wenn es denn mit Familie und Partnerschaft nicht so recht klappt. Daß dies nach länger fehlender beruflicher Aktivität nur recht und schlecht und wenn überhaupt, dann mit enormem Aufwand und viel Glück funktioniert, wird vielen bei ihren Lebenskonzepten anscheinend gar nicht bewußt.

Könnte es sein, daß es sich noch immer nicht lohnt, in die eigene Berufsqualifikation zu investieren, weil insgeheim dennoch die Devise gilt: «Ich heirate ja doch!»? Oder wird das Studium nur als Bildung im allgemeinsten Sinne verstanden, damit die Attraktivität auf dem Heiratsmarkt steigt, nach dem Motto: «Männer heiraten gerne was Studiertes!»? Jedenfalls hat man oftmals den Eindruck, daß mit all den Anstrengungen nie das Ziel verbunden wird, sich einmal selbst ernähren zu können oder womöglich noch eine Familie dazu. Dieser Aspekt ist im Denken der Männer immer gegenwärtig.

Daß dieses «Konzept» im Leben nicht immer aufgeht, haben viele Frauen bitter erfahren müssen, z.B. die vielen unfreiwillig Alleinerziehenden, die, von ihren Partnern verlassen, nun alles selbst erwirtschaften müssen, was einmal gemeinsam geplant war. Oder die Frauen, die nach zwanzigjähriger Ehe verlassen wurden oder selbst ihren Mann verließen, sich auf den Weg in ein erneutes berufliches Engagement machten und dabei feststellen mußten, daß ihre geringe Qualifikation sie zu den schlechtbezahltesten Hilfskräften machte – womit sie vom eigenen Anspruch her nicht gut leben konnten. Viele Frauen sitzen, spätestens wenn die Kinder größer sind, frustiert zu Hause, vermissen Wertschätzung für ihre Arbeit, mit der sie andere unterstützten, und wissen nicht, wie sie sich darüber hinaus sinnvoll in der Gesellschaft engagieren können.

Als typisch weiblich galt auch die Karriere über eine Affäre mit dem Vorgesetzten. Doch ist das tatsächlich ein lohnender, erfolgversprechender Weg? Nach meinen Beobachtungen höchstens so lange, wie das Verhältnis dauert und sich die gegenseitigen Erwartungen erfüllen. Danach wird es – meistens für die Frauen – gefährlich. Oder man heiratet seinen Chef und engagiert sich an dessen Seite. Für lange Jahre war die Chefin des Versandhauses Quelle Grete Schickedanz dafür ein typisches Beispiel. Eine langfristig erfolgreiche Strategie, die einen akzeptierten, gleichwertigen Platz im Herrenclub sichert, ist das aber sicher nicht. Früher hat sich so manche Frau tatsächlich erst durch eine Ehe beruflich entwickeln können. Lange Zeit war dies die einzig realistische Chance, sich in Männerdomänen erfolgreich zu bewegen. So hat die Damenmodenchefin Frau Fink nach dem plötzlichen Tod ihres Mannes das Unternehmen bis zur heutigen Größe und zum Erfolg geführt.

Junge Frauen heute leben offenbar eher nach dem Prinzip: «Dies macht mir gerade Spaß, und wenn das vorbei ist, mache ich eben etwas anderes!» So wie Spaß zu einem Job gehört – wer die Kriterien für den eigenen Spaß nicht kennt, wird unter Umständen zum Job-Hopper und am Ende nicht das ernten, was bei einiger Vorüberlegung möglich gewesen wäre. Denn was passiert, wenn der Spaß verflogen ist? Nach welchen Prinzipien wird dann entschieden?

Alle Verhaltensmuster, die ich bisher vorgestellt habe, sind von Frauen praktizierte Strategien, die nicht bewußt oder absichtlich gewählt werden. Sie entstehen als Lösung einer bestimmten Lebenssituation, für die die Frauen sich eher spontan als reflektiert entscheiden. Ein großer Teil aber versucht immer noch, sich gar nicht zu entscheiden, um sich möglichst lange die Illusion vieler Optionen im Leben zu erhalten. In meinen Beratungsgesprächen erlebe ich diese Haltung in Äußerungen wie: «Ich habe so viele Ideen und Vorstellungen, was ich alles beruflich machen könnte, und schon eine Menge probiert, aber es ist ja unmöglich, in diesen Arbeitsbereichen eine Anstellung zu finden.» Nur wenigen Frauen ist bewußt, daß dieses Abwarten, das Warten auf die große Chance und das «Nichtentscheiden» auch ein Entscheiden ist. Eine Seminarteilnehmerin bedankte sich einmal dafür, daß ich sie mit dieser deutlichen Aussage wirkungsvoll von der «Wartebank», auf der sie schon länger saß, geschubst hatte. Denn mein Anliegen ist es, Frauen daran zu erinnern, daß sie wichtige Lebenschancen vergeben, wenn sie den Lauf der Dinge nur passiv verfolgen.

3. Mit dreißig: Schon alles vorbei – oder erst am Anfang?

Im Lebensrhythmus vieler Frauen ist der 30. Geburtstag ein magisches Datum. Weil, wie schon Gail Sheehy in ihrem Buch «In der Mitte des Lebens» feststellte, sich die Frage nach der persönlichen Identität, nach dem «Wer bin ich» nun so deutlich stellt, daß der Suche nach einer Antwort nicht mehr ausgewichen werden kann.

Für unsere Fragestellung ist es wichtig, etwas über die Bedeutung der relevanten Lebensphasen zu wissen, um den eigenen Standort besser bestimmen zu können. Die Biographieforscher haben mit ihren Phasenbeschreibungen verdeutlicht, welche Lebensaufgaben und möglichen Konfliktfelder in den jeweiligen Lebensaltern auftauchen. Zwischen 16 und 21 ist die Ablösung vom Elternhaus das zentrale Thema. Von 21 bis 29 wird ziemlich viel entschieden: In dieser Zeit wählt man seine Berufsausbildung und den beruflichen Weg, in der Regel geht man eine feste Partnerschaft ein, gründet vielleicht schon eine Familie. Es ändert sich auch der gesellschaftliche Status: man ist nicht mehr die «Tochter von», sondern eher die «Frau von», und häufig wechselt man damit auch sein gesellschaftliches Umfeld. Zugleich löst allein die Vorstellung, nun womöglich lebenslänglich an Mann und Beruf gebunden zu sein, bei einigen eine gewisse Endzeitstimmung aus, denn man fühlt sich dafür eigentlich zu jung, die Welt will noch entdeckt und erforscht werden. Experimente und Abenteuer sollen für die Zukunft nicht ausgeschlossen sein.

Der Übergang in die Dreißiger ist eine Wendezeit, die individuell unterschiedlich, aber oftmals sehr krisenhaft ausfallen kann. Sie fordert zum Überdenken aller bisherigen Entscheidungen auf. Vielfach aber sind diese nicht selbstbestimmt getroffen worden, sondern eher in Anlehnung an die

Meinung anderer, an gewisse Trends oder auch deutliche Empfehlungen der elterlichen Autorität, die nun stärker in Frage gestellt wird.

Überdeutlich wird von vielen Frauen beschrieben, daß sich diese Phase ankündigt, indem sie alles bis dahin Begonnene in Frage stellen: Soll die Partnerschaft fortgesetzt werden, oder wird der «Männermarkt» noch mal geprüft, «ob sich nicht doch etwas Besseres findet»? Bleibe ich in dem gewählten Beruf, oft von den Eltern ausgesucht, oder wechsele ich noch mal in etwas völlig anderes? Wer bis dahin die Kinderfrage vor sich hergeschoben hat, wird durch die unaufhaltsam tickende biologische Uhr zur Entscheidung gedrängt. Ein typisches Merkmal dieser Lebensphase ist, daß man plötzlich nur noch die Menschen im sozialen Umfeld wahrnimmt, bei denen alles wunderbar zu laufen scheint. Bei einem selbst aber verschärft sich das Gefühl, mit dem Leben nicht zurechtzukommen. Vielleicht ist hier zunächst einmal tröstlich zu wissen, daß es sehr vielen Frauen in dieser Zeit so ergeht.

Allerdings ist der richtige Umgang mit sich und der Welt damit noch nicht geschafft, denn neben den eigenen Unsicherheiten und ambivalenten Zielvorstellungen entsteht zusätzlich ein massiver Druck durch andere. Im privaten Umfeld treten die klassischen Normen, die scheinbar der Vergangenheit angehören, nun doch als Anforderungen auf: «Wie, immer noch keine Kinder?» tönt es aus der Verwandtschaft. Im beruflichen Feld verstärken sich die Erwartungen von Chefs und Personalplanern: «Wie soll denn Ihre weitere berufliche Entwicklung aussehen?» ist die bohrende Frage, die auf eine Antwort wartet. Das alles streßt ungemein, weil man spürt, daß jede Antwort folgenschwer sein kann, und man selbst nicht weiß, wie man sich entscheiden soll. Diese Zeiten der eigenen Unsicherheit, in denen man sich das zukünftige Leben heute so und morgen so wünscht, werden subjektiv als aufreibend empfunden – besonders dadurch, daß man sich nichts sehnlicher als eine Entscheidung wünscht und ihr zugleich ausweicht, weil man nicht weiß, welche die richtige ist.

Zunächst einmal sollte man in dieser Phase seine eigenen Vorstellungen über die Lebensrhythmen klären, denn oftmals sind sie noch geprägt von den Normen der Eltern. Da gilt meist die Maxime: Bitte alles schön der Reihe nach und immer erst das Begonnene abschließen. An Kinder darf erst gedacht werden, wenn die Ausbildung erfolgreich abgeschlossen ist, der Berufseinstieg geklappt hat und die Partnerschaft auf soliden Füßen steht. Doch schon diese Maxime ist schwierig einzuhalten, denn entweder hat es mit dem Beruf geklappt, dann aber vielleicht nicht mit der richtigen Partnerschaft. Oder man hat sich noch eine verspätete Ausbildung gegönnt, die Partnerschaft gerade beendet und ist auf der Suche nach «Neuem». All dies erhöht den Streß ungemein. Sollte man sich nicht von solchen Vorgaben freimachen, wo es möglich ist, um herauszufinden, was zu einem selbst paßt? Damit aber wird die Frage «Was will ich wirklich?» immer wichtiger.

Das alles dauert in der Regel drei Jahre und wird von einer Phase abgelöst, die Gail Sheehy sehr treffend mit «Wurzeln schlagen» bezeichnet. Sie verläuft von 32 bis 39 und ist geprägt von perspektivisch langfristigen Entscheidungen mit den entsprechenden praktischen Umsetzungen. Nachdem man in der Wendezeit noch einmal alles geprüft hat, werden nun Überlegungen in die Tat umgesetzt. Es ist die Zeit, in der man sich festlegt, klare Verbindlichkeiten eingeht und häufig im Beruf die nächste Karrierestufe in Angriff nimmt. Man möchte jetzt auch gern vorzeigen, was man im Leben erreicht hat. Zugleich wachsen in dieser Phase Selbständigkeit und Autonomie, noch immer begleitet von einem gewissen Schielen nach Anerkennung und Lob.

Die nächste Krise kommt bestimmt, und zwar mit 40. Als Midlife-crisis hat sie eine gewisse Berühmtheit erlangt. Sie trifft nach meiner Erfahrung Männer viel stärker als Frauen, obwohl traditionell gerade 40 das traumatische Datum für viele Frauen war. Jeder erinnert sich, daß Marilyn Monroe dieses Alter erst gar nicht erreichen wollte, und kritisch bewundernd beobachtete meine Generation die Entwicklung der Tierliebe bei Brigitte Bardot. Heute profitieren wir unmerklich, aber deutlich von den Errungenschaften der modernen Medizin und den Erkenntnissen über gesunde Lebens- und Ernährungsweisen. Nichtsdestotrotz ist die Zeit von 39 bis 42 wiederum eine Übergangsphase, die uns mit typischen Themen konfrontiert. Es findet hier eine erste Bestandsaufnahme im beruflichen Bereich statt: «Was habe ich erreicht – was will ich noch erreichen?» Der Traum von den eigenen Kindern ist nun für die meisten ausgeträumt, selbst wenn hin und wieder Spätentschlossene die biologischen Möglichkeiten noch nutzen. Diejenigen, die bereits erwachsene Kinder haben, fangen an, die eigene Rolle neu zu definieren, und genießen zunehmend ein Stück wiedergewonnener Freiheit. Spürbar werden allerdings auch die ersten Anzeichen des Älterwerdens. Der Körper nimmt nicht mehr so locker durchtanzte Nächte oder Trimm-dich-Übungen hin, obwohl 39- bis 42jährige nach der jetzigen durchschnittlichen Lebenserwartung für Frauen nicht alt sind, sondern statistisch erst die Hälfte des Lebens hinter sich haben. Die durchschnittliche Lebenserwartung von Frauen beträgt gegenwärtig 79,5 Jahre, zu Beginn der 80er Jahre lagen wir noch bei 72 Jahren!

In dieser Zeit wächst das Bewußtsein für die eigenen Stärken und Schwächen, der Rückblick auf das bis dahin Geschaffte erfüllt einen mit Stolz, und die Souveränität im Umgang mit sich und anderen nimmt zu. Wenn auch die verbleibende Zeit plötzlich knapp erscheint, Energien nicht mehr unendlich vorhanden und die Möglichkeiten begrenzter sind, so ist doch mit der neuen Sicht eine Aufbruchstimmung verbunden, denn die Zeit von 42 bis 49 ist tatsächlich eine höchst positive Phase. Viele Frauen sind inzwischen frei von Kindererziehungsaufgaben, sie können sich stärker auf sich selbst beziehen, und der Grad der inneren Unabhängigkeit steigt. Diese zunehmende Freiheit beflügelt und setzt viel Energie für Neues frei.

Allerdings konnte ich häufig beobachten, daß Frauen, die um die 30 keine Krise hatten, sie mit Ende Dreißig um so heftiger durchlebten. Die berufliche Weiterentwicklung wird oft zum zentralen Thema. Wer jetzt noch keine Antwort auf die Frage «Wer bin ich?» gefunden hat, der erfährt nun drastisch, daß man für das eigene Leben allein verantwortlich ist und die Konsequenzen seiner Entscheidungen selbst zu tragen hat. Ein Leben ohne «Schuldige» zu führen ist nicht ganz leicht. Wer es versucht, weiß, wovon ich rede. Ab 40 aber wirkt Anklage gegen die eigenen Eltern nur noch peinlich.

Wer hingegen eine Antwort und damit eine Richtung für sein Leben gefunden hat, wächst in seiner Entwicklung deutlich und kann auch die nächste Wende um die 50 gut bewältigen. Sie ist geprägt von starken körperlichen Veränderungen. Die Wechseljahre schränken die Leistungsfähigkeit hin und wieder ein, und die Auseinandersetzung mit dem Älterwerden wird nun hautnah spürbar. Wer bis dahin nicht fest in Lebens- oder Berufsaufgaben verankert ist, hat große Mühe, unter den gegenwärtigen Arbeitsbedingungen etwas Neues zu finden. Auch der gesellschaftliche Gegenwind, für den die über 50jährigen zum alten Eisen gehören und doch endlich Platz machen sollen für die jüngere Generation, nimmt zu. In manchen großen Unternehmen ist man dann sogar schon vorruhestandsreif. Trotzdem hat auch diese Zeit ihren besonderen Charakter. Sie ist geprägt von zunehmender persönlicher Gelassenheit und Erfahrungsweisheit. Ab jetzt wählt man sehr bewußt und gezielt aus, wo und wie man sich noch engagieren will; nicht alles kommt mehr in Betracht. Es ist die Phase, in der man gern sein Wissen und die oft mühsam erworbenen Erfahrungen weitergibt.

Solche Wendezeiten haben besonders viel Beachtung gefunden durch ungewöhnliche Beispiele von Aussteigern oder Umsteigern. Da werden Manager plötzlich Heilpraktiker, Friseure erproben das Reisebusfahren, und Ingenieure entdecken ihre Beratertalente. Sie wurden als exotische Beispiele gefeiert. Doch zukünftig werden wir uns alle daran gewöhnen müssen, im Laufe eines Lebens mehrere Berufe zu haben. Frauen sind geübter und anpassungsfähiger, wenn wechselnde Aufgaben an sie herangetragen werden; sie haben allerdings größere Schwierigkeiten, ihre eigene Identität zu finden. Zu schnell folgen sie den Zielen anderer und landen dort, wo sie nicht hinwollen. Eindrücklich ist mir in Erinnerung, wie eine Frau mir berichtete, daß sie Medizin studiert hatte, «weil man das mit einem exzellenten Notendurchschnitt im Abiturzeugnis einfach macht». Den Beruf als Medizinerin hat sie dann nie richtig praktiziert, sondern eine Aufgabe im Vertrieb von Medizintechnik übernommen, die ihr nicht nur Spaß machte, sondern auch großen Erfolg brachte.

Was also ist zu tun, wenn divergierende Ziele uns hin und her reißen und man allmorgendlich mit neuen Ideen, aber mindestens auch mit ebenso vielen Zweifeln wach wird und sich zugleich nichts sehnlicher wünscht, als nun endlich zu wissen, was man eigentlich will? Mein Tip: Entscheiden Sie sich nicht sofort für oder gegen etwas Bestimmtes, sondern entscheiden Sie sich zunächst für eine zeitlich begrenzte Informationsphase. In diesem persönlichen Projekt können Sie jedem Wunsch gedanklich nachgehen, fehlende Informationen einholen, Szenarien entwickeln und sich bestimmten Situationen aussetzen, um sie genau beurteilen zu können. Frauen, die noch vor der Frage stehen «Kinder – ja oder nein?», sollten mal bei Freunden mit Kindern ein Wochenende Familienarbeit ausprobieren. Im beruflichen Bereich gibt die bewußt gewählte Vertretung in anderen Abteilungen oft guten Einblick und damit Entscheidungshilfe. Mit den neu gewonnenen Informationen und Erfahrungen ist es leichter, nach einer gewissen Zeit eine fundierte Entscheidung zu treffen. Sobald eine Wendezeit positiv angenommen und aktiv gestaltet wird, ist ihr auf jeden Fall der Schrecken genommen.

Denn prinzipiell sind Wendezeiten ja etwas sehr Gutes: im Leben einmal innezuhalten und zu überdenken, ob die momentane Aktivität den gewünschten Vorstellungen entspricht oder zum angestrebten Ziel führt, ist ausgesprochen sinnvoll. Überhaupt ist durchaus das «Krisenhafte» aus einem ungewohnten Blickwinkel zu betrachten: In unserer erfolgsorientierten Welt gilt ja jede aufgezwungene Veränderung, jedes Scheitern oder Versagen als etwas Negatives, das es unbedingt zu vermeiden gilt. Dabei gibt es im Leben durchaus Situationen, die man als «sinnvollen Mißerfolg» bezeichnen könnte. Wer kennt dies nicht sogar aus eigenen Erfahrungen? Man hatte sich mal in einen Mann verliebt, wurde aber nicht wiedergeliebt. Man wollte ohne ihn schon gar nicht mehr leben, aber nach einigen Jahren wurde einem plötzlich klar: «Gott sei Dank, daß aus dieser Beziehung nichts geworden ist.» Genauso kennt man auch «sinnlose Erfolge» im Leben. Eine Diplomkauffrau hatte bei einer internen Bewerbung in einem großen Unternehmen unter 180 Kandidaten die begehrte Stelle bekommen. Voller Stolz feierte sie diesen Erfolg, natürlich auch, weil man sie als Frau den männlichen Bewerbern vorgezogen hatte. Doch sie war noch nicht drei Monate in der neuen Position, da wußte sie schon, daß sie nicht zu der neuen Aufgabe und dem Team paßte. Ihre Erwartungen erfüllten sich nicht, und schnell versuchte sie, die Stelle wieder zu verlassen.

Mit 30 ist also nicht alles vorbei, im Gegenteil: es geht erst richtig los. Nicht jede getroffene Entscheidung ist unkorrigierbar. Man kann natürlich mit jedem weiteren Jahr nur noch eine etwas schlechtere Sportlerin werden, weil die körperliche Kondition keine besseren Voraussetzungen mehr bietet. Aber so manche andere reizvolle Variante für Veränderungen aller Art ist möglich.

4. Man macht einen Plan – und dann ...

Man macht einen Plan, dann einen zweiten und womöglich noch einen dritten – und zuletzt klappen alle drei nicht. Diese Erkenntnis trifft ziemlich genau die Hilflosigkeit der Frauen, die eigentlich so gut geplant hatten und erleben mußten, wie alles ganz anders kam. Doch so ist das Leben!

Wenn Frauen mir ihren beruflichen Werdegang, ihre gezielten Vorüberlegungen und die praktische Umsetzung aller heute geltenden Erfolgsfaktoren vorstellen, bin ich oft ziemlich erstaunt, mit welcher Disziplin und Perfektion sie das alles gemeistert haben. Da wurde ein Studium mit exzellentem Examen abgeschlossen, natürlich in den aufstiegsorientierten Fächern Betriebswirtschaft und Informatik, mehrere Auslandsaufenthalte wurden absolviert und mindestens drei Sprachen perfekt gelernt. Eigentlich beste Voraussetzungen, um sich bei den Unternehmen in die Reihe der gesuchten «High potentials» einzureihen – nur kommen Frauen statistisch in den berühmten «Goldfischteichen» dennoch kaum vor. In den Assessment Centern, die der Auswahl zukünftiger Fach- und Führungskräfte dienen, sind Frauen nach Auskunft von Beraterkollegen kaum zu finden. In Gesprächen stelle ich häufig fest, daß die meisten voller Eifer alle echten und vermeintlichen Anforderungen erfüllt hatten und dann ziemlich verunsichert wurden, wenn der erwartete Erfolg nicht wie geplant eintraf. Manchmal hatten sie bei der Planerfüllung in ihrem Übereifer den Blick für Veränderungen in ihrem Umfeld vergessen oder sogar bewußt abgewendet. Einmal z. B. beriet ich eine ziemlich enttäuschte Frau, die alles Erforderliche an Qualifikationen und beruflicher Erfahrung für eine wichtige Position mitbrachte, aber nicht rechtzeitig realisiert hatte, daß die von ihr anvisierte Stelle gerade im Zuge von «Lean management», von Verschlankung der Führungsebene, gestrichen worden war.

Eine andere, die meinen Rat bei ihrer Suche nach einem Arbeitsplatz wünschte, war bei ihrem Ausbildungsgang den Empfehlungen einer Berufsberaterin des Arbeitsamts gefolgt und hatte Studienabschlüsse in zwei durchaus nachgefragten Fächern. Sie war verärgert, daß nun die in Aussicht gestellten Chancen nicht automatisch eintraten. Ja, mehr noch, ihr fehlte die Belohnung für die erbrachte Leistung in Form eines ihren Wünschen entsprechenden Stellenangebots. Statt dessen erfuhr sie bei ihren Ablehnungen immer, sie sei überqualifiziert. Bei all ihrem Fleiß hatte sie vergessen, rechtzeitig den Kontakt zu möglichen Arbeitgebern aufzunehmen, um mögliche Anwendungsgebiete ihres Wissens und Könnens in Erfahrung zu bringen.

Manche Frau plant ausschließlich mit dem Kopf und nicht mit dem Herzen. Eine erfolgreiche Betriebswirtin z. B., mehrsprachig, mit Auslandsaufenthalten in den USA, Frankreich und Spanien, hatte bis zu ihrem dreißigsten Lebensjahr einen enormen beruflichen Erfolg. Sie betreute selbständig die Handelspartner eines großen Unternehmens. Plötzlich fand sie mit ihrem langjährigen Partner, einer großen Liebe noch aus Jugendzeiten, der eine handwerkliche Berufslaufbahn gewählt hatte, keine gemeinsame Lebensform mehr. Sie stand wirklich vor der Frage, zwischen Cocktailparty und dörflichem Schützenfest wählen zu müssen, sich also zwischen Karriere und Liebe zu entscheiden. Ein für sie kaum zu lösendes Problem.

Auch mit dem Wechsel von einer Kultur in die andere, innerhalb Europas ein zunehmendes Phänomen, ändern sich oft die Gegebenheiten, und gültige Pläne werden in Frage gestellt. Eine Französin, die genau wußte, daß sie beruflich aktiv bleiben und eine Familie haben wollte, sagte mir: «Alle meine Probleme existieren erst, seitdem ich eine deutsche Schwiegermutter habe!»

Nun gelten ja Pläne prinzipiell als etwas Erstrebenswertes, als das positive Gegenteil erfolglosen, chaotischen Herumirrens durch den Dschungel der vielen Optionen, die das Leben bietet. Zielvorstellungen und Pläne werden permanent abgefordert, beruflich wie privat. Alles soll möglichst paßgenau und ohne Leerlauf vonstatten gehen. Bei Bewerbungen werden Lebensläufe zuerst auf ihre Stringenz und Kontinuität hin geprüft. Eine junge Ingenieurin berichtete mir kürzlich, sie hätte sich kein Freisemester im Studium gegönnt, denn das hätte ja einen Bruch im Lebenslauf ergeben und damit ihre beruflichen Einstiegschancen verringert. Um welchen Preis an Erfahrung jedoch! Personalchefs und Manager beginnen heute langsam zu ahnen, daß sie sich mit solchen Forderungen ein höchst schmalspuriges Potential herangezogen haben.

In diesen Kontext paßt auch die berühmte Frage nach der Familienplanung, die Frauen in der Regel bei Einstellungsgesprächen gestellt wird. Hier wirkt die Forderung nach einem genauen Zeitplan reichlich absurd. Selbst wenn Arbeitgeber mit Personal planen müssen und das Wissen über die Verfügbarkeit von Mitarbeitern respektiert werden soll, diese Art der Inquisition ist unangemessen. Die Ängste, die Frauen bei dieser Frage entwickeln, sind enorm, und viele reagieren falsch, wenn sie jeglichen Kinderwunsch weit von sich weisen. Natürlich befürchten sie erhebliche Nachteile, zum Beispiel den Arbeitsplatz gar nicht erst zu bekommen oder an möglicher Weiterentwicklung gehindert zu werden, wenn sie sich zu ihrem Kinderwunsch bekennen, und leugnen aus diesem Grund jeden Gedanken an Familienplanung. Damit aber verbauen sie sich unter Umständen von vornherein jegliche Chance auf die Kooperation des Arbeitgebers, der sich später getäuscht fühlen muß. Statt dessen empfehle ich die offene und ehrliche Konfrontation mit den eigenen Berufs- und Lebenskonzepten, ohne sie aber gleich planerisch, womöglich datiert, festzulegen. Der persönliche Imageschaden wäre enorm, wenn es sich mit der Familienplanung doch anders ergeben sollte als vorher angekündigt. Generell besteht man solche Gespräche nur, wenn man selbst genau weiß, was man will, auch ohne daß man dafür Detailpläne hat.

Doch heute lebt eine ganze Beraterbranche von Laufbahnplanung, Zeitplanung und dergleichen mehr. Soll das alles falsch sein? Ist es denn nicht höchst sinnvoll, planerisch mit Zeit und Ressourcen umzugehen? Natürlich sind die Techniken, die dort vermittelt werden, sehr brauchbar. Nur wird von solchen Hilfen manchmal mehr erwartet, als sie bieten können, denn sie ersetzen nicht die Klärung gewisser grundsätzlicher Fragen.

Grundsätzlich gilt: Pläne sind nur dann gut, wenn sie potentiell immer revidierbar sind und bleiben. Dies erreicht man nur, wenn man sehr genau weiß, was einem wichtig ist und wohin man will – nur dann ist man genügend flexibel und offen für neue Situationen.

5. Schluß mit dem ewigen Hin und Her

Nichts ist langfristig folgenschwerer, als im Leben «herumzueiern» – also wichtigen Entscheidungen aus dem Weg zu gehen oder sie vor sich herzuschieben. Es ist nun einmal so, daß sich dies später bitter rächt. Wofür man sich entscheidet, ist eigentlich zweitrangig. Ob nun für den Beruf Hausfrau und Mutter oder für eine qualifizierte Fach- oder Führungsaufgabe in einem Unternehmen, ob für die Selbständigkeit in einem eigenen Geschäft oder für ein unkonventionelles Künstlerdasein: wichtig ist allein, daß diese Entscheidung eigenverantwortlich getroffen und der Weg selbst gewählt wurde.

Doch wie kommt man zu einer möglichst autonomen Entscheidung, und was bedeutet sie in ihrer Konsequenz? Sie erfordert die gründliche Auseinandersetzung mit den eigenen und fremden Mythen über Lebensstile, mit den gegebenen Realitäten von Wirtschaft und Gesellschaft und schließlich mit den Bedürfnissen der Menschen, die einem persönlich wichtig sind. Damit erreicht man die notwendige Klarheit für sich. Das bedeutet auch, persönliche Verantwortung und selbstgewählte Entscheidungen in ihren positiven wie auch negativen Ergebnissen zu akzeptieren. Kein Mensch ist vor möglichen Fehlentscheidungen gefeit.

Nach meiner Erfahrung ist dabei nicht zu unterschätzen, daß manche Männer mit selbstsicheren und zielorientierten Frauen ihre Schwierigkeiten haben. Engagierte Frauen müssen also damit rechnen, daß ihre Attraktivität für gewisse Männer sinkt. Oft konnte ich beobachten, daß «bei Frauen, die wissen, was sie wollen», Männer nicht mehr wissen, was sie sollen! Natürlich kann das nicht bedeuten, daß Frauen sich den männlichen Erwartungen fügen und auf deutlich sichtbares Engagement verzichten sollten. Dennoch ist es gelegentlich schwer auszuhalten, so deutlich den immer noch herrschenden Rollenerwartungen zu widersprechen und dafür auch Ablehnung hinnehmen zu müssen. Für «unweiblich», wahlweise «heroisch» oder «hysterisch» gehalten zu werden macht einfach wenig Freude. Dennoch bedeutet Klarheit einen persönlichen und in jedem Fall auch beruflichen Gewinn, die Souveränität steigt und damit die Akzeptanz durch andere. Es ist die wirkliche Partnerschaft, die ganz gleichgültig, ob in der Familie oder im Beruf, auch von immer mehr Männern geschätzt wird. Denn mit Frauen, die Klarheit über ihre Lebensweise und ihre beruflichen Ziele haben, kann man etwas planen, und damit erobern sie sich einen ganz anderen Platz im Familien- und Arbeitsleben.

Am schwersten fällt es natürlich, eine Entscheidung zu treffen gegen den gesellschaftlichen Trend. Sie durch- und umzusetzen erfordert viel persönliche Stärke, und jede Frau sollte vorher bedenken, was sie sich zumuten will. Auch und besonders Frauen, die sich heute bewußt für die Familie entscheiden, können keinen großen Beifall erwarten. Im Gefolge der Frauenbewegung der siebziger Jahre wurde das Wort «Nur-Hausfrau» kreiert. Damit sollte die Reduzierung der Fähigkeiten und Eigenschaften von Frauen auf diese eine Rolle zu Recht kritisiert und damit die fehlenden Emanzipationschancen sichtbar gemacht werden. Wie oft in solchen gesellschaftlichen Veränderungsprozessen wurde dabei nicht ausreichend differenziert und das Kind gleich mit dem Bade ausgeschüttet. Mit der Hausfrauenrolle war auch sämtliche häusliche Arbeit diskreditiert. Erst langsam entdecken heute Frauen wie Männer wieder den Genuß und die Sinnlichkeit bei Beschäftigungen wie Kochen, Gärtnern oder Einmachen.

Frauen, die sich heute bewußt für den Beruf «Hausfrau und Mutter» entscheiden, haben dabei die Chance, eine vielfältige Aufgabe neu zu entdecken und zu gestalten, ohne zwischen Über- oder Unterforderung frustriert hin und her zu pendeln. Was hindert Frauen eigentlich daran, sich selbstorganisiert z. B. wichtigen Erziehungsthemen in dieser Gesellschaft zu widmen? Oder, um die Anregung des Soziologen Ulrich Beck aufzugreifen, aktive Bürgerarbeit zu leisten? Denn geht einem die Arbeit im Haushalt aus, sucht man sich eine Beschäftigung, die man wichtig findet. Die Probleme in dieser Gesellschaft sind tagtäglich an vielen Orten sichtbar, hier könnte so manches sinnvolle Engagement einsetzen.

Doch so wichtig und befriedigend auch die Arbeit zu Hause sein kann, nichts ist unglücklicher, als aus der Not eine Tugend zu machen. Einige Frauen treten angesichts beruflichen Mißerfolgs oder unerfüllbarer Anforderungen die «Flucht in die Frucht» an, das heißt, sie wählen den Beruf der Mutter und Hausfrau als letzten Rettungsanker, der angesichts fehlender beruflicher Lorbeeren noch bleibt. Dieser «Ausweg» ist einem Mann normalerweise versperrt: er hat auch eventuellen Mißerfolg im Beruf zu ertragen und auszubügeln, für ihn gibt es nur sehr selten ein Ausweichen in den privaten Lebensbereich ohne Verlust gesellschaftlicher Anerkennung. Frauen aber bietet eine plötzliche Schwangerschaft immer eine gesellschaftlich akzeptierte Alternative, ihr ganzes Leben auf den Kopf zu stellen und sich den Anstrengungen einer beruflichen Karriere zu entziehen.

Vieles im beruflichen Leben ist revidierbar: Arbeitsstellen wie Arbeitgeber kann man wechseln. Die Entscheidung für Kinder aber ist eine mit lebenslänglichen Konsequenzen. Hier ist kein Probehandeln möglich, und deshalb zögern verständlicherweise viele Frauen bei diesem Entschluß. In vielen Gesprächen wird mir die Frage der Entscheidung «Kinder oder Beruf» als schier unlösbares Problem vorgestellt. Ich meine aber, daß die Frage falsch gestellt wird;

denn allein Kinder zu haben kann nicht gleichgesetzt werden mit einer Berufstätigkeit.

Und auch bei dieser wichtigen Frage, die im Leben fast jeder Frau eine große Rolle spielt, ist unreflektiertes Abwarten nach der Devise «Kommt Zeit, kommt Rat» ein großer Fehler. Eine Mandantin, die durch verlängerte Ausbildungszeiten ihren Beruf erst mit Anfang 30 beginnen konnte, hatte sich bis dahin wenig Gedanken über eine Familiengründung gemacht. Ihr Berufseinstieg erwies sich bei der damaligen Arbeitsmarktlage als so langwierig, daß sie die Karrierefrage immer weiter vor sich herschob, bis es biologisch unmöglich war, noch ein Kind zu bekommen. Damit hatte sie, wie sie selbst zu spät realisierte, eine Lebenschance vertan.

Schon oft haben mir Frauen geantwortet, daß ihnen die eigene Klarheit über Wünsche und Ziele doch nicht dazu verhelfen könne, daß sie tatsächlich erreichten, was sie sich vorgenommen hätten. Tatsächlich: Auch wenn man weiß, was man will, heißt das noch lange nicht, daß man es auch bekommt. Doch eins weiß ich nach meiner langjährigen Beratungserfahrung ganz sicher: Wenn man nichts will oder gar nicht weiß, was man will, bekommt man am Ende höchstwahrscheinlich gerade das, was man auf keinen Fall wollte.

III Meine persönliche Philosophie

Jeder Mensch hat eine Lebensphilosophie, ob sie ihm bewußt ist oder nicht. Sie ist der geheime Navigator, der uns durch die vielfältigen Geschicke des Lebens leitet. Unser Glück hängt davon ab, ob wir nach diesen Maximen leben. Ihnen treu zu bleiben ist nach meiner Erfahrung der höchste Erfolgsgarant. Dieser ureigenen Philosophie auf die Spur zu kommen ist allerdings manchmal nicht ganz einfach. Sie zeigt sich oft sehr verschlüsselt. Die Schwierigkeit, sie zu entdecken, liegt darin, daß wir uns auf einer steten Gratwanderung zwischen den eigenen Ansprüchen und dem gesellschaftlich Erwünschten bewegen.

Die Medien führen uns täglich in allen Bereichen unseres Lebens erfolgreiche Menschen vor. Im Film, Fernsehen oder Zeitschriften, überall gibt es den Typus des Erfolgsmenschen, und es ist nicht verwunderlich, daß viele ihr Augenmerk auf solche Leitbilder richten und letzten Endes ihre eigenen Wünsche und Vorstellungen daran messen. Ist das, was ich möchte und plane, auch gesellschaftlich akzeptiert, oder, um es auf den Punkt zu bringen, kann ich mit dem, was ich vorhabe, irgendwann einmal Lorbeeren ernten? Ob die vorgestellten Erfolgsmodelle für mich richtig sind, diese Frage muß ich für mich klären.

Rezepte gibt es viele. In der Werbung sehen wir immer wieder die herrlichen Empfehlungen: «Lernen Sie sicheres Auftreten, schulen Sie Ihre rhetorischen Fähigkeiten, verschaffen Sie sich das richtige Outfit, so haben Sie Erfolg.» In der Regel sind diese Empfehlungen freilich immer an die Männer gerichtet, die uns dann «Boß-gestylt» mit freundlich aufgeschlossenem Lächeln als Erfolgsmodelle vorgeführt werden.

Aber was ist, wenn das, was ich dort lerne, nicht zu mir paßt, die Vorschläge gut, aber mit meiner Person in keiner Weise in Übereinstimmung zu bringen sind? Von dieser Schwierigkeit berichten mir die Frauen, die sich in ihrem Führungsstil an männlichen Ritualen und Verhaltensweisen orientieren. Eine beschrieb die Situation sehr treffend: «Als ich mit der Faust auf den Tisch schlug, um mir Respekt zu verschaffen, lachten alle nur; das war einem Kollegen bei der gleichen Geste nie passiert.» Vor allem aber mußte ich häufig von männlichen Führungskräften hören: «Wenn die Frauen versuchen, sich so zu verhalten wie wir, dann kann man sie gar nicht mehr ertragen!» Diese Botschaft habe ich schon häufig an Frauen weitergegeben, denn die meisten waren der Meinung, sie müßten nur die richtigen Anleihen bei den Männern machen, dann stünde ihrem Erfolg nichts mehr im Wege.

FAZIT Die Frage, die sich auch heute noch für jede Frau stellt, ist also: «Inwieweit lasse ich mich durch Anpassungsdruck so stark beeinflussen, daß ich nicht mehr ich selbst bin?» Dies hielte ich persönlich für eine Katastrophe. Es ist unabdingbar, sich die Devise zu eigen zu machen, die lautet: «Ich bleiben und trotzdem Erfolg haben.» Wie das geht und wovon es abhängig ist, möchte ich auf den nächsten Seiten verdeutlichen.

1. Vieles ist machbar, aber nicht alles für mich

«Wenn ich doch wüßte, was ich will!» So leiten Frauen manchmal das Beratungsgespräch ein und fahren fort: «Ich habe viele Angebote, so recht kann ich mich aber für keines entscheiden, und letzten Endes ist ja vieles in meinem Leben auch noch so ungeklärt. Im übrigen bin ich ein Mensch, der vielseitig interessiert ist und immer schon vielfältige Stärken und Fähigkeiten hatte; deshalb mag ich mich nicht auf etwas Bestimmtes festlegen. Wenn ich mich für etwas entscheiden soll, dann taucht sofort der Gedanke auf, ob diese Entscheidung nicht zugleich auch eine Einschränkung für etwas anderes bedeutet, und das will ich nicht. Ich kann viel, ich möchte viel, was soll ich tun?»

MERKE Wovon sollte man sich bei so schwierigen Entscheidungen leiten lassen? Meine Antwort lautet: von meiner ganz persönlichen Identität und von den Werten, die sie prägen. Das klingt sehr abstrakt. Was muß man sich darunter vorstellen? Ich glaube, es ist mit dem berühmten Sinatra-Song «My way!» am besten beschrieben. Es gilt herauszufinden, was der mir gemäße Weg ist. In allen Untersuchungen zur Karriereentwicklung wird immer wieder festgestellt und zugleich auch als Forderung betont, daß nur die Entwicklungen, die der persönlichen Identität eines Menschen gemäß sind, auch zu dem gewünschten Erfolg führen. Ja, daß Menschen nur dann bereit sind, Dinge zu tun, Veränderungen vorzunehmen, Neues zu lernen, sich weiter zu qualifizieren, wenn dies mit ihrer bisherigen Lebensgeschichte übereinstimmt. Ich würde noch ergänzen: Wenn sie zum individuell gesetzten Sinnkonzept eines Menschen paßt, hat jede weitere Entwicklung Erfolg.

Worum geht es nun eigentlich bei der Frage nach der ganz

persönlichen Identität? Wenn wir uns diesem Wort zuwenden, so heißt es übersetzt «Übereinstimmung». Bezogen auf die Person fragt sich: «Was soll womit übereinstimmen?» Das ist schnell gesagt: «Denken und Handeln, Reden und Tun» sind die Maßstäbe, an deren Stimmigkeit Menschen gemessen werden. Und jeder Mensch ist selbst am zufriedensten, wenn diese tragenden Pfeiler der Selbstdarstellung in seinem Leben in Einklang sind. Warum das manchmal so schwierig ist, hat viele Gründe.

Jeder Mensch trägt bestimmte Ideale in sich, die den Sinn seines Lebens steuern und nach denen er sein Handeln ausrichtet. Sicher haben auch Sie schon beobachten können, daß man einen Menschen mehr oder weniger unbewußt daraufhin überprüft, ob er nach den Idealen, die er als erstrebenswert bezeichnet, handelt. Sehr deutlich merkt man dies bei Kindern: Sie schauen fast nur aufs Handeln der Erwachsenen und messen ihre Erzieher daran, ob diese sich auch nach den von ihnen formulierten Idealen richten.

Allerdings ist es nicht immer möglich, seinen eigenen Werten entsprechend zu handeln. Woran liegt das? Es könnte zum Beispiel sein, daß man mit seinen Idealen nicht im Trend liegt. Wie ich schon betonte, können wir beobachten, daß der Beruf «Hausfrau und Mutter» nicht gerade «in» ist. Also werde ich mir selbst kaum eingestehen, daß dieses Ideal mir viel bedeuten könnte, denn ich käme damit schlecht an. In den siebziger Jahren beispielsweise stand die Intelligenz hoch im Kurs. Ich selbst habe bei Einstellungsverfahren noch Intelligenztests absolvieren müssen. Heute ist eher Kreativität gefragt. Was machen nun diejenigen, deren Stärke z. B. die intelligente Analyse von Sachverhalten ist, nicht aber die kreative Problemlösung? Klar, sie hätten geringere Chancen für Zugang und Aufstieg im Berufsleben. Folglich neigen sie dazu, das aus ihrem Bewußtsein zu verdrängen, was ihnen persönlich wichtig ist.

Es gibt noch eine zweite Schwierigkeit mit diesen Idealen: die Einsicht, daß gewisse Ideale für mich persönlich hinderlich sind. Das könnte sich dann so anhören: «Ich mit meiner blöden Ehrlichkeit! Sie stand mir schon so oft im Wege, also was soll's?!» Würde man nun aber versuchen, diesem Menschen seine Ehrlichkeit auszureden, dann ist häufig zu beobachten, wie sehr er sie dennoch plötzlich verteidigt: «Sie ist mir ganz wichtig, ich würde sie niemals aufgeben wollen!» Fazit: Von Idealen kann man sich anscheinend doch nicht so ohne weiteres verabschieden.

Ideale, die ich hochhalte, sind natürlich sehr von meinen persönlichen Werten gesteuert, ja häufig sogar mit ihnen identisch. Werte kann ich nicht einfach ablegen, je nachdem wie es der Zeitgeist gerade fordert. Ich habe auch nicht die Möglichkeit, hier ein bißchen herumzuprobieren, will heißen: Ich könnte es ja mal ein Jahr mit der Ehrlichkeit versuchen, ein anderes Jahr vielleicht eher mit der Diskretion, später dann mit der Innovation, dann mit dem Prinzip der Zuverlässigkeit oder der Spontaneität. Schon bei der Beliebigkeit der Aufzählung sträuben sich einem die Haare, denn jeder spürt, so kann niemand mit sich umgehen.

Ideale scheinen also etwas im Menschen sehr fest Verankertes zu sein. Daß wir sie bei anderen Menschen aufspüren wollen, ist nur natürlich. Denn es entspricht einem tief verwurzelten Sicherheitsbedürfnis, wissen zu wollen, ist dieser Mensch nun so ehrlich wie er aussieht und sich gibt? Niemand hat Mitleid mit jemandem, der derlei Unterschiede zwischen Sein und Schein mißachtet oder der sich über die Charakteristiken anderer Menschen unbekümmert hinwegsetzt. Ein Beispiel: Jeder weiß, wie ein Italienurlauber etwas wissend und spöttisch belächelt wird, der sein Eigentum nicht angemessen gesichert hat und dann ausgeraubt wurde. Sich also auf die Besonderheiten unterschiedlicher Länder einzustellen, halten wir für wünschenswert und erwarten es heute von jedem Touristen. Auch beim Zusammenwachsen von Europa haben wir uns an die besonderen Sitten der Franzosen, Spanier, Italiener etc. zu gewöhnen. Was für die Völker gilt, sollte auch für den einzelnen gelten. Wir erwarten, daß andere Menschen sich auf uns einstellen, und wir sollten uns umgekehrt ebenso verhalten. Dies erfordert Verständnis für die unterschiedlichen Wertvorstellungen und Ideale, die Menschen haben. Wenn man früher in der gleichen Schicht verheiratet wurde, auf dem Lande hieß das «Acker kommt zu Acker», in der Stadt eher «Geld kommt zu Geld», dann war nicht nur immer der Zuwachs an Reichtum gemeint, sondern es ging auch um die Vorstellung, daß sich Menschen mit ähnlichen Wertvorstellungen treffen und sich dadurch das Zusammenleben weniger konfliktträchtig gestaltet. Heute heiratet man quer durch die Schichten, quer durch Deutschland, quer durch Europa. Menschen mit sehr unterschiedlichen Wertvorstellungen tun sich zusammen. Das heißt: Je stärker unsere Gesellschaft sich zu dem entwickelt, was man eine «offene Gesellschaft» nennt, um so mehr werden wir uns über unsere Wertvorstellungen verständigen müssen.

Wie komme ich nun zu diesen Idealen und Werten, die doch so wichtig sind für den Sinn in meinem Leben und auch für das, was sich als mein Lebenskonzept daraus entwickelt? Natürlich ist zunächst die Beeinflussung durch die Familie, die Schule, die Berufsausbildung entscheidend. Zum anderen aber auch die Religion, in der ich aufwachse, unabhängig davon, ob ich sie selbst praktiziere. Unsere Kultur ist durch das Christentum geprägt, und diese Wertewelt hat sich in vielem niedergeschlagen, was unweigerlich auch mich prägt. Auch die Ideologien, die mich umgeben und mir täglich über die Medien nähergebracht werden, und nicht zuletzt das soziale Umfeld, Gruppen, Freunde, Nachbarn sind wichtige Einflußfaktoren für mein Wertespektrum.

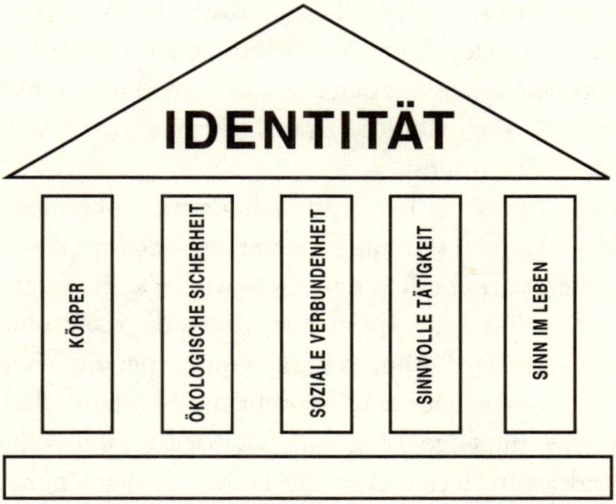

Die fünf Säulen der Identität

Aber jeder weiß auch, daß trotz sorgfältiger Erziehung bei den Kindern nicht immer das herauskommt, was sich Eltern vorgestellt haben. Im Familienkreis führt dies häufig zu der Frage «Von wem hat sie oder er das nur?». Dabei werden dann irgendwelche Urahnen mit ähnlichen Charakterzügen zitiert, an die man sich gemeinsam zu erinnern versucht. Das heißt: Die eigene Geschichte wird durch viele Faktoren geprägt, die hier nicht alle dargestellt werden können.

Jeder hat also seine eigene Lebensgeschichte. Sie ist ein interessantes empirisches Feld, um all dem auf die Spur zu kommen, was letztendlich für mich wichtig ist. Verdeutlichen möchte ich dies an dem Bild der fünf Säulen, auf denen meine Identität steht und worin sich die eigenen Lebenserfahrungen bündeln. Vergleichbar mit einem Gebäude, sind sie die tragenden Elemente, deren Stabilität meine Identität sichert und festigt.

Schnell erklärt und einsichtig ist die Säule *«mein Körper»*. Ob ich als Mann oder als Frau auf die Welt komme, spielt eine große Rolle; ob groß oder klein, blond oder schwarz, dick oder dünn, nichts konnte ich mitentscheiden. Daß viele Menschen mit dem, was sie mitbekamen, nicht zufrieden sind, zeigt die lebhafte Nachfrage auf dem Gebiet plastischer Chirurgie.

Die nächste Säule bezeichne ich als die *«ökologische Sicherheit»*. Als Mensch fühle ich mich in bestimmten Gegenden wohler, vornehmlich natürlich dort, wo ich aufgewachsen bin. Die Ökologie, sprich das Klima, die Landschaft, die Art und Weise des Wohnens prägen meine persönlichen Vorlieben sehr stark. Der eine braucht die Flußlandschaft, der andere das hügelige Bergland, ein dritter unbedingt die Großstadt, ein vierter eher die ländliche Umgebung, eine fünfte möchte nur im flachen Norden leben, und ein sechster sagt, nur der warme Süden ist mir und meinem Lebensgefühl angemessen. Mit zunehmender Mobilität der Menschen treten diese Aspekte häufig, so denkt man, in den Hintergrund. Jedenfalls gelten sie nicht als besonders bestimmend für berufliche Pläne und Entscheidungen. Gleichwohl sollten hier einige Faktoren nicht unterschätzt werden: Menschen, die sich mit ihrer Landschaft verbunden fühlen, können durchaus dort einen Lebenssinn finden, indem sie sich dafür stark machen, sie zu erhalten, zu pflegen und zu kultivieren. Umgekehrt sind gerade hier für den einzelnen die Grenzen der Mobilität. Wenn sich ein Mensch in einem bestimmten Klima oder in einer bestimmten Landschaft nicht wohl fühlt, dann ist er dort auch nur bedingt produktiv. Die Gegend kann noch so schön geredet werden, sie ist eben doch nicht das Umfeld, in dem er sich für immer niederlassen möchte. Unbestritten ist jedenfalls die Tatsache, daß es Menschen immer wieder in eine Landschaft drängt, in der sie sich wohl fühlen. Es muß nicht immer die Heimat sein, an der allein man hängt. Eine Immobilienfachfrau, die für viele Jahre in den Süden Spaniens zog und dort beruflich engagiert war, berichtete mir, daß sie schlichtweg irgendwann den für unsere Breitengrade charakteristischen Herbst vermißt habe. Dies sei schließlich ein so starkes Bedürfnis geworden, daß sie wieder nach Deutschland zurückgegangen sei.

Man kommt auch nicht immer und überall mit allen Menschen zurecht, und das meint die Säule, die ich *«soziale Verbundenheit»* nenne. Sie ist im wesentlichen geprägt durch die Verbindung zu Menschen, die mir besonders nahe stehen. Es sind diejenigen, von denen man gern sagt: «Da ist jemand so wie ich.» Diese Menschen müssen nicht einmal zu den Lebenden gehören, denn es gibt eine Verbundenheit über den Tod hinaus. Jedenfalls erinnern sich einige noch heute an ältere Familienmitglieder, deren Geschichten für sie nach wie vor so lebendig sind, daß sie manchmal Leitlinien für das eigene Leben bilden. Verbunden fühlt man sich auch mit einer bestimmten sozialen Gruppe, mit regionaler Mentalität und Lebensart. Für die berufliche Entscheidung ist dies ein durchaus wichtiger Aspekt. Ich kenne eine Vertriebsfachfrau, die beim Standortwechsel von Hamburg nach München die unterschiedlichen Sichtweisen der Menschen sehr unterschätzt hatte. Ihr Mißerfolg im Beruf beruhte im wesentlichen darauf, daß sie bestimmte Lebensweisen, Umgangs- und Kommunikationsformen in ihrem neuen Umfeld nicht richtig einordnen konnte. Nicht zuletzt war der fremde Dialekt oft ein Handicap in ihren Geschäftsbeziehungen.

Die nächste Säule der Identität nenne ich *«sinnvolle Tätigkeit»*. Bewußt wird hier nicht von Erwerbsarbeit gesprochen, weil es dabei um Aktivitäten geht, die für den Menschen einen Sinn machen, ganz unabhängig davon, ob sie förderlich fürs Einkommen sind oder nicht. Vor vielen Jahren erlebte ich eine Lehrerin, die durch die Stellenbeschränkung im öffentlichen Dienst keine Chance auf eine Anstellung hatte. Sie war mit einem Arzt verheiratet, hatte Familie und arbeitete zeitweise in der Praxis ihres Mannes mit. Sie suchte Rat bei mir, weil sie sich nach wie vor eine Lehrtätigkeit wünschte. Meinen Hinweis, daß sie doch ökonomisch abgesichert sei und nicht unbedingt eine Anstellung benötige, korrigierte sie mit einer plausiblen Erklärung. Sie wolle mit dieser Tätigkeit nicht primär Geld verdienen, sondern endlich Gelegenheit haben, das Erlernte auch anwenden zu können. Sonst hätte sie den Eindruck, es sei alles umsonst gewesen. Später hat sie dann eine Möglichkeit gefunden, im Rahmen der Volkshochschulangebote tätig zu werden. Auch dieser Fall zeigt, daß der Mensch etwas Sinnvolles und Schöpferisches tun will. Er möchte etwas gestalten, sich mit dem, was er kann und gelernt hat, in irgendeiner Weise ausdrücken. Das kann, muß aber nicht im klassischen Arbeitsleben geschehen.

Die letzte Säule bezeichnet den *«Sinn im Leben»* ganz generell. Das sind die Fragen, wie sie einen an den berühmten Katzenjammertagen bewegen: «Wozu das alles?» Dieser Sinn entsteht sehr unterschiedlich, er ist abhängig von der religiösen Haltung oder ideologischen Festlegung, durch die der einzelne geprägt wurde.

Betrachtet man nun diese fünf Säulen als tragend für die eigene Identität, dann wäre es wichtig zu wissen, wie viele dieser Eckpfeiler, zumindest zeitweise, an Tragfähigkeit verlieren dürfen, ohne Gefahr zu laufen, daß das ganze Gebäude in eine bedrohliche Schräglage gerät. Meine Beobachtung und Erfahrung zeigen, daß in der Regel zwei wacklige Säulen verkraftet werden können, bei dreien hält, wenn auch schwach, das Dach noch. Es gibt aber durchaus Lebenssituationen, in denen alle Säulen ins Wanken geraten, dann spricht man von einer Identitätskrise. Wenn sich ein Mensch die Sinnfrage nicht mehr beantworten kann, er zugleich eine ihn erfüllende Tätigkeit verliert und er nicht mehr weiß, wo er sich in dieser Gesellschaft einbringen kann; wenn er dabei womöglich noch aus einer Region in eine andere ziehen muß, vielleicht durch diesen Wechsel zudem noch sein Häuschen oder die Eigentumswohnung verkaufen muß und damit die soziale Verbundenheit verliert, dann sind das Faktoren, die in ihrer Summe die Lebens- und Sinnwelt eines Menschen erheblich beeinträchtigen können.

ÜBUNG Was bringen mir nun diese Erkenntnisse, wenn ich wissen will, was mir wichtig ist? Ich möchte Sie an dieser Stelle zu einer kleinen Übung ermuntern. Die Bilder, die man von seinem bisherigen Leben behalten hat, sind für die eigene Identität das Spannendste. Erinnern Sie sich noch an Geschichten aus Ihrer Kindheit und Jugend? Obwohl sie schon weit zurückliegen, werden sie seltsamerweise nicht vergessen, bleiben also stark im Gedächtnis haften. Menschen, die im Familienkreis davon berichten, führen solche Unterhaltungen gern unter der Überschrift: «Ein Schwank aus meinem Leben!» Dabei gibt es einige Geschichten, die immer wieder erzählt werden. Welche das sind, erfährt man schnell am Kommentar der Zuhörenden: «Nun nicht schon wieder die Geschichte von Tante Erna!» Widmen Sie sich doch einmal in einer ruhigen Minute Ihren Kindheitserinnerungen, und schreiben Sie die Geschichten auf, die Ihnen nicht mehr aus dem Kopf gehen. In ihnen verbirgt sich meistens ein Stück des eigenen Lebenssinns, und bei genauer Betrachtungsweise entdecken Sie vielleicht bereits hier Wesentliches, was Ihnen schon immer wichtig war.

Ein weiteres ergiebiges Feld für die Erforschung der eigenen Lebensgeschichte sind bestimmte Gegenstände aus Kindheit und Jugend, von denen Sie sich noch heute ungern trennen. In diesen Erinnerungsstücken, seien es Fotos, alte Schulhefte oder Bücher, steckt viel Aufschlußreiches über die eigene Persönlichkeit. Besonders die Gegenstände, die Sie eigentlich nicht mehr brauchen, aber trotzdem behalten, sollten Sie genauer unter die Lupe nehmen. Wenn Sie dazu Ihr Erinnerungsvermögen schärfen, werden Sie feststellen, daß an jedem Gegenstand eine bestimmte Geschichte hängt. In ihr offenbart sich wiederum ein Stück der eigenen Lebensphilosophie.

Schließlich sollten Sie sich auch ins Gedächtnis rufen, welche Personen in Ihrem bisherigen Leben für sie von Bedeutung waren. Nicht nur die sympathischen, auch die extrem unsympathischen bleiben uns über lange Zeiträume in Gedanken gegenwärtig. Ich erinnere mich an ein Beratungsgespräch, als eine fünfzigjährige Führungskraft sich über einen früheren Lehrer noch derart stark aufregen konnte, daß ich verblüfft war, wieviel emotionale Energie in dieser Erinnerung nach wie vor steckte. Menschen, die für uns wichtig waren, sind uns oft noch lange so lebendig in Erinnerung, daß sie als insgeheimes Vorbild unseren Alltag begleiten und damit zur wichtigen inneren Leitfigur geworden sind.

Wer nun immer noch nicht fündig geworden ist bezüglich seiner bisher empfangenen prägenden Eindrücke, sollte an das Hier und Heute denken. Nicht für jeden sind ja die Erinnerungen so präsent, daß sie schnell abrufbar wären. Also wandern Sie doch mal offenen Auges durch diese Welt, und beobachten Sie bei allen Erlebnissen, alltäglichen Begebenheiten, die Ihnen widerfahren, wodurch und wann Ihre Gefühle besonders angesprochen sind: Was macht Sie betroffen. Was läßt Sie eher gleichgültig? Was bleibt Ihnen noch lange im Gedächtnis? Wobei schütteln Sie den Kopf und denken: «Ist nicht meine Welt!» Kurzum: Worüber regen Sie sich richtig auf, und welche Ereignisse lassen Sie eher kalt? Letztere registrieren Sie an der Reaktion anderer Menschen, die sich über etwas sehr echauffieren können, was Sie innerlich überhaupt nicht berührt. Eine Bekannte von mir meinte kürzlich, ähnlich wie ihre Freunde und Kollegen fände sie es zwar schick, ein tolles Auto zu fahren, doch im Gegensatz zu anderen wäre es ihr nie wirklich die Mühe und Anstrengung wert gewesen, in den Besitz eines solchen Wagens zu kommen.

FAZIT Angesichts solcher Beobachtungen, Erinnerungen und Vorlieben wird sich Ihnen Ihre eigene Geschichte erschließen. Sie merken dabei auch sofort, wie sehr Sie sich von den prägenden Faktoren anderer Menschen unterscheiden. Dingen, denen Sie kaum Beachtung schenken, widmen andere wiederum ihre ganze Aufmerksamkeit. Das, was viele Menschen nicht bemerkenswert finden, Sie aber sehr wohl, signalisiert etwas, was für Sie höchst bedeutend sein kann. Es sind also gleichsam Ihre ureigensten «inneren Fingerabdrücke», die Ihnen helfen, der eigenen Philosophie auf die Spur zu kommen.

2. Werte, die mir wichtig sind

Warum bleiben nun diese Geschichten, bestimmte Ereignisse und Erfahrungen, in meiner Erinnerung so fest haften? Dies ist oft erstaunlich, denn im Leben widerfährt einem vieles, täglich erlebt man Neues, Unterschiedliches, Interessantes, und Gott sei Dank bleibt nicht alles im Gedächtnis hängen. Nicht umsonst wird ja das Vergessenkönnen als das größte Glück für den Menschen bezeichnet. Ein wichtiger Grund liegt darin, daß denjenigen Geschichten, die nicht in Vergessenheit geraten, etwas zugrunde liegt, was für mich besonders wichtig war und geblieben ist. Hier handelt es sich um Werte; nicht diejenigen, die man in einen Safe legt. Gemeint sind hier vielmehr die «inneren Werte», ein Wort, das Frauen übrigens bis heute nicht gern hören, galt es doch in der Pubertät oft als Trostwort, wenn man nicht über eindrucksvolle äußere Reize verfügte und nicht so hübsch war wie die gefragten Schauspielerinnen und Stars.

Werte sind der Steuermann meines Lebens. Sie geben dem Leben Sinn, aus ihnen beziehe ich meine Energie. Man könnte sogar ganz radikal sagen, im Grenzfall entscheiden sie über Leben und Tod. Immerhin gibt es Menschen, die für Werte sterben, auch wenn diese von anderen nicht geteilt werden. Wir erleben bei älteren Menschen vor ihrem Tod die Kraft solcher Werte, zum Beispiel wenn sie noch einmal eine ungeheure Energie entwickeln, um vor dem Sterben eine bestimmte Sache zu erleben oder noch etwas zu erledigen, was ihnen besonders wichtig ist, und damit ihr Leben verlängern.

Werte können übernommen sein oder auch selbstgewählt. Sie steuern unseren Lebensentwurf und bestimmen damit auch das Konzept, in welcher Art und Weise wir unser Berufs- und Privatleben gestalten wollen. Da gibt es zum Beispiel Menschen, denen Sicherheit etwas sehr Wichtiges ist, und sie wissen sofort: «Für mich kommt nur eine Beamtenposition in Frage.» Andere, vor allem freiheitsliebende Menschen, schreckt dieses Sicherheitsstreben eher ab. Sie suchen sich primär ein Betätigungsfeld, in dem die Abhängigkeit von Strukturen, Vorschriften und Menschen möglichst gering ist. Wenn für jemanden Gerechtigkeit ein zentraler Wert ist, wählt er eher einen sozialen oder juristischen Beruf, in dem er sich entsprechend engagieren kann. Für andere ist Anerkennung unabdingbar. Sie schauen sich nach Möglichkeiten um, wo sie diesen Wert adäquat leben und erfahren können. Bei allen Berufsempfehlungen im Beratungsgespräch fällt sehr schnell eine solche persönliche Präferenz auf, denn alle guten Tips und Ratschläge, die nicht zum Werteprofil passen, werden von den Ratsuchenden abgelehnt. Meistens wird müde abgewinkt mit den Worten: «Interessanter Vorschlag, sicher auch erfolgreich, aber nicht für mich!»

Meine Werte werden natürlich auch geprägt von dem Weltverständnis, in dem ich groß geworden bin. Das heißt, meine individuellen Werte hängen sehr stark ab von dem Wertekontext des Zeitalters, der Gesellschaft und der Kultur, in der ich lebe. Ob also jemand im Christentum, im Islam oder Buddhismus aufwächst, ist ebenfalls bestimmend für seine Wertewelt. Doch nicht nur die Religion, auch der Lebensstil und die Lebensgewohnheiten einer bestimmten sozialen Gruppe nehmen Einfluß auf meine Werte. Eine Frau berichtete mir einmal von einer Empfehlung ihrer Eltern, doch bitte niemanden aus dem Nachbardorf zu heiraten, weil die «irgendwie anders» seien. Vielleicht haben Sie ja auch an sich selbst schon festgestellt, daß wir unseren Unterschied zu anderen gern mit dem Selbstbescheid artikulieren, «ist nicht meine Welt, muß ich nicht haben». Immer dann merken wir, daß es sehr unterschiedliche Vorstellungen davon geben kann, was wichtig ist. Vielleicht drücken die Kölner dies am trefflichsten aus, wenn sie typisch rheinisch formulieren: «Jede Jeck is anders!»

Werte werden zuinnerst «gewußt», doch sie sind uns oft nicht bewußt. Wir merken erst, daß sie vorhanden sind, wenn wir Stellung beziehen und urteilen. In der alltäglichen Erfahrung beobachtet jeder bei sich selbst, wie oft und wie schnell er eine Meinung zu den Dingen dieses Lebens abgibt. Sobald uns aber jemand auffordert, unsere Auffassung zu begründen, erleben wir eine gewisse Sprachlosigkeit. Das heißt, aus dem Gefühl heraus weiß jeder sofort, was «gut» oder «schlecht» ist. Sobald er dies aber begründen soll, kommt er in Verlegenheit. Da jedoch jeder Mensch einen inneren Maßstab hat, der durch seine Werte bestimmt wird, und genau daran sein Urteil ausrichtet, wäre es gut, dies auch mitteilen zu können.

Stellen Sie sich vor, Ihnen wird eine Position angeboten, die Ihnen nicht unbedingt gefällt, und Sie könnten darauf nur antworten «Finde ich schlecht». Auch die höchst vagen Formulierungen, wie etwa «Entspricht nicht meinen Vorstellungen» oder «Ist nichts für mich», liefern keinen plausiblen Grund für die Ablehnung. Sie signalisieren damit nur eine fehlende Selbsteinschätzung Ihres persönlichen Könnens und Wollens. Das heißt, ein klares Wertebewußtsein verhilft zu eigener Klarheit und damit auch zu der Möglichkeit eindeutiger Artikulation von Ansichten gegenüber anderen Menschen. Wer seine Maßstäbe kennt und sie begründend zum Ausdruck bringen kann, vermittelt deutlich sein Profil. Andere wissen dann präzise, was für mich wichtig ist. Ich werde von daher für sie berechenbarer, leichter einzuschätzen und erhalte eher die Chancen, die zu mir passen.

Natürlich hat jeder Mensch einen ganzen Katalog von Wertvorstellungen, die nicht alle gleich wichtig sind. Im Laufe des Lebens stellt man manchmal fest, daß es innerhalb der eigenen Werteskala eine Prioritätenverschiebung gibt. Ein Wert, der mir in jungen Jahren ganz wichtig war, ist in späteren Lebensjahren vielleicht nicht mehr so bedeutend. Oder es gibt umgekehrt Werte, die ich erst spät im Leben umsetzen kann. Realistischerweise muß man auch der Tatsache ins Auge sehen, daß gewisse Werte in diesem Leben unter den aktuellen Umständen nicht realisiert werden können. Es kann also passieren, daß ich für das, was mir wichtig ist, in meinem Leben nicht die Ausdrucks- und Gestaltungsform finde, die andere verstehen. Wir alle haben schon von verkannten Genies und unentdeckten Talenten gehört.

Eines hingegen ist ganz sicher: Wenn man keine Werteklarheit hat oder die eigenen Werte nur diffus empfindet, dann treibt einen auch nichts an. Vor allem kann ich mich dann nicht eigenverantwortlich steuern. So treffe ich immer wieder Frauen, die mir sagen: «Ich weiß sehr wohl, was mir wichtig ist, aber das geht in dieser Welt nicht, denn das ist alles nicht umsetzbar». Es kann also auch sein, daß man sich in seiner eigenen Wertewelt so einigelt und sie so einzigartig findet, daß man sich dadurch den Zugang zur gegenwärtig herrschenden Wertewelt verstellt. Manche sagen dann: «Mein Typ ist im Moment nicht so gefragt» oder: «Ich bewege mich gerade in einer Welt, in der meine Wertvorstellungen kaum auffindbar sind. Ich komme mir fremd vor und erlebe Entscheidungen, die ich nicht mittragen kann.»

Dabei ist es unbestritten, daß man, wenn keine Wertschätzung durch andere, etwa im Berufsalltag, vorhanden ist, lieber den Arbeitsplatz wechseln sollte, als dort wenig geachtet auszuharren. Natürlich tauchen hier sofort Bedenken auf. In Anbetracht der prekären Lage auf dem Arbeitsmarkt in der Firma einfach das Handtuch zu werfen ist schwierig, und deshalb bleiben viele Menschen oft zu lange an dem ungeliebten Ort. Diese Rechnung geht aber letztendlich nicht auf. Denn wenn ich keine Wertschätzung in meinem Umfeld erfahre, nimmt die Akzeptanz meiner Person und meiner Leistung, mithin auch die Selbstakzeptanz, stetig ab. Die Chancen, sich woandershin zu bewegen, werden mit jedem Tag, den ich dort bleibe, geringer. Hier gelten die Motti: «Krisen sind Chancen» und «Lieber ein Ende mit Schrecken als ein Schrecken ohne Ende». Nichts interessiert einen neuen Chef mehr als eine Erklärung dafür, warum man so lange an einem ungeliebten Arbeitsplatz ausgehalten hat. Daß ganz nebenbei auch noch die eigene Qualifikation abnimmt, weil einem keine interessanten Aufgaben mehr übertragen werden, ist der eigentliche persönliche Schaden.

Werte können allerdings manchmal auch überstrapaziert werden. Wir sollten uns immer vergegenwärtigen, daß sie in die Sphäre der Ideale gehören. Sie «sollen» sein, «sind» aber nicht immer. Das erleben wir deutlich genug am höchsten Wert unseres Grundgesetzes «Die Würde des Menschen ist unantastbar», für den wir täglich neu antreten müssen, soll er nicht verlorengehen. Deswegen sollten wir uns immer auch bewußtmachen: Werte erfüllt man fast nie vollkommen. Erst gegen Ende des Lebens kann jeder beurteilen, wie weit er seine Werte umgesetzt hat oder nicht.

An den eigenen Gefühlsreaktionen merkt man am deutlichsten, welche Werte die wichtigsten sind. Denn je mehr ich mich über das Verhalten eines anderen Menschen ärgere, um so stärker hat er einen mir wichtigen Wert verletzt. Je mehr ich mich über etwas freue, desto deutlicher wurde ein mir wichtiger Wert erfüllt. Deshalb möchte ich Ihnen empfehlen, die eigenen Gefühlsreaktionen jeweils sehr genau zu beachten. Sie sind der erste und beste Indikator für die eigenen Werte. Sicher kennen Sie die Situation, daß ein Kollege Ihnen versprochen hat, ein für Sie wichtiges Protokoll bis 17.00 Uhr vorbeizubringen. Als er damit nicht erscheint, meldet sich bei Ihnen als erstes ein Gefühl des Ärgers, welches signalisiert, daß ein für Sie wichtiger Wert verletzt wurde. In diesem Fall vielleicht die Zuverlässigkeit oder die Kollegialität, möglich wäre auch der Wert Solidarität, da Sie jetzt sein Versäumnis ausbaden müssen. Gefühle sind also so etwas wie ein Radarschirm. Immer wenn es auf ihm blinkt, ist dies ein deutliches Signal für eine Werteverletzung oder -erfüllung. Vielleicht gab es in Ihrem Leben ja auch schon Situationen, über die Sie im nachhinein gedacht haben: «Wäre ich doch meinem Gefühl gefolgt, es wäre für mich besser gewesen!»

Ihre persönlichen Werte sollten Sie also bei all Ihren Entscheidungen im Leben steuern, denn aus Werten bezieht man die Energie, sich für das stark zu machen, für das man sich stark machen will. Meine Empfehlung heißt zugleich: «Sein, was man ist», eben nicht «Sein wollen, wer man nicht ist». Menschen mit geliehenen Identitäten können vielleicht kurzfristig, nicht aber langfristig Erfolg haben.

ÜBUNG Wenn Sie Ihre eigenen Werte entdecken wollen, dann möchte ich Ihnen einige Übungen empfehlen, die sich auf Ihre aktuelle Lebenssituation beziehen:

Listen Sie zunächst einmal auf, welche Entscheidungen Ihnen in der letzten Zeit besonders schwer und andere, die Ihnen leicht fielen. Vergegenwärtigen Sie sich dann noch mal genau, wozu Sie sich jeweils verhalten mußten: der Anlaß, die Sache, die Situation. Fragen Sie sich, was Ihnen besonders wichtig war. Wann wurde das, worauf es Ihnen ankam, erfüllt; dann nämlich ist die Entscheidung Ihres Umfeldes in der Regel gut für Sie ausgefallen. Umgekehrt: Wo wurde die Entscheidung nicht zu Ihren Gunsten oder in Ihrem Verständnis richtig getroffen, und was löste dabei Ihren Unmut aus, das heißt, welcher Ihnen wichtige Wert wurde verletzt?

Ein weiteres, interessantes Feld sind die Auseinandersetzungen mit Kollegen oder Chefs, die manchmal sehr heftig ausfallen können, vornehmlich dann, wenn es um Standpunkte geht, die nicht gleich jeden überzeugen. Auch hier wieder eine Übung.

ÜBUNG Versuchen Sie, sich zu vergegenwärtigen, aus welchen Anlässen Sie besonders vehement für Ihre Ansicht oder Meinung eingetreten sind und wenig Gegenliebe fanden für Ihre Auffassung. Oder umgekehrt: Erinnern Sie sich an diejenigen Situationen, in denen viele Personen Ihre Meinung teilten und Sie im Einklang waren mit Ihrem beruflichen Umfeld. Auch aus solchen Begebenheiten können Sie manchmal sehr direkt herausfiltern, welche Werte Ihnen besonders wichtig waren bzw. sind.

Interessant wäre es auch, einmal zu prüfen, welche Gegenstände beispielsweise in Ihrem Badezimmer vor dem Spiegel stehen. Überlegen Sie, wozu Sie das alles wirklich brauchen. Ist nicht so manches Fläschchen oder Döschen dabei, dessen Nutzen für die Körperhygiene unbedeutend ist, Gegenstände, die Sie vielleicht ausgewählt haben, weil sie so schön zu den Kacheln im Bad passen oder ähnliches?!

Auch das eigene Konsumverhalten wird stark von Werten gesteuert, und dort werden Sie deshalb ebenfalls fündig bei der Suche nach Ihren eigenen Werten. Sie können diese Übung selbstverständlich fortsetzen bei der Durchsicht Ihres Kleiderschrankes, bei Einrichtungsgegenständen in der gesamten Wohnung, in Ihrem Keller und so weiter.

Schließlich sollten Sie auch einmal überdenken, was Ihre Beziehungen zu anderen Menschen ausmacht. Denken Sie hier an diejenigen Menschen, die Ihnen besonders nahestehen: Freundinnen oder Freunde, der gesamte Familienkreis, das soziale Umfeld, Nachbarn und gute Bekannte. Ziehen Sie zwischen diesen Menschen Verbindungslinien, und fragen Sie sich, warum Sie diese Beziehungen halten, sogar pflegen und intensivieren? Selbst bei Personen, bei denen Sie schon seit längerem nicht mehr so recht wissen, warum Sie diese Beziehungen noch am Leben halten und sich dennoch nicht von diesem Menschen lösen, ist es aufschlußreich, die Gründe bei sich selbst zu hinterfragen. Das alles sind Möglichkeiten, sich der eigenen Werte bewußt zu werden und sie ein Stück weit zu reflektieren, ja genauer das anzuschauen, womit ich mich umgebe, um dabei herauszufiltern, was eigentlich für mich entscheidend ist.

Interessant ist folgendes: Nicht alle Werte sind uns gleich wichtig. Wenn Sie eine Auflistung Ihrer Werte machen, dann sollten Sie versuchen, sie einer Hierarchie zuzuordnen. Dabei könnten die wichtigsten die Spitze und die unbedeutenderen den Sockel einer Pyramide bilden. Daß nicht alle Werte gleichbedeutend sind, merken wir in ganz bestimmten Lebenssituationen, eher in Grenzfällen, die uns vor außergewöhnliche Entscheidungen stellen. Da Werte nicht immer bewußt sind und also auch nicht sofort artikulierbar, bemerkt

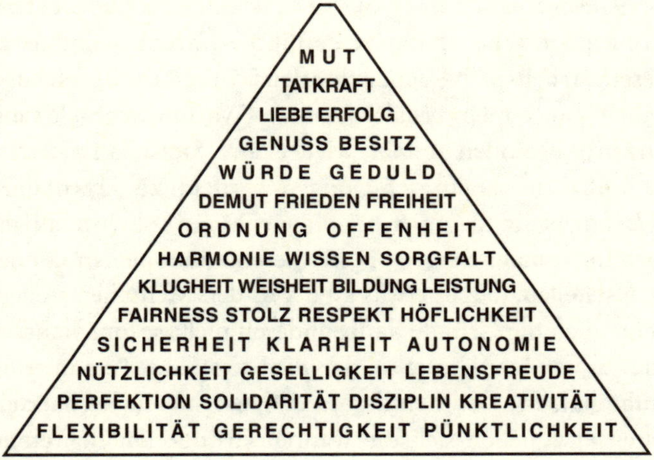

Die Wertepyramide

man ihre Wichtigkeit eher an einem Verhalten, das für andere unverständlich ist. Ein Beispiel soll dies verdeutlichen: Ich lernte eine Frau kennen, die mit einem Mann verheiratet war, der eine gesellschaftlich sehr angesehene Position bekleidete. Sie berichtete mir mit großer Betroffenheit, daß ihr Mann seit kurzem eine Geliebte hätte und beklagte den Verlust von Liebe und Treue. Alle guten Tips und Ratschläge, sich ein eigenständiges, unabhängiges Leben aufzubauen, fielen auf unfruchtbaren Boden. Sie verharrte noch viele Jahre in dieser für sie so unbefriedigenden Beziehung, und letztlich vollzog ihr Mann aktiv die Trennung. Erst danach wurde ihr bewußt, wie sehr für sie der soziale Status und die damit verbundene Sicherheit in der Ehe Priorität hatten. Deshalb waren auch die vielen Empfehlungen der Freunde, sich von ihrem Mann zu trennen, für sie so unbrauchbar gewesen, da sie ihr, geleitet von einem anderen Wertemaßstab, immer die falschen Ratschläge gegeben hatten.

Vielleicht haben auch Sie sich, wenn Sie andere Frauen beobachten, schon häufiger gefragt: «Warum bleibt sie an diesem Arbeitsplatz, wo doch offensichtlich ist, daß sie dort keine Chance mehr erhält?» Oder: «Warum wechselt sie in kurzen Abständen immer wieder ihre Stelle, anstatt sich auch mal in einem schwierigen Umfeld zu erproben?» «Warum bleibt sie noch bei diesem Mann, obwohl sie ihn doch nicht mehr liebt?» An all diesen Phänomenen können Sie feststellen, daß es etwas gibt, was den Menschen steuert, wenn auch die Gründe dafür anderen nicht sofort plausibel sind. Es ist sogar häufig so, daß die betreffende Person selbst Mühe hat, für sich herauszufinden, warum sie so handelt. Selten erschließen sich die wahren Gründe auf den ersten Blick. Man braucht hier meist eine Reflexionshilfe, das heißt jemanden, der einem durch die richtigen Fragen den Weg weist.

Bei der hierarchischen Gliederung Ihrer Werte sollten Sie sich von zwei extremen Fragestellungen leiten lassen: «Welcher Wert ist für mich so unverzichtbar, daß mir das Leben nicht mehr lebenswert erschiene, wenn ich ihn nicht verwirklichen könnte?» Das ist zwar eine sehr radikale Fragestellung, aber Sie erschließen sich durch diese Absolutheit den für Sie wichtigsten Wert, der damit zugleich auch ihr oberster Steuermann in diesem Leben ist. Es gibt natürlich daneben Werte, bei denen Sie vermutlich größere Abstriche machen oder Kompromisse eingehen könnten. Das wären dann diejenigen Werte, die Sie der mittleren und untersten Stufe der Hierarchie zuordnen. Die hierarchische Gliederung der Werte hilft Ihnen bei der Entscheidungsfindung und zeigt Ihnen, welchen Wert Sie bei all Ihren Vorhaben unbedingt beachten sollten!

Sie sollten jedoch nicht alle Werte absolut und als für immer geltend betrachten, denn sie können sich wie gesagt in ihrer Bedeutung verschieben. Das heißt, in unterschiedlichen Lebensphasen können durchaus wechselnde Werte den jeweiligen Vorrang erhalten. Der wichtigste Wert hingegen ist in der Regel konstant, er bleibt für das ganze Leben der entscheidende.

Bei Ihrer Analyse haben Sie nun vielleicht festgestellt, daß die von Ihnen ermittelten Begriffe sehr abstrakte Ideale und damit hehre Worte sind. Da gibt es Werte wie Selbständigkeit, Unabhängigkeit, Sicherheit, Familie, Geborgenheit, Harmonie und Liebe, Gerechtigkeit, Anerkennung, Zielstrebigkeit und Leistung, Toleranz und Vertrauen. Ob einer dieser Werte in Ihrem Leben wirklich eine herausragende Rolle spielt, können Sie auch über die biographischen Erlebnisse, die in Ihrer Erinnerung haften geblieben sind, überprüfen. Kann es sein, daß ein wichtiger Wert schon in Ihren frühesten Kindheitserfahrungen eine Rolle gespielt hat? Wäre es sogar möglich, daß in den Gegenständen, von denen Sie sich nicht trennen mögen und die Sie heute noch begleiten, ein für Sie wichtiger Wert verborgen ist? Könnte es sein, daß Eindrücke und Erlebnisse, die Sie betroffen machen oder besonders gleichgültig lassen, auch von bestimmten Werten gesteuert werden? Dies wären Möglichkeiten, noch einmal alles zu rekapitulieren und die vorgeschlagenen Felder der Reflexion zur Erforschung des eigenen Ichs zu nutzen.

Wenn Sie schließlich die Feststellung machen, daß bereits in Ihren frühesten Erinnerungen ein bestimmter Wert eine große Bedeutung hatte, dann dürfen Sie daraus folgende Erkenntnis ziehen: Dieser Wert bleibt mir, ich werde ihn in diesem Leben nicht mehr los. Warum betone ich das so sehr? Viele Frauen wissen gerade deshalb nicht, was sie wollen, weil ihnen ihre eigenen Werte zuwenig oder gar nicht bewußt sind. Damit fehlen ihnen auch die Maßstäbe für wichtige Entscheidungen. Diejenigen indessen, die sich ihrer Werte bewußt sind, hadern manchmal damit. So paradox es sich auch anhört: Sie sind nicht zufrieden mit dem, was ihnen wichtig ist, und mögen es sich oft nicht richtig eingestehen. Eine Frau sagte mir einmal: «Meine Perfektion ist mir etwas ganz Wichtiges, sie stört mich aber sehr, denn ich werde von meinen eigenen Ansprüchen im Moment mehr gequält, als daß ich Freude daran habe. Zugleich habe ich den Eindruck, ich ecke bei vielen Menschen unnötig damit an.» Was hat das zu bedeuten? Immer dann, wenn ein Wert Ihnen persönlich zur Last wird, sollten Sie überlegen, ob Sie ihn vielleicht schon zu reichlich umgesetzt haben, ob es also nicht mehr notwendig ist, darauf so viele Energien zu verwenden, weil – um bei obigem Beispiel zu bleiben – alle Leute doch bereits wissen, wie perfekt Sie sind und dies auch respektieren. Da Werte etwas sind, zu dem Sie sich, in gewissen Grenzen, durchaus frei verhalten können, sollten Sie anhand Ihres Wertespektrums überprüfen, worauf Sie sich außer der Perfektion noch konzentrieren wollen. Vor allem könnte es sein, daß Sie sich bisher sehr einseitig entwickelt und damit gewisse andere Stärken zuwenig ausgebaut haben.

FAZIT An dieser Stelle sei schließlich auch darauf hingewiesen, daß nicht nur jeder einzelne im Laufe des Lebens immer wieder – zumeist situativ bedingt – unterschiedliche Prioritäten in seinem Werteraster setzt. Auch von der Gesellschaft werden Werte immer wieder anders und zugleich neu bewertet. Dies bezeichnen wir als gesellschaftlichen Wertewandel. Damit ist das Phänomen gemeint, daß in einer Phase ganz bestimmte Werte in den Vordergrund, andere mehr in den Hintergrund treten. Es kann also sein, daß diejenigen Werte, die man selbst im Moment als besonders wichtig erachtet, in einer anderen Generation an Bedeutung verlieren. Umgekehrt jedoch kann eine jüngere Generation halb vergessene Werte aus früheren Zeiten wieder aktivieren. Werte sind also dem historischen Wandel unterworfen, und eine Gesellschaft bewertet immer wieder neu; übrigens in der Regel solche Dinge, von denen sie meint, daß sie verschwinden könnten. Früher war beispielsweise der Wert Pflichterfüllung von großer Bedeutung. Heute empfinden ihn dagegen viele als weniger relevant. Nach meinem Eindruck hat sich gar nicht so viel an Werten gewandelt, wie heute gern betrauert wird, eher ist die Art und Weise, wie Werte gelebt werden, Veränderungen ausgesetzt. Viele Symbole haben beispielsweise ihren ursprünglichen Sinn geändert oder verloren. War die «Hochzeit in Weiß» in den sechziger Jahren noch ein verbindlicher Ausdruck für den Wert der Jungfräulichkeit, hat sich heute das weiße Brautkleid längst dieses Wertes entledigt und ist nur noch dekoratives Detail für ein rauschendes Hochzeitsfest.

3. Das Dilemma mit den Prioritäten

Kommen wir nun zurück auf die individuelle «Wertelandschaft». Selbst wenn Frauen benennen können, was ihnen wichtig ist, wissen sie damit noch keineswegs zuverlässig, was sie wollen. Denn nun tauchen die Tücken des Entscheidens erst richtig auf. Typisch dafür sind solche Fragen: «Wie kriege ich das alles unter einen Hut? Einerseits würde ich gerne dies machen, aber andererseits auch gerne jenes …, wüßte ich doch einmal, was ich wirklich will.» Oft höre ich auch: «Mir ist so vieles wichtig, daß ich gar nicht weiß, was ich zuerst und zuletzt machen soll.» Warum ist es hier so schwer, eine Lösung zu finden?

Werte können miteinander kollidieren, und damit ist schon die größte Schwierigkeit genannt. Genauso finden sich im persönlichen Werteprofil Ansprüche, die, will man sie wirklich leben, schwer miteinander zu vereinbaren sind. Zur Bewältigung dieser Tatsache scheint vielen die geeignete

Strategie zu fehlen. Wie soll man mit den oft sogar extrem voneinander abweichenden Zielen und Werten im Leben umgehen? Vor allem Frauen, die von ihrem Selbstverständnis her perfekt sein wollen und «halbe Sachen» ablehnen, sind in solchen Fällen besonders verunsichert. Sie ahnen, daß sie einen Kompromiß eingehen müssen, und das behagt ihnen gar nicht. Auf Hilfestellung oder wohlwollende Akzeptanz in ihrem Umfeld können Frauen bei diesem Entscheidungsdilemma kaum hoffen.

Welches sind denn nun die für Frauen so wichtigen Werte, bei denen sie nicht wissen, wie sie die Prioritäten setzen sollen? In meiner langjährigen Beratungspraxis, in der ich mit vielen Frauen ein individuelles Profil erarbeitet habe, konnte ich bestimmte Werte ausmachen, die besonders häufig vorkommen. Sie unterscheiden sich auf den ersten Blick erstaunlicherweise gar nicht so sehr von denen der Männer. So treten beispielsweise beide Geschlechter vorzugsweise für die Freiheit und für die Familie ein. Auch die Sicherheit ist ein geschlechtsübergreifender Wert und – das mag besonders verwundern – die Harmonie. Selbst bei der Gerechtigkeit hätte man Mühe, eine besondere Favorisierung aus weiblicher Sicht auszumachen. Trotzdem gibt es Werte, auf die gerade Frauen viel Energie verwenden, um sie in ihrem Leben zu verwirklichen, und andere, die eher bei Männern Vorrang haben. Der geschlechtsspezifische Unterschied besteht auch in den Wegen, wie man diese Werte verwirklicht oder lebt, nicht so sehr in den Werten selbst!

Für viele Frauen sind heute Unabhängigkeit und Selbständigkeit besonders wichtig. Dies gilt nach meiner Erfahrung rein statistisch für eine große Gruppe. Gemeint ist hier der Wunsch, sich unabhängig von einem Mann eigenständig durchs Leben zu bewegen und selbst zu bestimmen, in welcher Form man sein Leben gestalten will. Unter Unabhängigkeit verstehen viele Frauen vor allem die Fähigkeit, sich selbst ernähren zu können. Hieraus resultieren nicht selten auch Engagement und hoher Einsatz im Beruf. Sich nur nicht abhängig machen von einem Versorger – das ist die Devise. Die Emanzipationsbewegung in den letzten Jahrzehnten hat das ihre zu diesem Wertebewußtsein beigetragen.

Zugleich sind vielen Frauen aber auch Liebe und Geborgenheit in ihrem Leben wichtig. Und dies scheint Chance und Verhängnis zugleich zu sein; denn die Liebe ist ein Wert, der das «für andere dasein» beinhaltet. Damit birgt er die permanente Gefahr, sich selbst darin zu verlieren. Mit dem Wert Unabhängigkeit scheint er jedenfalls nur schwer vereinbar zu sein, zumindest empfinden dies viele Frauen so.

Kollidieren kann auch die Liebe mit der Gerechtigkeit. Denn wer liebt, ist parteiisch, also nicht mehr allen gegenüber unbedingt gerecht. Die Liebe steht außerdem gern im Widerspruch zur Ehrlichkeit. Jeder kennt aus dem Alltag die Maxime: «Wenn ich der Person ehrlich sage, was ich von ihr halte, dann liebt sie mich nicht mehr». Oder man hat den Wert der Harmonie mit dem der Zielstrebigkeit in Einklang zu bringen, das ist im beruflichen Alltag oft schwierig. Hier wären noch eine Vielfalt einander widerstrebender Werte zu nennen, die es den Frauen oft nicht leicht machen, sie wunschgemäß zu verwirklichen.

Sehr eindeutige Anweisungen für die Lösung dieses Konflikts stecken in den allbekannten Lebensweisheiten, die man immer wieder zu hören bekommt. In vielen Familien heißt es heute noch: «Man kann nicht alles haben im Leben, also entscheide dich.» Bildhaft ergänzt durch den Spruch: «Man kann nicht auf allen Hochzeiten gleichzeitig tanzen!» Diese Empfehlung ist die klassische deutsche Vorgabe, die mit ihrem «entweder – oder, ja oder nein, schwarz oder weiß» sehr treffend ein überlebtes Ausschließlichkeitsdenken bezeichnet. Ich glaube, es geht auch «Pepita», nämlich «schwarz und weiß, sowohl – als auch». Dazu wird man allerdings hierzulande kaum ermuntert. Genau dies aber verschärft für viele Frauen das Problem mit den Prioritäten. Da das typisch Deutsche «entweder – oder» als unverrückbare Anforderung über allem schwebt, haben viele Frauen Alltagsstrategien entwickelt, die nicht unbedingt geeignet sind, wichtige Werte zu verwirklichen.

Eine oft beobachtete Verhaltensweise bezeichne ich gern als das «Stehenbleiben», nämlich schlichtweg gar nichts zu tun. Das wird etwa folgendermaßen formuliert: «Mal sehen, wie es so kommt. Mal gucken, wie es sich so ergibt!» Einige nennen es auch gern «Abwarten und Tee trinken». Was ist davon zu halten? Kurzfristig könnte sich diese Strategie durchaus hier und da als taktisch sinnvoll erweisen, langfristig ist sie nicht zu empfehlen. Denn es gilt immer noch «Wer sich nicht selber bewegt, wird bewegt!». Es entscheiden dann andere Menschen darüber, was für mich gut ist. Ob ich dann aber dort ankomme, wo ich selbst hin will, ist höchst fragwürdig.

Des weiteren praktizieren manche Frauen eine Strategie, die ich mit «Schau'n wir mal» umschreiben möchte. Ihnen fehlt die Bereitschaft, sich ernsthaft auf die Umsetzung eigener Werte einzulassen. Sie vermitteln den Eindruck, als bewegten sie sich im Berufsleben wie ein Zuschauer im Theater: «Mal schauen, ob das was für mich ist.» Das entspricht einer inneren Haltung von: «Ich könnte mir auch noch etwas anderes vorstellen!» Beim kleinsten Widerstand wechselt man das Feld und probiert es dann mit etwas anderem. Wenn dies wieder nicht gefällt, wird der Blick wieder auf einen neuen Job gerichtet. Mit dieser Umsteigementalität entdecken viele Frauen dann später, daß sie sich nirgendwo wirklich verankert haben und immer unzufriedener werden. Frauen, die auf diese Art vielleicht noch zwischen Beruf und Familie hin- und herwandern, gewinnen kein Profil. Sie werden im Zweifel schlechte Berufsfrauen und schlechte Familienfrauen. Fast immer, wenn Frauen mir ihre Berufsbiographie vorstellen und dies mit dem Satz kommentieren: «Ich habe in meinem Leben schon so vieles gemacht», stelle ich bei näherem Hinsehen ein solches Job-hopping fest. Sich hin und wieder über die unterschiedlichen Lebens- und Arbeitswelten zu informieren ist für eine kurze Zeit durchaus sinnvoll und wird heute ja auch als notwendige Flexibilität gefordert. Sobald dies aber zum Lebensprinzip wird, kann es nur mit Frustrationen enden.

Die Männer wählen dagegen meist die Strategie des «Nacheinander», die dem typisch deutschen «entweder – oder» sehr nahe kommt: Sie realisieren erst das eine, dann das andere. Da sie durch keine biologische Uhr zeitlich unter Druck geraten, können sie dies auch relativ unbesorgt praktizieren, im Gegensatz zu den Frauen, deren Lebenschancen unter anderen Vorzeichen stehen. Männer haben ja die Möglichkeit, nach den großen Karriereschritten mit einer jüngeren Partnerin noch Kinder zu haben und sich so nacheinander sowohl dem Beruf als auch der Familie zuzuwenden. Außerdem haben viele ja schon in der anstrengenden Karrierephase eine Familie, die sie aber in ihrer Berufstätigkeit keineswegs einschränkt, weil ihre Frau ihnen den Rükken freihält. Für Männer ist es also tatsächlich leichter möglich, zwei verschiedenen Werten zu folgen, ohne daß diese in Konflikt geraten.

Viele Frauen dagegen wählen unbewußt eine Strategie, die am besten als «Blockade» zu bezeichnen ist. Sie erreichen überhaupt keine Werteverwirklichung, weil sie immer den einen Wert mit dem kollidierenden erschlagen. Dies zeigt sich in solchen Aussagen wie: «Ich würde ja gern …, aber es geht nicht, weil …» Noch deutlicher die Variante: «Es ginge schon, aber ich bin so inkonsequent.» Ganz praktisch hört sich das in meinen Beratungssituationen etwa so an, daß ja zur Zeit keine Möglichkeit besteht, Kinder zu bekommen, weil ein zeitweiliger Berufsausstieg einem jede Chance für die Weiterentwicklung nähme. Umgekehrt funktioniert aber die berufliche Entwicklung nicht, weil dem ja die Familienwünsche und -ziele entgegenstehen. Auf die Art und Weise unternehmen viele Frauen gar nichts und sind zutiefst unglücklich. Eine andere Art, auf den Konflikt zwischen Familie und Beruf, Kind und Karriere zu reagieren, ist das ewig schlechte Gewissen. Im Beruf sind sie gedanklich bei ihrer Familie, zu Hause denken sie an den Beruf, und das raubt ihnen schließlich so viel ihrer Energien, daß sie in keinem Bereich richtig produktiv sind.

Sehr rigoros verfahren diejenigen Frauen, die eine Wertekollison einfach verdrängen. So nehmen sie vielleicht gerade noch den Zwiespalt zweier Werte wahr – z. B. den von Harmonie und Zielstrebigkeit –, wählen dann aber einen dritten Wert als Entscheidungshilfe – z. B. den des Pragmatismus oder der Sachlichkeit. Das kann gut ausgehen, wenn der dritte Wert hohe Priorität hat, weil dann das eigene Handeln nicht blockiert ist. Weniger positiv ist jedoch die Verdrängung des möglichen Konfliktes, da er die Frau in der Regel wieder einholt und kreative Lösungen verhindert.

FAZIT Die Strategie, die ich Frauen bei Wertekollisionen empfehlen möchte, ist die von «Pepita», schwarz *und* weiß, also das «sowohl – als auch». Dieses Modell widerspricht vielleicht hier und da der deutschen Auffassung von einer gründlichen und perfekten Lösung, dafür kommt es aber dem Leben näher. Kollisionen widersprüchlicher Werte im Leben auszubalancieren ist eine Herausforderung erster Güte, nicht zuletzt an die Kreativität. Im Klartext: Wenn Sie für sich die Entscheidung treffen, daß Sie beides, also die Unabhängigkeit *und* die Liebe oder die Kinder *und* die Karriere wollen, dann kommen Sie auch auf Ideen, wie dies zu realisieren ist. Werte sind immer ein Auftrag an mich selbst und nicht nur Schicksal. Denn am Ende sind nicht die kollidierenden Werte das Problem, sondern das Fehlen einer Entscheidung. Von dieser Entscheidung – wofür auch immer –, hängt auch die Wahl der adäquaten Strategie ab.

4. Mein Profil hat Stärken und Schwächen

Jede Wertehaltung prägt das Verhalten so, daß es sowohl für die eigenen Zielvorstellungen wie auch im jeweiligen sozialen Umfeld hinderlich oder förderlich sein kann. Ja es ist so, daß die wichtigsten Werte zugleich die größte Stärke und die größte Schwäche der Person sind. Natürlich wünschen sich einige Frauen nur die Stärken und nicht die Schwächen. Sie wollen dann von mir wissen, wie sie die Schwächen am besten loswerden können. Leider gelingt das kaum, es wäre auch schlecht, denn mit dem Aufgeben der Schwäche würde auch die adäquate persönliche Stärke verspielt, da jede Werteverwirklichung immer ein Plus und ein Minus mit sich bringt. Ebenso ist die Tatsache nicht aus der Welt zu schaffen, daß jede Wertehaltung, ganz gleich welche, überspitzt gesagt, ihren Preis hat. Welcher das jeweils ist, hängt von der Bedeutung des betreffenden Wertes für die Person ab.

Aus vielen Beratungsgesprächen sind mir die unterschiedlichsten Werteorientierungen von Frauen vertraut. Berichten möchte ich von einigen typischen Profilen, bei denen eine dominierende Werteausrichtung die Person prägt. Dabei sollte bedacht werden, daß Menschen in der Regel mindestens acht bis zehn verschiedene Werte als wichtig erachten, wobei natürlich die höchste Präferenz auch am stärksten das Verhalten prägt. Überhaupt ist es so, daß man für den wichtigsten Wert auch den meisten Aufwand betreibt, die größten Mühen in Kauf nimmt, und das ohne die Gewißheit, ob es je Erfolg bringt. Werte entziehen sich jedem Kalkül; man richtet sein ganzes Verhalten danach aus, ohne zu wissen, ob man das erreicht, was man will. Im folgenden also einige Beispiele, die die Stärken und analogen Schwächen der jeweiligen Wertehaltung im alltäglichen Verhalten aufzeigen können.

Eine Teamchefin berichtete mir vor Jahren von einer für sie aufschlußreichen Begebenheit. Ihre zentralen Werte waren *Unabhängigkeit* und *Selbständigkeit*. Im Kollegenkreis ging es um die Frage, ob man Menschen ihre Wertebetonung sofort anmerken könne. Woraufhin prompt ein Kollege zu ihr sagte: «Wenn Sie einmal mit einer Reifenpanne am Straßenrand stehen, hält keiner an und hilft Ihnen!» Sie wollte schon empört reagieren, worauf ihr die Kollegen aber klarmachten, daß sie dies als Kompliment verstanden wissen wollten; sie wirke so selbständig, daß wohl kaum jemand auf die Idee käme, ihr Hilfe anzubieten. Diese überraschende Reaktion der Kollegen sei ihr wie eine Offenbarung vorgekommen, berichtete mir die Klientin. Seit Jahren hatte sie sich nämlich schon gefragt, warum manchen Frauen am Bahnhof oder Flughafen die Koffer getragen werden und anderen nicht. Wenn eine Frau deutlich die Werte Unabhängigkeit und Selbständigkeit in ihrem Werteprofil hat, sollte sie beachten, daß sie um Hilfe bitten muß, die sie nicht automatisch erhält.

Wie sieht nun der Preis für die *Liebe* aus? Viele Frauen halten diesen Wert für besonders wichtig. Dabei ist nicht allen bewußt, was das bedeutet. Wenn man liebt, gibt man viel, ohne immer *genau* darauf zu achten, ob man dafür etwas zurückbekommt, was auch der Liebe widersprechen würde. Nicht alle achten aber darauf, ihre Quellen der Kraft, aus denen sie das «Geben» speisen, auch entsprechend zu pflegen. Das kann dazu führen, daß irgendwann keine Energie mehr da ist und dann doch die Rechnung insbesondere gegenüber den Männern aufgemacht wird, die sich angeblich zu wenig für die vielen «guten Gaben» erkenntlich gezeigt haben. Aber nicht nur im Privatleben, auch in der Berufswelt, namentlich in jenen Berufen, die eine hohe Zuwendung gegenüber Menschen verlangen, sei es im tagtäglichen Kundenservice oder in der Beratung, sind Frauen mit dieser dominierenden Wertehaltung sehr beliebt und durchaus am richtigen Platz. Hier wie ebenfalls in manchen fürsorgerischen und heilenden Berufen besteht bei den Betreffenden allerdings auch die Gefahr des «Burn-out». Auffallend ist bei solchen Frauen im Zustand großer Erschöpfung eine äußerst aggressive Reaktion auf ihr Umfeld oder auch depressive Symptome.

Häufig ist der Wert *Anerkennung* für Frauen von großer Bedeutung. In ihm steckt einige Tücke, die viele oft erst sehr spät realisieren. Prinzipiell braucht jeder Mensch Anerkennung, aber wenn sie besonders wichtig wird, besteht die Gefahr, beim Verwirklichen dieses Anspruchs das rechte Maß zu verlieren. Im beruflichen Umfeld neigt man dann dazu, es allen recht machen zu wollen, um anerkannt zu werden. Das kann zur Rolle des «Mädchens für alles» führen, deren Image nicht gerade erstrebenswert ist. Als ich einen Manager fragte, warum er denn für eine zu verteilende Aufgabe nicht auch die Frau in der Abteilung angesprochen hätte, antwortete er: «Die muß ich gar nicht erst fragen, das ist der viel zu einseitig!» Auf meine Nachfrage, was sie denn so alles zu tun haben würde, hieß es unverblümt: «Eigentlich alles, sie hat keinen genau definierten Aufgabenbereich!» Für diesen Fall gilt jedenfalls noch heute die Lebensweisheit: «Wer alles kann, kann nichts!» Sie verdeutlicht, wie notwendig es ist, rechtzeitig für die Profilierung der eigenen Kompetenz zu sorgen. Besonders Frauen, die im Erziehungsurlaub waren und nicht zuletzt deshalb eine Rückkehr in den Beruf anstreben, weil ihnen im häuslichen Bereich die

Anerkennung fehlte, sind dann häufig enttäuscht. Denn genauso selten, wie ein Ehemann die Erledigung der ihm selbstverständlich erscheinenden Alltagsaufgaben lobt, tut dies im allgemeinen ein Chef im Arbeitsalltag.

Eminent wichtig ist für Frauen auch der Wert *Harmonie.* Wer an diesen Wert hohe Erwartungen knüpft, sich also als besonders harmoniebedürfig erweist, wurde in den letzten Jahren sehr diskreditiert. Alle Etiketten von Konfliktscheu, zu großer Friedfertigkeit oder Schönmalerei bis zu Harmoniesucht wurden den Frauen angehängt. Sicher war das Phänomen in einigen Fällen in dieser drastischen Form zu beobachten, generell möchte ich aber für die Harmonie eine Lanze brechen, denn sie stellt aus meiner Sicht einen positiven Wert für die Gesellschaft der Zukunft dar. Worin liegt die besondere Stärke dieses Wertes? Ich will es an einem simplen Beispiel verdeutlichen: Einige von uns kennen sicher aus eigener Anschauung die gründlichen Vorüberlegungen für die Platzverteilung bei Familienfeiern: Wer sitzt neben wem und wer nicht. In der Regel sind es Frauen, die solch wohlüberlegte Ordnung planen, da sie in kluger Vorahnung jeden Zündstoff vermeiden wollen, der das Gelingen eines Festes in Frage stellen könnte. Derartig aktive Konfliktvermeidungsstrategie hat das Ziel, die Probleme, die man im Vorfeld schon ahnt, möglichst gar nicht entstehen zu lassen, wohlwissend, daß trotz allem noch genügend Dissonanzen auftauchen können. Deshalb teile ich die Auffassung nicht, Frauen seien in der Regel konfliktscheu. Im Gegenteil: Sie übertragen ihre Stärke, die sie traditionell für den privaten Lebensbereich erworben haben, nicht aktiv genug in das berufliche Feld. Jedenfalls vermisse ich da häufig diese klugen Strategien und erlebe Frauen als zögerlich, weil sie nicht so harmoniebedürftig wirken wollen und meinen, sie müßten sich offenen Auseinandersetzungen stellen. Dies zeigt zugleich das Negative am Wert Harmonie: Aus männlicher

Sicht gelten diese Frauen leicht als zu wenig zielgerichtet, und das dürfte dann unter Umständen teuer werden. Es stimmt natürlich: Wenn man den oft unterschiedlichen Bedürfnissen vieler Menschen gerecht werden will, kostet das in der Regel auch mehr Zeit. Im Arbeitsalltag zeigt sich dies am endlosen Klären, Besprechen und Ausdiskutieren von Ideen, möglichen Alternativen und richtigen Lösungen. Der Vorwurf, der Frauen dann gern gemacht wird, lautet: «Sie sind zu wenig entscheidungsfreudig!» Daß die sorgfältig durchdachten Lösungen aber langfristig eine höhere Akzeptanz bei den beteiligten Menschen finden als die schnellen Ergebnisse, wird oft nicht mehr wahrgenommen.

Besonders willkommen in der Arbeitswelt sind jene Frauen, die den Wert *Lebensfreude* für sich gepachtet haben. Sie strahlen viel Zuversicht und Optimismus aus, bringen eine große Power mit, scheinen unendlich belastbar zu sein und gehen zupackend an alle Aufgaben heran. Schier unermüdlich im Einsatz, verbreiten sie den Eindruck, niemals zu ermüden. Von ihrer gesamten Art her sind sie absolut lösungsorientiert und nicht problemverhaftet, deshalb ertragen sie auch keine «Lamentierer». Ihr großer Fehler kann darin bestehen, daß sie durch ihre Energie und Schnelligkeit andere, vor allem Schwächere, überrollen. In einer Führungsaufgabe wäre diese Haltung wiederum nicht wünschenswert, da es nicht nur manche Mitarbeiter lähmt, sondern weil letzten Endes auch die meiste Arbeit an solchen Frauen hängen bleibt. Auch Geduld ist nicht ihre Stärke, und damit fehlt es ihnen oft am hin und wieder notwendigen «Warten können». Für die Förderung und Entwicklung von Nachwuchspotential erweist sich diese Eigenart ebenso als hinderlich. Wo es hingegen um Pionierarbeit geht, wo etwas aufgebaut, umstrukturiert, neu entwickelt werden soll, da bringen diese Frauen mit dem zentralen Wert Lebensfreude und ihrem Elan genau die richtigen Voraussetzungen mit.

Wie ist es nun mit der *Ehrlichkeit?* Ein Wert, den viele Frauen haben und gern einbringen möchten. Daß sie damit für den Beruf eines Detektivs untauglich sind, ist offenkundig, denn es fehlt solchen Menschen schlicht an der für diese Aufgabe unerläßlichen «kriminellen Phantasie». Hingegen wäre der Wert Ehrlichkeit – womöglich noch gepaart mit dem Wert Genauigkeit – beispielsweise für die Qualitätssicherung im Dienstleistungsbereich eine exzellente Vorgabe. Solche Menschen besitzen mit zunehmender Erfahrung leicht einen siebten Sinn für gewisse Schwachstellen zwischen Idealvorstellung und Realität. Bevor andere überhaupt wahrnehmen, daß sie sich in einer Sache etwas vormachen, zum Beispiel noch anzustrebende Umsatzziele als schon erreicht verkaufen, haben Menschen mit dem Wert Ehrlichkeit dies sofort durchschaut. Wenn sie aber die Betroffenen daraufhin ansprechen, treten sie dabei leicht ins Fettnäpfchen, da nicht jeder die Wahrheit verträgt. Diplomatie ist jedenfalls nicht unbedingt die Stärke des Ehrlichen!

Erwähnenswert erscheint mir auch der Wert *Sicherheit*, denn sie spielt für viele Frauen eine wichtige Rolle. Die Stärke dieses Wertes und damit seiner Trägerin liegt in einem ausgeprägten Sensorium für Abhängigkeiten jeglicher Art. Diese Menschen ahnen schneller als andere die Bedingungen, seien sie sachlicher oder personeller Art, von denen irgendwelche Vorhaben abhängen. Sie kennen umfassend und genau die Regeln, Vorschriften und Gesetze, die für eine zu erledigende Sache zu beachten sind. Sie prognostizieren oft ziemlich treffend mögliche Auswirkungen angestrebter Ziele. Besonders ausgeprägt ist ihre Gabe, Dinge doppelt abzusichern und für alle nur denkbaren Fälle Vorsorge zu treffen. Nach Möglichkeit wird nichts dem Zufall überlassen. Genau dies alles hat aber zugleich auch seine Kehrseite: Es fehlt am notwendigen Wagemut. Zudem können gründlich absichernde Maßnahmen wiederum viel Zeit kosten und jeden Schwung für Neues nehmen. Jedenfalls ist ein so ausgerichtetes Werteprofil nichts für Aufgaben mit hohem unternehmerischem Risiko.

Manchen Frauen steht auch der Wert *Perfektion* im Weg, obwohl auch er, wie alle anderen, seine spezifische Stärke hat. Wer möchte nicht, daß etwa im Kernkraftwerk oder bei der Flugzeugwartung hoffentlich Perfektionisten am Werke sind! Menschen mit diesem Wert besitzen jedenfalls den unbestechlichen, schnellen Blick für Fehler und Unvollkommenes. Sie sind hervorragend in der Prozeßsteuerung und wissen besser als andere, daß der Teufel im Detail steckt. Ihr Einsatz erscheint manchmal grenzenlos, denn sie haben einen hohen Anspruch an sich selbst und damit oftmals auch an andere. Darin liegt zugleich auch ihre Schwäche, da sie dazu neigen, im Interesse der Sache andere Menschen zu überfordern. So haben sie wenig Verständnis dafür, daß nicht jeder die Entwicklung seines individuellen Potentials in dieser Richtung sieht. Deshalb ist ihr Gespür für die Vielfalt menschlicher Bedürfnisse und Interessen eher gering ausgeprägt, womit ihnen auch die Fähigkeit zum Durchsetzen von Ideen und Zielvorstellungen abgeht. Sie sind nicht flexibel genug, um sich auf die Strategien ihrer Kollegen in wünschenswerter Weise einzustellen, und im übrigen so sehr mit der Sache beschäftigt, daß sie dabei leicht übersehen, ob ein in ihrem Sinne perfektes Ergebnis überhaupt gewünscht ist oder von potentiellen Kunden auch bezahlt wird.

Nicht zu vergessen ist der Wert *Gerechtigkeit*. Ginge es nach den Frauen, wäre er in dieser Welt längst überall verwirklicht. Dabei ist mir allerdings aufgefallen, daß nicht alle, die Gerechtigkeit im Munde führen, diese auch wirklich meinen. Deshalb möchte ich mit folgender selbstkritischer Überlegung weiterhelfen: Zu unterscheiden wäre hier stets, ob es einem primär um die Gerechtigkeit in dieser unserer

Welt geht oder ob man möchte, daß einem selbst Gerechtigkeit widerfährt. Im letzteren Fall sollten Sie lieber von Anerkennung sprechen, dies wäre dann der Wert, der Ihnen wichtig ist.

Menschen mit dem Wert Gerechtigkeit denken und handeln nach «Maß», sie sorgen für eine angemessene Verteilung von Arbeit und Geld. Sie sind beispielsweise als Teamchefin besonders stark in Aufgabenbereichen, wo ein Mengengeschäft, z. B. Callcenter oder Poststellen, abzuwickeln ist. Überall dort, wo eine fein ausgewogene Einsatzplanung von Personal für die Aufgabenlösung notwendig ist, wo Ressourcen knapp sind und die Leistungsanforderung auf mehreren Schultern ruht, sind ihre Stärken gefragt. Als Mitarbeiterin unter ihrer Leitung muß man nicht um Anerkennung bangen. Sie sorgen für die angemessene Berücksichtigung aller beider Verteilung entsprechender Zuwendungen. Schwierig wird es allerdings, wenn jemand einen Sonderstatus beansprucht. Da beißt jeder bei den «Gerechten» auf Granit und hat für die Durchsetzung ganz individueller, womöglich noch rein eigennütziger Ziele kaum eine Chance.

Mit steigender Tendenz ist Frauen die *Selbstentfaltung* wichtig, oft noch gekoppelt mit dem ausgeprägten Wunsch, ihre individuelle Eigenart zu leben. Ihre Stärke liegt im ständigen Erproben von Neuem, heute dies, morgen jenes, nicht zuletzt oft verbunden mit der Intention, extreme Erfahrungen zu machen. Sie probieren alles um des persönlichen Wachsens willen aus, selbst bis an unvorhergesehene Grenzen. Sie streben im Leben nach hoher Selbsterfahrung und können oftmals im kreativen, künstlerischen Bereich sehr produktiv werden. Für die Anpassung an Teamregeln oder Abteilungsvorschriften haben diese Menschen aber wenig Interesse. Deshalb ist die dort erwünschte Kontinuität in Verhalten und Zielverfolgung kaum zu erbringen. Auch für den Aufbau von langfristigen Beziehungen sind diese Menschen weniger geeignet, weshalb sie sich zwar nicht für Kundenbetreuung, dafür aber um so mehr für die Gestaltung von außergewöhnlichen «Events» eignen.

Frauen, die in ihrem Spektrum den Wert *Familie* an oberster Stelle haben, sind in der Regel die geborenen «Teampflegerinnen». Sie können sehr gut Teams bilden, zugleich deren Zusammenhalt fördern, und sie haben ein gutes Gespür für das richtige Arbeitsklima. Eher als andere merken sie, wenn die Stimmung sinkt, und sorgen sofort für Abhilfe, gern in Form einer gemeinsamen Unternehmung. Bei Angriffen von außen zeichnen sie sich dadurch aus, daß sie unbedingt zu ihrem Team stehen, selbst wenn es intern durchaus kritische Worte und Reibungsflächen geben mag. Für diesen Rückhalt ist jeder Mitarbeiter dankbar. Nahezu unschlagbar sind sie beim Hervorbringen von Teamleistungen. Deshalb ist ein Servicecenter oder die Gruppenleitung in einer Bankfiliale, die einen bestimmten Qualitätsstandard gegenüber Kunden sicherstellen muß, für diese Frauen das optimale Betätigungsfeld. Allerdings besteht manchmal die Gefahr, daß solche Menschen eine Gruppe zu sehr auf die eigenen Maßstäbe ausrichten und anderen Mitgliedern im Team zu wenig eigenen Entfaltungsspielraum gewähren. Das ist für die Weiterentwicklung von Mitarbeitern dann eher nachteilig. Eine ausgesprochene Führungsschwäche können diese Menschen zeigen, wenn sie sich von Mitarbeitern trennen müssen, gleichgültig ob freiwillig oder gezwungenermaßen. Sie zögern hier zu lange, haben zu große Toleranzschwellen und werden dadurch manchmal ausgenutzt.

Diese Übersicht möglicher Schwächen und Stärken im individuellen Wertesystem sollte Ihnen zum einen veranschaulichen, daß jede Stärke unweigerlich wie eine Medaille auch ihre Kehrseite hat. Zum anderen verdeutlichen die obigen Fallbeispiele sicherlich auch, warum man sich manchmal in einer Aufgabe, in einem Unternehmen oder in einer bestimmten Branche nicht wohl fühlt. Viele Frauen sind in Berufe hineinempfohlen worden nach der Devise: «Geh zur Sparkasse, das ist etwas Sicheres!» Erst bei längerem Verweilen in solch einem Bereich wird einigen klar, daß sie da nicht hingehören. Oftmals ist dann der Zug aber abgefahren und ein Wechsel nur noch schwer möglich. Andere erleben, daß ihnen die Anpassung in Teams oder Abteilungen schwerfällt und bemerken erst dann, wie wichtig ihnen ein eigenes, unabhängiges Spielfeld ist. Wiederum andere stellen erst nach längerer Verweildauer in einer Position fest, daß sie sich nicht mit Verkaufsstrategien oder Produkten des Unternehmens identifzieren können, wodurch ihre Einsatzfreude erheblich beeinträchtigt wird. Die Gefahr also, am falschen Ort, am falschen Platz zu sein, sollte nicht unterschätzt werden. Sie kann rasch zur sogenannten inneren Kündigung führen, sie bewirkt Lustlosigkeit statt Spaß an der Arbeit. Viele Frauen hängen am sicheren Arbeitsplatz und merken nicht, daß sie durch die fehlende Identifikation nicht mehr gut sind und auch dadurch auf die Abschiebeliste geraten.

FAZIT Wenn Sie sich bei der Arbeit wohl fühlen, ist dies der beste Indikator dafür, daß Sie den passenden Beruf gefunden haben. Intuitiv zieht es den Menschen dorthin, wo er seine Stärken am besten einbringen kann. In der Regel sind es die falschen Empfehlungen, vermeintliche Karriereaussichten oder trendige Einflüsse, die Frauen vom eigenen Weg abhalten. Lassen Sie sich also nicht beirren, bleiben Sie Ihr eigener Steuermann in der Auswahl Ihrer Berufswünsche und Einsatzfelder.

5. Jede hat Erfolgsfaktoren

Erfolg ist ein schillernder Begriff, alle wollen ihn, aber welchen? Für die einen bedeutet Erfolg eher die Vermehrung materieller Güter, für andere ist es die verbesserte Lebensqualität, und wiederum andere sehen in der Möglichkeit, sich persönlich weiterzuentwickeln, das entscheidende Kriterium. Zwischen Männern und Frauen findet die Bewertung häufig sehr unterschiedlich statt. Jeder kann dies beim Ringen um Statussymbole beobachten.

Wovon also hängt nun mein persönlicher Erfolg ab? Jeder sollte sich darüber im klaren sein, daß ein individueller Erfolg durchaus kein gesellschaftlich anerkannter sein muß und umgekehrt. Vor einiger Zeit erlebte ich in einem Beratungsgespräch eine Frau, die mir sagte: «Ich bin 38 Jahre und habe fast alles erreicht, wonach so mancher sich sehnt. Ich dürfte mich also nicht beschweren. Ich habe einen Mann, der mich unterstützt, gesunde Kinder und einen interessanten, abwechslungsreichen Beruf im Medienbereich. Daß ich trotzdem nicht zufrieden bin, würde ich niemals laut sagen, es verstünde auch sowieso niemand. Doch mir persönlich schwebte immer eine Leitungsposition vor.»

Den Schlüssel zu seinem Erfolg hält man selbst in der Hand! Dies ist das Wichtigste, was es zu erkennen und zu akzeptieren gilt. Nicht alle sind begeistert, wenn man das so deutlich ausspricht; denn diese Erkenntnis könnte in ihrer Folge für den einzelnen durchaus mit Anstrengung verbunden sein. Wenn der Mensch selbst für seinen Erfolg verantwortlich ist, wird dadurch die Möglichkeit, andere für das eigene Glück zuständig zu erklären, erheblich minimiert. Dabei soll nicht verkannt werden, daß ein Leben ohne Schuldige für eigene Mißerfolge und Fehlentscheidungen ziemlich schwierig ist. Auf jeden Fall können die persönlichen Werte bei der Suche nach den Erfolgsfaktoren eine gute Richtschnur bilden: Sie bieten die entscheidende Orientierung bei all ihren Vorhaben!

Nicht selten beobachte ich, daß Karrieren anderer nur mit den eigenen Wertmaßstäben beurteilt werden. Kaum jemand kann sich vorstellen, daß auch Menschen mit äußerst negativen Charakterzügen im Beruf Erfolge ernten können. Bei genauem Hinsehen erlebt man aber nicht selten, daß zum Beispiel ein ausgemachter Choleriker eine Führungsposition innehat und darin auch noch erfolgreich ist. Oder daß die ausgesprochen extravagante Verhaltensweise eines Menschen sich in keiner Weise als so schädlich erweist, wie es in der guten Kinderstube gepredigt wurde. Wie ist dies nun zu beurteilen? In Beratungsgesprächen erlebe ich Frauen völlig hilflos, weil für sie unvorstellbar ist, wie solch charakterlose Menschen überhaupt zu einem beruflichen Engagement und womöglich noch zu einer herausragenden Position gekommen sind. Hierbei gilt die nüchterne Erkenntnis, daß ein schlechter Stil sehr erfolgreich sein kann, wenn andere ihn mittragen und akzeptieren! Selbst wenn Ihnen diese Einsicht persönlich in keiner Weise gefällt, sollte dies realistisch betrachtet werden.

MERKE Entscheidend ist die persönliche Stimmigkeit, sie ist der eigentliche Erfolgsgarant. Wenn also Menschen in ihrer persönlichen Art und bei ihrem Auftreten stimmig sind und im dazu passenden beruflichen Umfeld andere Menschen finden, die damit gut leben können, ist der Erfolg kaum zu verhindern. Jeder sucht, was er braucht. Deshalb sollte nicht von außen geurteilt werden über das, was gut oder schlecht ist. Mit anderen Worten: Die Beurteilung, ob etwas gut oder schlecht, ob etwas für mich selbst richtig oder falsch ist, kann und sollte stets nur unter dem Gesichtspunkt paßformgerechter Entsprechungen des betreffenden Individuums und seiner Situation erfolgen. Dies aber kann auch im beruflichen Kontext nur jeder für sich selbst entscheiden.

Wenn also die persönliche Stimmigkeit entscheidend für den individuellen Erfolg ist, dann bedarf sie einer Wertebewußtheit, die als innerer Kompaß dient. Dies erstaunt viele, denn die meisten Menschen machen sich ihre Werte nicht bewußt und können von daher auch nicht klar benennen, was für sie entscheidend ist. Ein Manager verblüffte mich einmal mit der Bemerkung: «Was ist erfolgreicher als der Erfolg?» Ihm war es also relativ gleichgültig, was die Bedingungen dafür sind. Die Tatsache, daß eine Sache erfolgreich ist, genügte ihm. Dies ist ein ganz typisches Phänomen erfolgreicher Menschen: Sie denken am wenigsten über die Gründe für ihren Erfolg nach. In den Beratungsanlässen spiegelt sich dies deutlich wider. Denn es suchen vor allem solche Menschen Rat, die im Laufe ihrer beruflichen Entwicklung in ihren Plänen und Zielvorstellungen gestoppt wurden und nun für das weitere Vorgehen handlungsunsicher geworden sind. Eine Frau, mit der ich die einzelnen Etappen ihrer beruflichen Laufbahn beleuchtete, erkannte erst bei dieser Gelegenheit, daß sie mit ihrem Profil immer wieder an bestimmten Konstellationen und Anforderungen des Umfeldes gescheitert war. Sie war eine starke Individualistin, die in der Bank, in der sie tätig war, als Exotin galt. So fand sie als «Paradiesvogel» nur bei den Chefs viel Anerkennung, die ihre persönliche Eigenart besonders schätzten und auch zu nutzen wußten, nicht aber bei solchen, die von ihr ein Anpassungsverhalten erwarteten.

FAZIT Das eigene Werteprofil zu erkennen und aktiv zu vertreten ist die zentrale Voraussetzung sowohl für die persönliche Glaubwürdigkeit und Überzeugungskraft wie auch für die Energie, die ich für etwas aufbringe. Denn nur für das, was mir wichtig ist, kann ich mich stark machen. Dieser

Energiefaktor ist unabdingbar für diejenigen Aufgaben und Vorhaben, die einen langen Atem erfordern und ohne starke Identifikation nicht zu bewältigen sind. In diesem Punkt sind die Führungskräfte gegenüber den Frauen besonders kritisch und schauen gezielt auf ihr Energiepotential für den Beruf. Bei vielen Managern gibt es die Erfahrung, daß, «wenn es darauf ankommt, mit Frauen nicht zu rechnen ist!». Hier erlebe ich immer wieder, wie die vielfältigen Interessen von Frauen sich als fatales Handicap erweisen, da sie anderen nicht verläßlich vermitteln können, wofür sie wirklich stehen.

Der Philosoph Karl Jaspers definierte es einmal so: «Der Mensch ist das, was er zu seiner Sache gemacht hat!» Damit ist ein wichtiges Erfolgskriterium benannt. Stärken allein genügen nicht, mit ihnen muß etwas gestaltet werden. Die Verwirklichung individueller Werte sollte also in und an etwas sichtbar werden; Dinge, Taten, Aktivitäten müssen die persönliche Handschrift zeigen. Dabei gilt es für viele Frauen, ihren Wert Unabhängigkeit – aus dem sie ja im wesentlichen ihr Engagement für den Beruf beziehen – selbstkritisch zu überdenken. Denn diese Wertehaltung ist sehr auf das persönliche «Ich» bezogen und damit eher privater Natur. Er liefert keine Energie für die Gestaltungsfreude im beruflichen Bereich. Warum ich mich für eine Sache stark mache, was ich gern verändern würde, woran andere einen Fortschritt bemerken sollen, wofür ich aktiv eintrete? Dies alles sind Fragen, auf die Frauen manchmal die Antwort schuldig bleiben. Dabei läge gerade hier ihre Chance für die Zukunft – in einer vorwiegend männlich geprägten Arbeitswelt den weiblichen Blick produktiv umzusetzen.

Man benötigt für einen nachhaltigen Erfolg eine Vision. Sie ist der innere Antriebsmotor für meine Mitwirkung in dieser Gesellschaft. Dabei können Sie sich wiederum von Ihren Wertvorstellungen leiten lassen. Welche Bedeutung diese haben können, wurde einer Teilnehmerin in einem Führungsseminar so richtig bewußt. Als Chefin eines Altenpflegeheimes hatte sie mit viel Energie und hohem Einsatz für ältere Menschen einen menschenwürdigen Aufenthaltsort für die Begleitung der letzten Lebensjahre geschaffen. Oft mußte sie sich wegen dieses doch nicht zwingend notwendigen Aufwandes vor anderen rechtfertigen. Ständig hatte sie mit spitzem Bleistift zu rechnen, um die Pflegekosten finanzierbar zu halten. Von ihren Mitarbeitern forderte sie hohe Aufmerksamkeit und Sensibilität im Umgang mit Pflegebedürftigen und ihren Angehörigen. Nie aber hatte sie sich bis dahin bewußt gemacht, daß ihr persönlich der Wert «Würde des Menschen» so wichtig war, daß sie für diesen Maßstab ihre gesamte Kraft in das Projekt investierte. Sie selbst sprach von nun an immer von «meiner Vision» und war stolz darauf, wie weit es ihr gelungen war, diese Vision auch mit den wirtschaftlich begrenzten Mitteln des Heims Wirklichkeit werden zu lassen.

Wie kommt man nun selbst zu einer solchen Vision? Fragen Sie sich doch einmal: «Was will ich der Menschheit hinterlassen? Wofür will ich dagewesen sein?» Etwas provokant könnte man auch sagen: «Was sollte denn mal auf meinem Grabstein stehen?» So weit mag natürlich niemand von uns denken, ich möchte es aber trotzdem empfehlen. Dabei müssen die Beiträge nicht immer in großen, besonders herausragenden Zielen liegen. Es können sehr bescheidene Dinge sein, die die Welt zum Positiven hin verändern helfen. Eines ist aber gewiß: Wenn Sie kein Anliegen haben, haben Sie auch keinen Erfolg. Sie können sich auch dem Anliegen, den Visionen anderer Menschen anschließen und bei deren Verwirklichung tatkräftig mitwirken. Das kann sich für Sie durchaus positiv auswirken und Sie auch befriedigen. Für eine Führungsaufgabe jedoch sollten Sie selbst zur Gestalterin werden, ansonsten ist dauerhafter Erfolg fragwürdig.

Wer den schnellen Erfolg sucht, wird von diesen Empfehlungen allerdings nicht allzuviel haben, denn bei einer unverwechselbaren eigenen Positionierung kann es zeitweilig Stillstand oder Mißerfolg geben. Dies war sehr gut bei der Mode von Jil Sander zu beobachten: Sie war immer exklusiv, fand aber mit ihrem speziellen Stil, den sie konsequent seit den siebziger Jahren verfolgt, erst nach 20 Jahren den durchschlagenden Erfolg im weltweiten Markt.

Voraussetzung für den Erfolg ist natürlich auch, daß Sie in der Lage sind, Ihr Anliegen zu kommunizieren. Das heißt, anderen Menschen mitzuteilen, was Ihnen am Herzen liegt. Wie Sie sie für Ihre Sache gewinnen, ist ein besonderes Thema, das uns noch beschäftigen wird. Es nützt jedenfalls wenig, wenn keiner Ihr Vorhaben kennt, wenn niemand von Ihren guten Ideen weiß und Sie allein sich daran erfreuen müssen. Selbst wenn die Geschichte viele Beispiele dafür liefert, von welchen Zufällen unser heutiges Wissen um einige Dinge abhängt, sollten Sie hier nichts dem Zufall überlassen, sondern für eine klare und überzeugende Darstellung Ihrer Ziele sorgen.

Es bringt natürlich nichts, wenn man ein Anliegen hat, es auch durchaus gut kommunizieren kann, es aber in unserer Gesellschaft nicht gebraucht oder geschätzt wird; das heißt, daß momentan niemand bereit wäre, für diese noch so gute Idee oder Anstrengung Geld auszugeben. Erfolg haben heißt also auch, sich mit seinem Anliegen an den Bedürfnissen anderer Menschen zu orientieren. Es ist deshalb notwendig, sich permanent über das, was gefragt ist, zu informieren, um zielgerichtet handeln zu können.

Bei der Neuorientierung erlebe ich Frauen oft als unsicher in ihrem Bedürfnis, eine Balance zwischen eigenständiger Vision und Anpassung an das Gegebene zu finden. Hier möchte ich für mehr Mut votieren, die Grenzen der vermeintlichen Anforderungen zu sprengen. Es könnte doch sein, daß jemand schon lange auf Ihre guten Vorschläge wartet. Wie oft erlebe ich die etwas erstaunte Frage: «Ja glauben Sie denn, daß jemand sich für das, was ich anzubieten habe, interessieren könnte?» Warum nicht, antworte ich dann gern und helfe, den Blick zu schärfen für die Chancen und nicht für die Hindernisse.

FAZIT Lassen Sie sich also nicht beirren, Erfolg haben Sie immer dann, wenn Sie Ihr Anliegen kennen, es formulieren können und es dort vortragen, wo es gebraucht werden könnte. Die Voraussetzung dafür aber ist das echte «Wollen», das sich nur entwickelt, wenn Sie damit Ihnen wichtige Werte verwirklichen können. Die dafür notwendige Leistung erbringe ich nur für das, was ich für mein Leben als sinnvoll erachte, weil es mit meinen Werten übereinstimmt.

IV Der berufliche Horizont

Mit dem alten Spruch «Eine Frau *kann* arbeiten, ein Mann *muß* arbeiten» ist auch heute noch häufig das Schicksal beruflicher Karrieren von Frauen besiegelt. Fakt ist jedenfalls, daß die beruflichen Ambitionen bei Frauen so unterschiedlich ausfallen, wie viele Männer es sich kaum vorstellen können. Ist Beruf nur ein Engagement auf Zeit? Dient er zur Überbrückung zwischen zwei Ehen? Wird er als eine willkommene Abwechslung gegen langweilige Alltagsroutine gesehen, oder muß er tatsächlich zeitweilig «die Frau» ernähren? Soll er eine schicke Angelegenheit sein, die eventuell Türen zu sonst verschlossenen gesellschaftlichen Kreisen öffnet? Soll er die Welt erschließen oder wirklich zum zentralen Sinn des Lebens werden? Sie merken schon an diesen diversen Blickwinkeln, wie vielfältig die Motive sein können, die Frauen in den Beruf drängen.

Unterscheiden möchte ich allerdings zwischen Job und Beruf. Nicht von ungefähr leitet man vom Begriff Beruf die Berufung ab, eben die Tätigkeit, zu der sich ein Mensch berufen fühlt, und trennt sie fein säuberlich vom Job, womit eher schnöder Gelderwerb gemeint ist. Je nachdem wovon die Rede ist, hat man zugleich einen Zeithorizont im Kopf, wobei der Job eher kurzfristig, der Beruf aber auf Langfristigkeit angelegt ist. In der Art und Weise wie beides im Leben gehandhabt wird, erkennt man den jeweiligen Stellenwert. So gibt es Frauen, die nur ein Jobverständnis, weniger ein echtes Berufsverständnis haben – wobei sich gerade dies allerdings in den letzten Jahren sehr verändert hat. Viele Frauen verstehen sich nämlich schon lange nicht mehr als klassische Reservearmee früherer Zeiten und damit als die zeitweiligen «Jobber» auf dem Arbeitsmarkt. Vielmehr stellen sie heute mehrheitlich, ihren inzwischen erworbenen Qualifikationen gemäß, hohe Ansprüche an die Arbeits- und Berufswelt.

Nachweislich herrscht jedoch noch immer die Meinung vor, daß die Berufstätigkeit der Frau allenfalls sie selbst, jedoch nicht automatisch auch die Familie ernährt. Mir berichtete vor Jahren ein Sozialpädagoge von einem Kneipenerlebnis besonderer Art: Er war an der Theke von Mann zu Mann gefragt worden, wo er denn beschäftigt sei. Wahrheitsgemäß gab er zur Antwort: «In einem Altersheim.» Dazu der spontane Kommentar seines Trinkkumpans: «Wie, kann man damit auch Geld verdienen?» Eine Frau hätte in diesem Fall wahrscheinlich zu hören gekriegt: «Was für ein schöner Beruf!» Selbst wenn in Deutschlands Familien der Mann als ausschließlicher Familien-Ernährer angeblich ausgestorben ist, wie die Zeitschrift «Vital» schrieb, so ist doch noch in 79 % der Partnerschaften der Mann der eigentliche Hauptverdiener. Das Gehalt der Frauen ist nur das Zubrot, und immer noch 40 % aller Frauen im erwerbsfähigen Alter haben überhaupt kein eigenes Einkommen.

Welchen Sinn eine Frau mit ihrer Arbeit verbindet, ist maßgeblich dafür, was sie aus ihrem Berufsleben macht. Damit sind auch im Prinzip alle Chancen für Erfolg oder Mißerfolg vorgegeben. Natürlich ist nicht von der Hand zu weisen, daß die jeweilige gesellschaftliche Situation bestimmten Menschen nur bestimmte Zugangs- wie auch Aufstiegsmöglichkeiten im Beruf gewährt. Wie sehr Frauen in früheren Jahren allein um die Möglichkeit, Abitur zu machen, kämpfen mußten, ist bekannt. In den sechziger Jahren war es für die meisten Menschen noch unvorstellbar, daß Frauen auch

Männerberufe wählen könnten, z. B. Techniker, Ingenieur usw., obwohl die enormen Leistungen der Trümmerfrauen, die ohne Männer den Wiederaufbau nach dem Krieg ein großes Stück voranbrachten, noch nicht vergessen waren. Im folgenden sollen nun einige wichtige Aspekte behandelt werden, die für den beruflichen Erfolg maßgebend sind.

1. Die richtigen Fähigkeiten in der rechten Mischung

«Hatten Sie in Ihrer Jugend einen Traumberuf?» frage ich die Frauen, die ich berate, oft. «Nicht so richtig, wenn, dann ständig wechselnde», ist häufig die Antwort. Leider hat der provokante Männerspruch für viele junge Frauen immer noch Gültigkeit: «Frauen haben nicht Traumberufe, sondern Traummänner im Kopf!» Diejenigen aber, die sich an ihre Berufsträume erinnern, beschreiben dies eher so: «Ja, schon, aber ich dachte an etwas völlig anderes, als an das, was ich heute mache!» Bei der Frage nach den Gründen waren es dann in der Regel die berühmten äußeren Umstände, die der Verwirklichung des Traumberufes entgegenstanden. Da war halt die Arbeitsmarktsituation schwierig, oder es waren bestimmte Vorstellungen der Eltern hinderlich; nicht zuletzt ging es auch um materielle Aspekte und um die Abwägung entsprechender Chancen bei der Berufswahl. Eine Frau gab mir die Ablehnung ihrer Eltern so wieder: «Als Friseuse verdient man doch nichts, geh ins Büro, dort gibt es wenigstens ein gutes Einkommen!»

Nun soll hier nicht generell für den Traumberuf als die wahre Erfüllung im Leben geworben werden, denn so mancher Traumberuf hat sich schon zum Trauma entwickelt. Aber hinter den Träumen steckt eine Philosophie, die sich später durchaus auch in völlig anderen Berufen einbringen läßt. Wie oft erlebte ich schon Frauen in kaufmännischen Berufen, deren Traum es einmal war, Lehrerin zu werden, was ihre Eltern aus finanziellen Gründen nicht ermöglichen konnten. Später suchten und fanden sie dann in ihrem Unternehmen nicht selten die Möglichkeit, sich im Ausbildungswesen zu engagieren. Also schieben Sie Ihre Träume nicht so schnell beiseite. Denn in ihnen steckt die verborgene Liebe zu etwas, das sich auf diese oder jene Weise doch noch in den Beruf einbringen läßt!

Ganz unabhängig von den früheren Träumen ist es freilich kaum möglich, einen genauen Leitfaden für diejenigen Ausbildungswege zu liefern, die die besten Chancen im Berufsleben bieten. Häufig werde ich mit diesem Ansinnen konfrontiert, denn viele Frauen meinen, man könne vergleichbar dem Warenangebot in einem Kaufhaus auch unter beruflichen Möglichkeiten beliebig wählen. So manche Klientin, die bei mir auftauchte mit der Frage: «Was kann man denn beruflich so alles machen?», habe ich an ein Berufsinformationszentrum verwiesen, wo sie sich den notwendigen Überblick verschaffen konnte. Mein Hinweis darauf, daß die Vielfalt der beruflichen Möglichkeiten vermutlich eher verwirren als ihr hinsichtlich ihrer eigenen Wünsche mehr Klarheit verschaffen würde, hat dann erst die Einsicht bewirkt, daß diese Vorgehensweise nicht sehr produktiv ist. Viele Frauen fragen mich auch, in welchen Berufen gerade eine besonders große Nachfrage herrsche. Eine im Prinzip natürlich nicht unwichtige Überlegung, zumal wenn es wichtig ist, ausreichend viel Geld zu verdienen. Doch hilft auch dieser Aspekt bei der Einschätzung der eigenen Fähigkeiten kaum weiter. Denn was bringt es mir, wenn gerade Betriebswirte sehr gesucht werden, ich aber zu diesem Fach absolut keine Neigung verspüre und meine Stärken nicht in diese Richtung weisen.

Grundsätzlich kommt es also darauf an, die eigenen Fähigkeiten und Neigungen, das erworbene Wissen und die eigene Kompetenz gut zu kennen, bevor daraus berufliche Aktionsfelder entwickelt werden können. Dies ist in der Regel nur im individuellen Beratungsgespräch für eine Person maßgeschneidert zu erarbeiten. Deshalb beschränke ich mich bei den folgenden Ausführungen auf die ganz generellen Anforderungen, seien sie fachlicher oder persönlicher Art, um im Berufsleben echte Chancen zu haben.

Zunächst ist die persönliche Klarheit darüber, welchen Stellenwert die Lebensbereiche Beruf und Familie als eigenständiger Aufgabenbereich haben sollen und für wie lange eine Berufstätigkeit geplant ist, entscheidend. Bevor Sie jetzt weiterlesen, empfehle ich folgendes:

ÜBUNG Notieren Sie, wie viele Jahre Sie vom Eintritt in die Rente (derzeit 65 Jahre) noch trennen, falls Sie so lange arbeiten wollen, und zwar unabhängig davon, ob Sie in Ihrem jetzigen Beruf bleiben oder noch einen anderen wählen möchten. Bei jeder Jahreszahl, die höher als 10 ist, können Sie davon ausgehen, daß Sie die Berufstätigkeit nur aushalten, wenn Sie etwas tun, was Ihnen wirklich liegt oder Spaß macht. Alles andere ist mit hohem seelischem Aufwand verbunden. In einem Berufspraktikum erlebte ich vor langer Zeit Arbeiterinnen am Fließband, die mir auf die Frage, wie lange sie diesen Job noch machen wollten, sofort antworteten: «Nur noch 1 Jahr!» Dabei waren die meisten schon weit über 20 Jahre in dieser Tätigkeit und überlebten seelisch nur mit diesem gedanklichen Zeithorizont.

Weil viele Frauen nicht rechtzeitig Stellung zu ihren individuellen Lebenszielen beziehen, treten die Kurzfrist- und Übergangslösungen in den Vordergrund. Die ermöglichen es aber nicht, das eigene fachliche und persönliche Potential qualitativ zu entwickeln, Einfluß zu gewinnen und wirklich mitzugestalten, sondern sie erlauben nur den Status von

Lückenbüßern, je nachdem, was der Arbeitsmarkt gerade hergibt. Frauen neigen dann dazu, so etwas wie eine «Umsteigementalität» zwischen Beruf und Familie zu entwikkeln. Dabei erhalten sie nirgendwo ein richtiges Profil, weil sie weder in der einen noch in der anderen Sphäre wirklich gut qualifiziert sind. Ihre Berufsorientierung und damit auch die berufliche Qualifikation ist nur auf kurze Zeit geplant, entsprechend gering ist also auch die Bedeutung, die dem Beruf beigemessen wird. Einer kurzen Berufstätigkeit folgen in der Regel die Aufgaben in der Familie. Wenn dieser Bereich dann auch nicht die erhoffte Erfüllung bringt, wandert man wieder in irgendwelche Jobs, und die Unzufriedenheit ist abermals voraussehbar. Schlimmer aber ist die Erkenntnis, die häufig erst mit 40 eintritt, daß für eine interessante Aufgabe – etwa in einem bestimmten Unternehmen – die eigene Qualifikation in keiner Weise ausreicht. Wenn man dann aber bis zur Rente noch berufstätig sein will oder muß – und das können unter Umständen noch 20 Jahre sein –, ist das böse Erwachen unvermeidlich. Häufig wird den Frauen erst dann bewußt, wie wenig sie – gemessen an ihren Neigungen – in die Ausbildung von Wissen und Fähigkeiten investiert haben.

Nicht jede Frau hat soviel Glück wie eine meiner Klientinnen. Sie hatte einen kaufmännischen Beruf erlernt, eine Familie gegründet und 15 Jahre als Hausfrau gearbeitet. Nach der Trennung von ihrem Mann tauchte sie mit sehr geringem Selbstbewußtsein bei mir auf und suchte Rat und Hilfe für ein erneutes berufliches Engagement. Bei der Analyse ihrer Fähigkeiten meinte sie, kaum etwas aufweisen zu können. Eher durch präzises Nachfragen ermittelte ich eine Kompetenz, die ihr selbst gar nicht bewußt war. Ihr Mann war selbständiger Handelsvertreter eines kosmetischen Produktes gewesen, und sie hatte in ihren Ehejahren permanent die Kundenanrufe entgegengenommen, Kundenwünsche weitergeleitet und Reklamationen bearbeitet. Daß sie mit diesem Service eine nicht zu unterschätzende Qualifikation in der Kundenbetreuung erworben hatte, mochte sie anfänglich kaum glauben. Erst als ihr diese exzellente Vorgabe bewußt wurde, konnte sie den Wiedereinstieg in das Berufsleben richtig anpacken: Ein Kosmetikunternehmen hat sie jedenfalls sofort und gern eingestellt, denn sie brachte neben ihren speziellen Produktkenntnissen eine für den Wettbewerb nicht unerhebliche Branchenkenntnis mit.

FAZIT Es ist also nicht nur wichtig, daß Sie viel gelernt oder studiert haben, entscheidend ist, wie Sie die Aufgaben, die Ihnen im Leben gestellt werden, annehmen oder daraus etwas machen. Dabei erwirbt man immer Fähigkeiten, die in andere berufliche Bereiche zu transferieren sind.

Hier möchte ich noch einmal eine Lanze brechen für den Beruf «Hausfrau und Mutter», der von den meisten jungen Frauen heute als negative Unterbrechung des Berufslebens und damit eher als Karriereknick denn als besondere Kompetenzentwicklung betrachtet wird. Diese Sichtweise gilt aber so deutlich nur für all die Berufe, die für jegliche Weiterentwicklung voraussetzen, daß sich jemand ununterbrochen fortbildet oder seine Fähigkeiten trainiert. Natürlich sollte eine Chirurgin unbedingt «am Messer bleiben», denn ihr handwerkliches Können entwickelt sich erst richtig in der tagtäglichen Arbeit. Auch jede Ingenieurin, Informatikerin oder Chemikerin würde daheim bei Kind und Kochtopf den Anschluß an die Entwicklung in ihrem Fachgebiet verlieren. Eine Verkaufsleiterin oder Vertriebsspezialistin würde sich wohl ihrem Kundenkreis entfremden und damit keine Verkaufserfolge mehr erzielen. Dennoch gibt es berufliche Aufgaben, die auch nach einer längeren Familienphase als Mutter und Hausfrau gut zu den erworbenen Kompetenzen passen. Denn die planerischen und organisatorischen

Fähigkeiten, die eine Haushaltsarbeit mit sich bringt, sind nicht zu unterschätzen. Sie befähigen zum Beispiel zu Führungsaufgaben von Serviceteams, besonders dort, wo ein spezielles Fachwissen keine besonders große Rolle spielt. Voraussetzung ist allerdings, daß Frauen auch den Beruf der Hausfrau und Mutter ernst nehmen und sich um die notwendigen Qualifikationen kümmern. Dies ist keineswegs selbstverständlich, denn eine Grundausbildung in Haushaltsführung ist heute weder für Frauen noch für Männer Standard. Wer hingegen, unabhängig ob Mann oder Frau, den Beruf Hausfrau/-mann ergreift, sollte auch das entsprechende Know-how erwerben. Eine wirkliche Anerkennung der mit dieser Aufgabe verbundenen Kompetenzen würde wohl auch dazu beitragen, ihr Ansehen generell zu erhöhen.

Welche Voraussetzungen braucht aber nun jemand, der in der Wirtschaft engagiert mitwirken will? Auf jeden Fall sollte er/sie, wie oben schon angesprochen, über die erforderlichen Kompetenzen verfügen, sollte Freude an der Arbeit haben und Lust, etwas zu gestalten, ferner Beharrlichkeit im Verfolgen eigener Ideen und klare Zielvorstellungen besitzen; vor allem aber Liebe zur Sache, die sich auch zur Leidenschaft entwickeln darf, und die Bereitschaft zur gleichbleibenden Leistung. Die notwendige Energie beziehen Sie aus Ihren Werten, die Freude an der Arbeit entsteht im Tun, im täglichen Sich-beweisen-Können, im Weiterentwikkeln eigener Fähigkeiten und Hervorbringen bestimmter Ergebnisse. Deshalb ist es wichtig, sich schon früh Aufgaben zu suchen, die eine Herausforderung sind. Je mehr Sie solche Herausforderungen bereits in jungen Jahren, also im Alter von 20 bis 30, aktiv annehmen, um so breiter ist Ihr Fundus im späteren Berufsleben. Eine breitgefächerte Ausbildung und ein vielfältiges Anwendungsspektrum sind der beste Garant für Ihre langjährige persönliche Arbeitszufriedenheit und Flexibilität in den verschiedensten beruflichen Aufgaben. Selbst wenn Sie sich schon recht bald auf einen bestimmten thematischen Schwerpunkt konzentrieren und dadurch *die* Fachfrau für … werden, macht die Breite des Wissens Sie souveräner und unangreifbarer in fachlichen Auseinandersetzungen. Unsere gegenwärtige Ausbildung an Schulen und Universitäten entspricht diesen Empfehlungen überhaupt nicht. Das Abwählen bestimmter Fächer in der Oberstufe von Gymnasien mag schneller und einfacher zum angestrebten Zertifikat «Abitur» führen, für das eigene Wissen ist und bleibt es eine Beschränkung, die die Gefahr des «Fachidioten» in sich birgt. Ähnlich sehe ich Studiengänge, die in Aufbau und Fächerkombination eine so hohe Ausdifferenzierung der einzelnen Studienschwerpunkte haben, daß man sich immer auf einer Schmalspur befindet. Dies mag für den Berufseinstieg hier und da unproblematisch sein, wenn die entsprechende Spezialität gerade sehr gefragt ist, bei jedem Wechsel aber kann es zum Engpaß für die berufliche Karriere werden.

Ihre berufliche Entwicklung betreiben viele Frauen leider zu wenig zielgerichtet. Sie überlassen es gern dem Zufall, ob sie hier oder dort landen. Jedenfalls erlebe ich dies in vielen Gesprächen an Umschreibungen wie – man hat eine Chance erhalten, die man nicht ausschlagen wollte, es hat sich halt so ergeben, da wurde gerade eine Stelle frei, ich mußte nehmen, was mir angeboten wurde, und ähnliches mehr. Frauen stecken manchmal sogar schon mitten in einer Karriere, ohne für sich entschieden zu haben, ob sie dahin eigentlich wollen. Oft sind sie einfach nur zufällig hineingerutscht oder gebeten worden. Seltener höre ich, daß man sich aktiv bemüht oder eine genaue Vorstellung davon hat, wo und wie man sich konkret einbinden möchte. Anders ist es bei Ausbildungsgängen, die schon den Berufsweg präjudizieren, wie zum Beispiel bei Medizinern, im Bankenbereich, in der Verwaltung – also in Bereichen, die noch sehr festgefügte Laufbahnentwicklungen haben. Es ist daher nicht erstaunlich, daß viele Frauen gerade in solchen klar definierten Tätigkeitsfeldern zu finden sind. Sie erfüllen die dort gestellten Anforderungen äußerst perfekt, um das vorgesehene Laufbahnschema nicht zu gefährden. Sobald aber einmal freie Gestaltungsräume aktiv genutzt werden könnten, reagieren solche Frauen zögernd, weil sie sich die Frage nach ihrer beruflichen Zielsetzung und Vision für eine Aufgabe vorher nicht beantwortet haben. Nicht bei jeder Frau bricht deshalb gleich die große Freude über eine errungene Position aus, sondern eher Dankbarkeit bei gleichzeitigem Respekt vor der Herausforderung. Man merkt, hier fehlt noch die eigene Initiative und verantwortungsbewußte Entscheidung für ein persönliches berufliches Ziel. Allzu oft werde ich darum von solchen Aufsteigerinnen gefragt: «Warum haben die bloß *mich* genommen?»

Die Schwierigkeit, Ziele festzulegen und zu verfolgen, wird dann besonders groß, wenn man es bisher gewohnt war, sich solche Entscheidungen durch andere vorgeben zu lassen. So wird es notwendig, tradiertes Rollenverhalten zu überdenken, denn hier liegt die größte Barriere beim beruflichen Weiterkommen vieler Frauen. Frauen neigen dazu, sich in eine Warteposition zu begeben, und überlassen damit die Geschicke des eigenen Lebens anderen Menschen. Vergessen Sie in diesem Zusammenhang nicht, daß andere Menschen nur ihre persönlichen Interessen verfolgen und daß Sie dabei meist mit Ihren Wünschen auf der Strecke bleiben. Woran können Sie das feststellen? Beobachten Sie einmal selbstkritisch Ihr Verhalten gegenüber Ihrem Chef. Neigen Sie dazu, ihm alles recht zu machen? Womöglich noch im vorauseilenden Gehorsam seine Wünsche zu erfüllen, aber am Abend daheim dann diese Situation zu beklagen? Dies könnte ein Zeichen dafür sein, daß Sie im Beruf noch in einem defensiven Rollenverhalten befangen sind. Wenn Sie zu Hause dagegen ständig die Chefin vom Dienst spielen, sehr selbstbewußt und dirigistisch die häuslichen Aufgaben delegieren – wogegen sich meist die Familie nachdrücklich wehren wird –, dann ist die Paradoxie perfekt: Sie haben für Ihre Rolle einfach die Bühne verwechselt. Denn zielbewußt sollten Sie eher im Beruf agieren, nicht vorrangig zu Hause.

Ziele für sich zu definieren und sie aktiv zu verfolgen heißt auch, mit Rückschlägen leben zu können, ohne dabei die Ziele aus den Augen zu verlieren. Dies ist eine der schwersten Übungen, da ich für mich selbst, für meinen Einsatz, für das Maß meiner Wünsche und ganz generell für das Gelingen wie Mißlingen die Verantwortung übernehmen muß. Das erfordert mehr als nur ein Wollen, man muß auch risikobereit sein und den Mut haben, aus eigener Initiative etwas Neues anzupacken. Ich bin der festen Überzeugung, daß Frauen dies im privaten Bereich immer schon gemacht haben. Im Beruf scheuen sie aber eher vor den Konsequenzen zurück, die das Engagement für eine bestimmte Sache oder auch eine klare Entscheidung dagegen haben könnte.

Natürlich ist das erforderliche Wissen unerläßlich, sowie die Fähigkeit, es auch umsetzen zu können. Obendrein muß man in der Lage sein, den voraussichtlichen Aufwand für ein Vorhaben zu einer gegebenen Zeit richtig einzuschätzen. Man muß also die nötige Planungs- und Dispositionskompetenz mitbringen, die sich natürlich erst mit der entsprechenden Erfahrung entwickelt. Auch kommunikative Fähigkeiten werden zunehmend unentbehrlich. Denn bei allem, was Sie entscheiden und durchsetzen wollen, ist mit Widerständen zu rechnen, mit denen man umgehen können muß. Hier erhalten Frauen reichlich Vorschußlorbeeren, denn Kommunikation gilt bekanntlich als unsere Stärke. Ob sie allerdings immer mit der notwendigen Zielklarheit verbunden ist, steht auf einem anderen Blatt.

Frauen schielen im Gegensatz zu den Männern nicht primär nach den attraktiven Positionen. Das ist für den Erwerb von Wissen und Können, Fähigkeiten und Fertigkeiten ein nicht zu unterschätzender Vorteil. Denn kompetent werden sie nur, wenn sie die Aufgaben, die ihnen übertragen wurden, mit großer Ernsthaftigkeit, Leidenschaft und Ausdauer betreiben. Man lernt am meisten, wo man sich wirklich auf die Sache einläßt. Daraus entwickelt sich dann auch die Kompetenz, die Ihnen niemand mehr streitig machen kann. Deshalb empfehle ich auch, sich nicht vorschnell auf Status und Position zu konzentrieren, da mit jedem Aufstieg die Möglichkeit, bestimmte Dinge zu lernen, eingeschränkt wird. Wer einmal oben ist, kann es sich kaum noch leisten, zuzugeben, daß er von einigen Dingen nichts versteht, obwohl er sie im Ergebnis oft zu beurteilen und zu verantworten hat. Mein Rat an die Frauen ist also: Schauen Sie hier nicht zuviel bei den Männern ab, die sich zu vordergründig vom Glanz einer Position blenden lassen. Lernen Sie Ihr «Handwerk» gründlich und umfassend, als sichere Basis für langfristigen Erfolg. Natürlich darf dies nicht ohne finanzielle Anerkennung geschehen. Es kann nicht das Ziel sein, still vor sich hin zu arbeiten, ohne daß andere meine Leistung erkennen und würdigen. Ich werde darauf zurückkommen, wo es um das «Vermarkten» der eigenen Kompetenz geht.

Die hohe Konkurrenz in der heutigen Arbeitswelt beinhaltet die Möglichkeiten, sich weiterzuentwickeln, allerdings nicht mehr auf dem Silbertablett. Sie müssen darum kämpfen, sich also selbst informieren und orientieren, hin und wieder auch Freizeit und Geld opfern, um sich zu qualifizieren. Neben dem Fachwissen, das man meistens in Schule, Hochschule und Ausbildung erwirbt, ist es heute unabdingbar, sich in den modernen Kommunikationstechniken jeglicher Art zu schulen, egal ob es die Beschaffung von Informationen ist, der Austausch mit anderen oder die Selektion und Weiterverarbeitung von Erkenntnissen. Daneben wird es immer wichtiger, die eigenen Fähigkeiten in puncto Selbstdarstellung und Rhetorik zu vervollkommnen. Ohne eine überzeugende Präsentation und Artikulation ist jede Arbeit für andere wertlos. Als zunehmende Schlüsselqualifikation gilt auch das Arbeiten in Teams, da heutzutage viele Problemlösungen in kleinen Gruppen und Profitcentern zu bewältigen sind. Es ist also sinnvoll, sich rechtzeitig auf dieses teamorientierte Miteinander einzustellen. Gute Fremdsprachenkenntnisse werden mittlerweile selbst in kleinen Unternehmen als selbstverständlich vorausgesetzt. Die Zukunft des Könnens wird nicht so sehr in der Menge des Wissens liegen, sondern in der Fähigkeit, sich ständig Neues anzueignen, selbständig dazuzulernen und immer wieder neue Schwerpunkte setzen zu können.

Lassen Sie sich auch nicht zu schnell von hochtrabenden Stellenausschreibungen bluffen, die so etwas wie die «eierlegende Wollmilchsau» suchen. Manchmal erwecken solche Anzeigen mit ihren geradezu einschüchternden Anforderungsprofilen den Eindruck, als wüßten die Inserenten selbst noch nicht genau, wen oder was sie eigentlich suchen. Meine Faustregel hierzu lautet: Wenn in einer für Sie interessanten Stellenanzeige 50 % der beschriebenen Anforderungen von Ihnen erfüllt werden, sollten Sie sich bewerben. Ich weiß von vielen Frauen, daß sie später oft für völlig andere Aufgaben als in der Stellenanzeige beschrieben eingesetzt wurden. Scheuen Sie sich also nicht, genau nachzufragen, was alles zu leisten ist und was von Ihnen erwartet wird. Eine Aufgabe, die Ihnen keine Entwicklungschance in fachlicher und persönlicher Hinsicht bietet, ist auch keine Herausforderung.

Sich hin und wieder zu bewerben, selbst wenn man die derzeitige Stelle nicht unbedingt wechseln will, empfehle ich gern. Es ist eine gute Möglichkeit, sich selbst besser einschätzen zu lernen. Der mehrfache Dialog mit anderen hinsichtlich Ihrer Kompetenzen eröffnet Chancen, die Sie vorher vielleicht nicht geahnt haben, kappt andererseits aber auch rechtzeitig hochtrabende Phantasien und übertriebene Vorstellungen. Allzu häufig habe ich Frauen erlebt, die eifrigst studiert und sich weitergebildet hatten, aber zuwenig darauf achteten, ob ihr Wissen auch verwertbar, also marktkonform sein würde. Sichtlich beleidigt war einmal eine Klientin, als ich sie nach möglichen praktischen Einsatzfeldern für ihre umfangreichen Kompetenzen befragte. Sie hatte Wirtschaftswissenschaften und danach Psychologie studiert und meinte nun, ihre Qualifikation spräche für sich, das sei doch jedem klar, einer so qualifizierten Frau müsse man eine gute Stelle anbieten. Dabei wurde jedoch im Gespräch nicht deutlich, worin ihre besonderen Interessen lagen, wo sie Schwerpunkte im Arbeitsleben setzen wollte – sie wartete insgeheim auf eine Berufung durch andere. Doch eine noch so umfangreiche Qualifikation nützt wenig, wenn man selbst keine Idee hat, wie und wo man sie nutzenstiftend einbringen könnte. Die märchenhafte Haltung des Abwartens, um irgendwann wie «Dornröschen» wachgeküßt zu werden, hilft leider überhaupt nicht weiter.

Natürlich ist eine schmalspurige Ausbildung auch keine ideale Startbedingung im Beruf. So erlebte ich in der Beratung eine Frau, die Soziologie studiert, sich aber neben ihrem knappen Theoriestudium nur mit Randgruppenproblematiken innerhalb der Gesellschaft beschäftigt hatte, wobei sie auch dort ein sehr spezialisiertes Wissen erworben hatte. Hier fiel es aus naheliegenden Gründen äußerst schwer, einen Berufseinstieg zu finden; denn nicht jedes Spezialwissen wird so stark nachgefragt, daß es jemanden auch ernähren kann.

MERKE Meine Empfehlung lautet deshalb, sich zunächst breit auszubilden, bevor man sich spezialisiert. Die beste Ausbildung bringt wenig, wenn ich sie nicht umsetzen kann, wobei die Verwertbarkeit meiner Ausbildung natürlich auch ein Stück weit bei mir selbst liegt. Die notwendige Phantasie zu entwickeln, wo ich mich mit meinem Wissen einbringen will und könnte, obliegt immer mir selbst. Die vielen Frauen, die Anfang der achtziger Jahre mit einem Lehrerexamen in der Tasche auf den Arbeitsmarkt drängten, bekamen nur dann eine Chance, wenn sie sich selbst auf den Weg machten, um anderen ihre Kompetenzen aktiv anzubieten. So entwickelten sich zum Teil neue Jobs! Germanistinnen wurden zu Texterinnen von Gebrauchsanweisungen, Sprachlehrerinnen qualifizierte Manager für Auslandsaufenthalte, aus Geographielehrerinnen wurden Journalistinnen in Reiseblättern, und Historikerinnen wurden zu exzellenten Dokumentatorinnen. Aus dieser Erfahrung weiß ich ganz sicher, daß alles, was man gelernt hat, auch wenn es gerade mal nicht gefragt sein sollte, in etwas Sinnvolles und höchst Nützliches umgewandelt werden kann, wenn man ein bißchen Phantasie mitbringt.

Die größte Gefahr für die berufliche Kompetenz vieler Frauen liegt darin, daß sie wahllos Wissen anhäufen oder es einfach für eine bestimmte Zeit auf Halde legen. Beides ist wenig produktiv, denn die Quantität bestimmt nicht immer die Qualität, und ein nicht angewandtes Wissen wird auf lange Sicht unbrauchbar. Frauen müssen begreifen, daß für den Beruf die Anwendung und ständige Weiterentwicklung von Wissen zu einem lebenslangen Prozeß wird, den man selber steuern muß. Kaum jemand wird in Zukunft noch die klar definierten Stellen anbieten, die lediglich die bequeme Erledigung standardisierter Aufgaben erfordern. All diese Arbeitsfelder wird die technische Entwicklung weiterhin reduzieren, dafür aber gibt es zunehmend neue Herausforderungen ganz anderer Art, die wir meistern müssen.

2. Generalistin oder Spezialistin?

Neben seinem speziellen Fachwissen hat jeder ganz individuelle Fähigkeiten, sein Wissen und Können in die Arbeitswelt einzubringen. Da diese nicht unbedingt identisch sind mit den vorgegebenen Laufbahnstufen im Unternehmen, könnte man sie als persönliche Stärken bezeichnen, die, richtig eingesetzt, nicht unerheblich den beruflichen Erfolg mitbestimmen. Sie entscheiden auch darüber, welche Rolle die Betreffende im Arbeitsleben einnehmen will und wo sie sich mit ihren Kompetenzen besonders produktiv einbringen kann. In diesem Kontext habe ich zwei Profile herausgegriffen, die mir bei Frauen oft begegnet sind und die für ihre beruflichen Entscheidungen von großer Bedeutung waren.

Eine Frage vorweg: Kennen Sie Ihr Leistungsprofil, wissen Sie, worin Ihre besonderen Stärken liegen? Sind Sie eher eine Generalistin, das heißt an Zusammenhängen mehr interessiert, als eine Spezialistin mit dem schärferen Blick für das fachliche Detail? Steuern Sie gern das gesamte Geschehen, oder lieben Sie es, sich auf etwas ganz Konkretes zu focussieren? Vielleicht fragen Sie sich, wozu dies zu wissen wichtig ist. Meiner Ansicht nach kann es eine gute Hilfe sein bei der Orientierung, in welche Richtung Sie Ihre beruflichen Schritte lenken sollten.

Eine typische Generalistin zum Beispiel ist die Sekretärin oder Management Assistentin. Ihr liegt es sehr, verschiedene Aufgabengebiete gleichzeitig im Blickfeld zu haben. Schnell und zügig gelingt ihr auch der Wechsel von einem Thema zum anderen, geschickt disponiert sie die verschiedensten Vorgänge nach Prioritäten und Dringlichkeit, und dabei verliert sie weder den Zusammenhang noch einen speziellen Ablauf aus dem Blick. Sich allerdings nur auf eine Sache zu konzentrieren würde sie vermutlich langweilen. Sie liebt es, in allem den Überblick zu haben. Ihre Stärke ist nicht die gründliche, detaillierte Behandlung spezifischer Projekte, sondern eher die Koordinierung verschiedener Vorgänge.

Ganz anders die qualifizierte Sachbearbeiterin in einem Spezialgebiet. Sie schätzt es, sich nur einer Sache zu widmen, das aber bis in Detail und mit hoher Intensität. Hier wird genau untersucht, wo Schwachstellen eines Prozeßverlaufs liegen könnten, aus vielen Bausteinen werden Lösungen im Detail erarbeitet, wird letztlich die Optimierung des gesamten Arbeitsvorgangs betrieben. Bei dieser Arbeitsweise wird eine Menge Wissen in einem begrenzten Sachgebiet erworben, und dadurch avanciert man zur ausgemachten Spezialistin.

Beide Anforderungen kommen heute auch zunehmend im Mix vor: Es gibt Sekretärinnen, die zugleich spezielle Sachgebiete selbständig bearbeiten, und Sachbearbeiterinnen, die den Zusammenhang ihrer Tätigkeit mit anderen Projekten und Unternehmensbereichen sehr wohl im Blick haben müssen. Im Zuge der Ausrichtung aller Aufgaben auf wirkliche Wertschöpfungsketten einerseits und der Maximierung der Kundenorientierung andererseits gibt es inzwischen viele generalisierende Spezialisten und spezialisierte Generalisten, wie diese Mitarbeiter von Harry S. Dent in seinem Buch «Die neuen Spielregeln im Beruf» genannt werden.

FAZIT Bei Ihrer beruflichen Ausrichtung sollten Sie Ihre Fähigkeits- und Neigungs-Schwerpunkte gut kennen, sie richtig einsetzen und auch weiterentwickeln. Hier fehlt es Frauen hin und wieder an der richtigen Selbsteinschätzung und dem Mut, solche Vorlieben ernst zu nehmen. So manche Sekretärin wechselt aus Gründen der günstigeren Arbeitszeit oder des Aufstiegs in eine projektorientierte Sachbearbeiterinnentätigkeit und wird dort völlig unglücklich, weil sie sich nur noch einem Aufgabengebiet widmen soll. Dies dann noch besonders intensiv, wozu ihr die Begabung fehlt. Oder eine Sachbearbeiterin gerät ins Sekretariat und ist ewig frustriert, da sie einen Vorgang nicht in Ruhe abschließen kann, bevor ein anderer auf sie zukommt. Dadurch erhalten Vorgesetzte einen schlechten Service und können mit ihrer wenig flexiblen engsten Mitarbeiterin nicht produktiv arbeiten. Lassen Sie sich also nicht nur von Äußerlichkeiten wie Gehalt, Ansehen und Fortkommen leiten. Sie könnten in einem Gebiet landen, in dem Sie alles andere als Spitze sind, und das hat unter Umständen langfristig Ihren beruflichen Abstieg zur Folge.

Manche Frauen meinen, Generalistinnen verstünden weniger von einer Sache als Spezialistinnen, und empfinden sich deshalb als wenig kompetent in einer solchen Aufgabe, etwa, um dieses Beispiel noch mal aufzugreifen, als Sekretärin. Oft höre ich, man verstehe ja von vielem etwas, aber eigentlich nichts wirklich richtig, da man ja in viele Gebiete nur mal so hineinschnuppert. Auch habe man richtige Mühe, anderen zu erläutern, worin denn nun die eigentliche Leistung bestehe. Einige dieser Frauen kommen häufig am Ende eines Arbeitstages mit dem dumpfen Gefühl nach Hause, viel gearbeitet, aber eigentlich nichts wirklich Vorzeigbares geleistet zu haben. Wenn einer dieser Gedanken häufig in Ihrem Kopf herumgeistert, sollten Sie schnellstens über einen Wechsel Ihrer Aufgabenstellung nachdenken, denn Sie beklagen im Grunde nur, was Ihnen alles fehlt. In diesem Fall nämlich eine Spezialaufgabe, die Ihnen detaillierte Arbeit und gründliche Problemlösungen abverlangt. Bei wirklichen Generalistinnen dagegen bricht innere Freude aus, wenn sie möglichst viele verschiedene Vorgänge auf ihrem Schreibtisch haben, die sie koordinieren, weiterleiten und steuern können. Sie schauen zwar abends nicht auf ein vollendetes Werk, sind dafür aber glücklich, wenn ihre Arbeitsabläufe möglichst reibungslos bewältigt wurden und die daran beteiligten Menschen höchst zufrieden damit waren. Ja, es gibt Generalistinnen, deren Energie erst richtig zur Geltung kommt, wenn das große Chaos herrscht, Termine geplatzt sind, Briefe den Empfänger zu spät erreichten, die Anfragen mehrerer Kunden gleichzeitig beantwortet werden sollen und eine überarbeitete Chefin das Geschehen noch forciert.

Generalistinnen sollten sich zugunsten ihrer Weiterentwicklung durchaus in andere Fachbereiche bewegen, zum Beispiel vom aktiven Verkauf eher in die strategische Vertriebsplanung oder vielleicht in das Management der Verkäuferschulung, denn ihre Neigung liegt vorwiegend darin, die Lösung einer Aufgabe aus verschiedenen Perspektiven zu betrachten, um sie ganzheitlich zu erfassen. Wichtig wäre es für sie auch, verschiedene Abteilungen kennenzulernen, da sie das besondere Bedürfnis haben, die gesamte Organisation in ihrer Funktionsweise zu begreifen. Als Generalistin fühlen sie sich in der Regel dort wohl, wo organisiert und geplant wird, wo zu übergeordneten Themen Ergebnisse zu erarbeiten sind. Deshalb ist für sie die Projektarbeit ein gutes Feld, indem sie sich wiederfinden könnten. Sie sind stärker an Prozeßverläufen und ihrer gesamten Steuerung interessiert, was meist mit einer höheren Verantwortung einhergeht. Deshalb liegen ihre beruflichen Felder langfristig eher in Managementaufgaben oder in Projekten, die der Umsetzung verschiedenster Geschäftsziele dienen.

Eine Spezialistin hingegen ist oft eine Fachfrau, die sich je nach Schwerpunkt ihrer Aufgabe als solche gut profilieren kann. Meistens ist ihr Arbeitsgebiet klar definiert und eingegrenzt. Mithin hat sie auch keine großen Schwierigkeiten, anderen zu erklären, was sie eigentlich macht. Ihre Zielsetzung ist von der Sache her oft transparent, für andere unmittelbar einsichtig und damit auch im Organisationsschema eines Unternehmens gut einzuordnen. Je länger man mit einem bestimmten Aufgabenbereich befaßt ist, desto kompetenter wird man auf diesem Gebiet. Dies bemerken Spezialistinnen besonders dann, wenn sie um Rat gefragt und mit Aufgaben von besonderem Schwierigkeitsgrad betraut werden. Sie können in einem Fachgebiet zu wirklicher Meisterschaft gelangen, wenn sie sich von ihren eigenen Qualitätsmaßstäben leiten lassen, und sie entwickeln sich zu ausgesprochenen Experten ihres Faches. Dabei kann es allerdings passieren, daß sie an den Interessen der Geschäftsleitung oder den Bedürfnissen der Kunden vorbeiarbeiten, wenn sie deren Wünsche zu wenig beachtet haben.

Spezialistinnen konzentrieren sich bei der Entwicklung ihrer Kompetenz an ihrem eingegrenzten Fachgebiet. Obwohl zunehmend auch Kenntnisse über Aufgaben außerhalb ihres Faches notwendig werden, liegt darin nicht unbedingt ihre Stärke, selbst wenn bestimmte zu erreichende Geschäftsziele dies erfordern würden. Eine Chirurgin beispielsweise, die schon als Jugendliche entdeckte, wie sehr sie sich für die Funktionsfähigkeit des menschlichen Bewegungsapparates interessierte und deshalb folgerichtig in der Orthopädie landete, war in einem kleinen Krankenhaus beschäftigt, das sich durch eine besonders intensive und freundliche Patientenbetreuung profilieren wollte. Sie hatte also neben der Operationstätigkeit auch ausgiebige Gespräche mit den Patienten zu führen. Sehr ehrlich gestand sie mir, ihr seien die narkotisierten Menschen auf dem Operationstisch doch viel lieber als «sprechende Kranke»; ihr würden immer die richtigen Worte fehlen, um Zuversicht und Optimismus zu vermitteln. Ihre Faszination lag nun einmal im Wiederherstellen von gerissenen Bändern und gebrochenen Knochen und nicht in der betreuenden Kommunikation. Sie war in ihrer beruflichen Entwicklung inzwischen zur Oberärztin avanciert, hatte also auch eine Führungsaufgabe. Auch hier mußte sie feststellen, daß sie bei Mitarbeitern vor allem Autorität über ihre Fachkompetenz erwarb, weniger über ihre persönliche Ausstrahlung. Da die Chirurgie traditionell als Männerdomäne gilt, hatte sie als einzige Frau im Team automatisch Mühe, in den Männerbund aufgenommen zu werden. Doch man zollte ihrer außerordentlichen Fachkompetenz höchsten Respekt, und die verschaffte ihr letztendlich auch die notwendige Anerkennung in ihrer Chefinnenrolle.

FAZIT Für Spezialistinnen ist eine Führungsaufgabe in einem kleinen Fachteam durchaus sinnvoll, nicht aber in größeren Abteilungen, wo das Betätigungsfeld hauptsächlich in der tagtäglichen Personalarbeit liegt.

Menschen, die eher zum Generalistentypus tendieren, müssen sich oft ihr Einsatzfeld aktiv suchen, vornehmlich dann, wenn ihre Ausbildung ihnen keine bestimmte Aufgabenstellung vorgibt. Dabei ist manchmal schon Kreativität vonnöten, wenn es ums Entdecken entsprechender Möglichkeiten in einer Organisation geht. Dafür ein Beispiel: Ich hatte eine Kundin, der es gelang, ihr spezielles Aufgabengebiet, in dem sie gleichzeitig ihre Stärken und Begabung als Generalistin entfalten konnte, paßgenau auszubauen. Sie war von ihrer Ausbildung her Ernährungswissenschaftlerin und hatte ein Zusatzstudium im Marketing absolviert. Als Produktentwicklerin arbeitete sie mehrere Jahre in einem großen Nahrungsmittelkonzern und hatte schon einige neue «Kreationen» mitentwickelt. Von ihrer Kompetenz her hatte sie aber nur einen Teil des Gelernten aktiv umsetzen können, ihre Marketingkenntnisse lagen noch brach. Während ihrer gesamten Tätigkeit hatte sie ständig die Auseinandersetzungen zwischen ihrem Entwicklungsteam und der Marketingabteilung über die Marktchancen von Produkten erlebt und dies als wenig produktiv empfunden. Die Marketingfachleute kritisierten die entwickelten Produktideen, da die Ware entweder gar nicht oder nur schwer verkäuflich sei. Die Produktentwickler indessen sprachen ziemlich abwertend über die Vermarktungsstrategien der Marketingkollegen, denen es ja nie gelingen würde, ihre guten Kreationen an den Mann oder die Frau zu bringen. Meine Klientin entwickelte deshalb die Idee, zwischen beiden Abteilungen als Vermittler zu fungieren. Ihr waren Marketingsprache und Denkweise genauso vertraut wie die Vorgehensweise der Produktentwickler, und so konzipierte sie eine Steuerungsaufgabe, die so weit wie möglich die Reibungsverluste zwischen beiden Bereichen minimieren und damit die Effizienz für die Produktvermarktung steigern sollte. Die Geschäftsleitung begegnete ihrem Vorhaben zunächst mit größter Skepsis, da es eine solche Stelle noch nie gegeben hatte. Doch ihr gelang es, das Vorhaben so überzeugend darzustellen, daß man sich auf diese Neuerung einließ. Der Erfolg gab ihr recht, viele Abläufe gestalteten sich nun optimal, und der output beider Abteilungen erhöhte sich.

Entscheidend für diese eher generalistisch ausgerichtete Fachfrau war allerdings auch die Möglichkeit, unmittelbar an den Geschäftszielen mitzuwirken. So sehr sie sich ihrer guten Produktkenntnisse bewußt war und wieviel Vorzeigbares sie schon geleistet hatte, fand sie doch die Vermittlungsaufgabe, die notwendige Überzeugungsarbeit und das Steuern der gesamten kommunikativen Prozesse viel interessanter. Das alles stellte eine neue Herausforderung dar, die ihre Managementfähigkeiten förderte und sie sicherlich mittel- bis langfristig auch für eine qualifizierte Führungsaufgabe vorbereitete.

Bei der beruflichen Richtung, die Sie einschlagen wollen, sollten Sie also ganz unabhängig von Ihrer fachlichen Kompetenz um diese unterschiedlichen Stärken wissen. Dies ist für Ihr Weiterkommen nicht ganz unwesentlich. So ist für eine eher generalistisch ausgerichtete Person eine Führungsaufgabe durchaus schnell erreichbar, da viele Unternehmen diesen Typus suchen. Eine «geborene» Spezialistin hingegen, die sich mehr zur Expertin hin entwickeln möchte, dürfte mit einer Führungsaufgabe nicht recht glücklich werden; deshalb sollte sie eher nach fachlichen Herausforderungen Ausschau halten. Einen beruflichen Aufstieg können Sie in diesem Fall am besten in Unternehmen erreichen, die auch Fachkarrieren anbieten. Allerdings sind das bisher noch sehr wenige Organisationen. Deshalb ist die Auswahl beschränkt und damit auch die Möglichkeit einer solchen Karriere.

Haben Sie Ihr Profil in der einen oder anderen Variante, also der Generalistin oder eher der Spezialistin erkannt? Selbstverständlich gibt es auch Menschen, die beides in sich verkörpern: So manche Management-Assistentin mit einer auch zur Spezialistin tendierenden Neigung ist mir schon begegnet. Für die Zukunft muß man sich jedenfalls darauf einrichten, daß die Unternehmen von ihren Experten verlangen werden, sich stärker mit der Verwertbarkeit ihrer Ergebnisse unter geschäftspolitischen Gesichtspunkten zu befassen. Denn kein Unternehmen wird mehr darauf verzichten, seine Kundenorientierung fest im Bewußtsein aller Mitarbeiter zu verankern und ihre Aktivitäten letztendlich an dem Prinzip der Nachfrage auszurichten. Vielleicht bleiben noch einige Nischen im Wissenschaftsbetrieb oder öffentlich finanzierten Einrichtungen, die sich das freie Forschen noch leisten können, aber in breitem Umfang kommt dies sicher nicht mehr vor. Auch in den ganz anderen Bereichen der Verwaltung, Versicherungen und des Finanzwesens wird sich der Grad der Dienstleistung erhöhen, wobei auch hier das Spezialistenteam sein Tun künftig stärker am Kunden orientieren muß als jemals zuvor.

3. Lernen aus Erfahrung

«Erfahrungen kann man nicht vermitteln, die muß jeder selbst machen.» Diese alte Weisheit sollte Ihr Leitmotiv für die berufliche Weiterentwicklung werden. Wenn Ihnen das große Glück widerfährt, daß Sie Kollegen oder auch Chefinnen haben, die Sie an ihren Erfahrungen teilhaben lassen, fällt natürlich so manches auf dem Weg der beruflichen Sozialisation leichter. In einigen Unternehmen, die vielfältige Personalentwicklungsmaßnahmen anbieten, gibt es manchmal die Unterstützung von etablierten Mentorinnen und Mentoren. In der Regel hat man sich jedoch darauf einzustellen, daß die Potentiale der Mitarbeiter, namentlich noch relativ unerfahrener Berufseinsteiger und -einsteigerinnen, nicht immer in wünschenswerter Weise weiterentwickelt werden, daß ihnen also nicht jede nur denkbare Möglichkeit geboten wird, auf breiter Ebene Erfahrungen zu sammeln. Also ist es an Ihnen, solche Möglichkeiten rechtzeitig zu erkennen und aktiv zu ergreifen. Nach meinen Beobachtungen liegt in der Art und Weise, wie Frauen ihre ersten Schritte im Berufsleben angehen, wie sie Erfahrungen machen und diese umsetzen, der Schlüssel für ihren gesamten beruflichen Erfolg. Hier hat das «eigene Wollen» seine absolute Nagelprobe zu bestehen.

Nun sind natürlich nicht alle Erfahrungen, die ich mache, sind nicht alle Eindrücke, die ich in einer neuen Situation gewinne, angenehm. Um so mehr kommt es darauf an, sich bewußt damit auseinanderzusetzen, um den eigenen Wissenshorizont zu erweitern, sich in speziellen Situationen «auszuprobieren», kurzum: persönlich daran zu wachsen. Dies alles gelingt allerdings nur mit einer Zielvorstellung, die die eigenen Entwicklungsschritte lenkt und sie, je nach Möglichkeit, auch immer wieder neu ausrichtet.

Sie kennen ja nun schon meine Botschaft, daß vor allem diejenigen Frauen, die sich schwertun, für ihre Lebens- und

Berufskonzepte klare Ziele zu formulieren, am Ende «irgendwo» landen. Die Folge ist oft ein schwindendes Selbstvertrauen, das sie immer weniger befähigt, aktiv Aufgaben zu suchen und neue anzunehmen. Noch viel verhängnisvoller wirken sich angesichts dieser Unsicherheiten für solche Frauen schlechte Erfahrungen aus. Sie lähmen die Person, ihre Initiativen und Entscheidungen vollends, verstärken eher bestimmte Vorurteile; gern natürlich mit dem Tenor, daß nur die Männer an allem schuld sind. Diese Meinung mag natürlich hier und dort zutreffen, aber als Legitimation für eigenes Versagen fand ich solche Schuldzuweisungen immer wenig nützlich.

Mögliche Erfahrungen umfassen viele Aspekte des Arbeitslebens. Zunächst geht es hier einmal um fachliche Fähigkeiten, aber auch um solche, die mit der Aufgabe selbst verbunden sind, etwa strategisches Denken, organisatorisches Können, methodisches Vorgehen; ferner um die Fähigkeit, Systeme verstehen und handhaben können, innovative Problemlösungen zu entwickeln und Verantwortung zu übernehmen. Neben diesen Lernfeldern liegen sodann die Beziehungserfahrungen: Umgang mit Kollegen, Chefs, anderen Abteilungen und Kunden, die Kunst, entstehende Konflikte lösen zu können, «politische» Situationen richtig einzuschätzen, sowie Verhandlungsstrategien zu erwerben – um hier nur einige Beispiele zu nennen. Besonders wichtig ist natürlich auch das Vorantreiben der Selbsterkenntnis, die vornehmlich darin besteht, permanent den Prozeß zwischen notwendiger Anpassung an die jeweiligen Erfordernisse des Arbeitgebers und die eigenen Vorstellungen zu reflektieren. Lernfelder gibt es also viele, nicht alle können gleichzeitig bearbeitet werden.

Fragt man Menschen nach ihren besonderen Prägungen in der Berufsbiographie, so sind es ihre Erlebnisse in den ersten Jahren der Berufstätigkeit, von denen viele meinen, sie seien für ihren späteren Erfolg ganz entscheidend gewesen. Mit welchen Herausforderungen man speziell in dieser Startphase konfrontiert wurde, welche schwierigen Aufgaben zu lösen waren und welchen Realitätsschock man positiv bewältigt hat, dies alles bestimmt schon früh und maßgeblich Lust oder Frust am eigenen Beruf. So berichtete mir eine Trainerin aus meiner Branche von ihrer unvergeßlichen Erfahrung, daß sie als Kotrainerin noch mitten in der Einarbeitungsphase war, als plötzlich ihr Kollege, der das Seminar eigentlich leitete, durch einen Autounfall ausfiel und sie nach Ansicht ihres Chefs plötzlich und unerwartet dessen Aufgaben übernehmen sollte. Nach der Überwindung ihres ersten Schreckens und gleichsam mit schlotternden Knien habe sie sich dieser Herausforderung gestellt, also allein und ohne jede Hilfe das Training zu Ende geführt. Die positive Resonanz der Teilnehmer am Ende der Veranstaltung und die Reaktionen ihres Chefs, der ihr ein großes Lob aussprach, hatten ihr Selbstvertrauen so bestärkt, daß sie nun hoch motiviert war.

Je früher Sie solche Erfahrungen machen können, desto besser. Deshalb gönnen Sie sich keine falsche Schonzeit. Wer schon während des Studiums einen Teil seines Unterhalts durch Jobben selbst verdienen mußte, hat in der Arbeitswelt sicherlich erfahren können, über welche ungeahnten Fähigkeiten man verfügt, und dabei festgestellt, wie sehr dies das Selbstbewußtsein und das Vertrauen in das eigene Können stärkt. Eine Klientin berichtete mir einmal, daß sie als Werkstudentin während der Semesterferien in der Marketingabteilung eines Baumaschinenherstellers gearbeitet und dort mehr über das Zusammenwirken in einer Organisation gelernt habe, als dies an der Universität möglich gewesen wäre. Obwohl ihr Studium gerade in den Beginn der Entwicklung zur Massenuniversität fiel, folglich ein großer Teil des Lernens in Gruppenarbeit absolviert wurde, hat sie den

Unterschied im Umgang miteinander erst beim Vergleich der akademischen mit der unternehmensspezifischen Arbeitsweise erfahren und gelernt.

In der ersten Phase seines Arbeitslebens konzentriert sich natürlich jeder darauf, das in der Ausbildung Erlernte im Arbeitsprozeß auch umzusetzen. Verständlicherweise möchte man gleich sein Wissen und Können unter Beweis stellen, dafür eine Bestätigung erhalten und entsprechend geschätzt werden. Dabei muß man erst einmal lernen, mit anderen Menschen zu kooperieren. Man muß die gesamte Organisation überschauen und verstehen und außerdem den praktischen Wert seines Tuns ständig auf die realen Anforderungen hin überprüfen. Hier kann es dann schon einmal passieren, daß der Elan und Tatendrang, mit denen man die Aufgabe angepackt hat, schnell von Kollegen gebremst wird. Das heißt, Sie können nicht immer damit rechnen, daß Ihre hohe Einstiegsmotivation von anderen automatisch unterstützt wird. Eine Lehrerin berichtete mir diese enttäuschende Erfahrung aus ihren ersten Jahren des Unterrichtens, in denen sie manchmal die Gespräche im Lehrerzimmer als wenig aufbauend erlebt hätte. Jedes positive Resultat ihrer Arbeit und die Freude, mit der sie darüber berichtete, seien ihr immer gleich mit den Worten vermiest worden: «Sie werden auch noch erleben, daß sich das Engagement bei den heutigen Schülern nicht mehr auszahlt!»

Einer ähnlichen Situation war einmal eine Klientin ausgesetzt, die in einem Forscherteam in der Computerindustrie tätig war. Sie mußte ebenfalls erfahren, daß sie bei jeder Initiative, die über das Übliche hinausging, durch ihre Kollegen mit der spöttischen Bemerkung belehrt wurde: «Ach, als ich hier anfing, habe ich auch noch geglaubt, etwas bewegen zu können. Da habe ich, genau wie Sie jetzt, unnötige Energie verschwendet. Sie werden es schon noch lernen, daß sich der Einsatz hier nicht lohnt.» Lassen Sie sich von solchen frustrierenden Äußerungen nicht abschrecken und verunsichern. Ebenso falsch wäre es allerdings auch, jetzt erst recht beweisen zu wollen, wie gut man ist, und dies den Kollegen trotzig vorzuführen. Sie sollten eher versuchen zu erforschen, warum die Motivation Ihrer Kollegen oder Kolleginnen so gering ist. Denn wichtig an solchen Erlebnissen ist ja die Erkenntnis, ob es reale individuelle oder unternehmensinterne Gründe dafür gibt oder ob sie durch ihr eigenes Verhalten andere unbeabsichtigt provoziert haben.

Das wichtigste Resultat der ersten fünf Jahre des Berufslebens sollte sein, daß Sie Vertrauen in Ihre Fähigkeiten erwerben, Ihren Standort in einer Organisation gefunden haben und mit Ihrer Art, Dinge zu tun, von Kollegen und Chefs anerkannt werden. Vor allem sollten Sie Freude an der Sache gewonnen haben. Dies ist ein sensibler Punkt in vielen Berufsbiographien von Frauen. Sehr oft erlebe ich, daß sich diese Freude am Beruf nicht entwickelt hat oder verkümmert ist; sei es, weil man sich nicht den Bedürfnissen entsprechend einbringen konnte oder auch nicht wirklich wollte; sei es, weil man sich nicht eingestehen mochte, doch nicht den richtigen Beruf gewählt oder im schwierigen Arbeitsmarkt für sich nicht den richtigen Platz gefunden zu haben. Eine Klientin, die den Wiedereinstieg nach einer Familienphase plante, gestand mir ehrlich, daß sie, als die Schwangerschaft eintrat, froh war, einen Grund zu haben, den ungeliebten Beruf aufzugeben. Ihr war als Lehrerin für Mathematik bereits im Referendariat klar geworden, daß ihr diese Arbeit überhaupt nicht lag. Die Familienphase hat sie daraufhin aktiv für eine Neuorientierung genutzt.

Ein wesentlicher Punkt für den Erfolg von Frauen im Berufsleben scheint mir, wie gesagt, eine positive Erfahrung in den ersten Berufsjahren zu sein. Wer einmal Anerkennung und Bestätigung für sein Können erhalten hat, mitgestalten und sich in der Arbeitswelt beweisen konnte, der wird ihr so schnell nicht wieder den Rücken kehren. Alle anderen hingegen neigen dazu, wenn sie es sich finanziell irgendwie erlauben können, das Berufsfeld durch Flucht in Mutterschaft zu verlassen. Männer können diesen Weg meist nicht wählen und finden diese Art der Problemlösung für sich auch keineswegs befriedigend. Entscheidend ist also allemal der persönliche Gewinn von Sicherheit im beruflichen Umfeld: Sicher zu sein in seinen Fähigkeiten im Umgang mit den unterschiedlichen Stärken und Interessen anderer Menschen und im Reagieren auf ständig wechselnde Anforderungen.

Es gibt natürlich auch Frauen, die mit dem Lernen aus Erfahrungen ihre Schwierigkeiten haben. In der Regel sind es diejenigen, die sich bei Vorstellungsgesprächen als so kompetent und multitalentiert dargestellt haben, daß sie es sich später am Arbeitsplatz kaum noch leisten können, Schwächen zu zeigen. Wenn sie dann auch noch bei ihren Gehaltsforderungen über eine angemessene Größenordnung hinausgegangen sind, wird natürlich auch seitens der Chefs nur noch eine geringe Toleranz für Fehler vorzufinden sein. Diese Frauen müssen also bei ihren ersten Berufserfahrungen auf schmerzliche Weise zur Kenntnis nehmen, daß ihr Selbstbild mit dem Fremdbild nicht übereinstimmt. So erlebte ich eine Klientin, die – sehr überzeugt von ihrer Kompetenz – den Eindruck erzeugt hatte, sie sei in vielen Problemlösungen schon perfekt. Ihr Umfeld teilte diese Meinung nicht, denn sie erfüllte die ihr gestellten Aufgaben nicht zur Zufriedenheit der Kunden und damit der Geschäftsleitung. In unserem Gespräch schilderte sie mir aber alle anderen als die Schuldigen, die ihre Stärken verkannt hätten. Sie selbst stellte jedenfalls ihr eigenes Verhalten nicht in Frage, und damit hatte sie eine echte Chance zum Lernen vertan. Einer überzogenen Selbsteinschätzung ist natürlich meist auch an anderer Stelle nicht der gesuchte Erfolg beschieden. Wohl aber kostet das Aufrechterhalten des «schönen Scheins» viel Energie und führt nach meiner Beobachtung langfristig ins berufliche Abseits.

Frauen, die sich weiterentwickeln wollen und dabei auch verantwortungsvolle Aufgaben anstreben, sollten sich allerdings mit den sogenannten ersten Erfahrungen nicht begnügen. Streben Sie vielmehr auch in der Folgezeit aktiv diejenigen Lernfelder an, die Sie in der gewünschten Richtung weiterbringen. Natürlich kann man auch in den verschiedensten Seminaren, die innerbetrieblich wie auch auf dem freien Markt reichlich angeboten werden, eine Menge lernen. Doch diese Form der Weiterbildung hat eher einen schulischen Charakter, ähnlich wie das labormäßige Üben der eigenen Fertigkeiten an Fallbeispielen. Mit anderen Worten: Theorie ist gut, Training ist wichtig, doch nichts erreicht die Wirkung und den Effekt des Learning by doing im betrieblichen Alltag. Zu einem echten Wissen wird die Praxiserfahrung aber nur, wenn Sie Gelegenheit haben, sie auch zu reflektieren. Denn Erfahrung allein macht noch nicht klug, sie kann erst dann zur «Mutter der Weisheit» werden, wenn Sie die Chance wahrnehmen, sie gründlich zu be- und verarbeiten.

Erfolgreiche Frauen berichten mir oft von Förderern und Unterstützern, die sie ein Stück des Weges begleiteten und ihnen zu dem verholfen hatten, wo sie heute stehen. Diese Männer oder Frauen hätten sich, im Gegensatz zu anderen Vorgesetzten oder Kollegen, im persönlichen Gespräch getraut, offen und direkt Kritik zu üben, um auf Fehlentwicklungen aufmerksam zu machen. Dies aber immer mit einem freundlichen Unterton, der jederzeit deutlich machte: «Sie schaffen das!» Solche erfahrenen Chefs hatten nicht immer eine definierte Mentorenaufgabe, sie haben sie einfach wahrgenommen. Es gibt Frauen, die heute noch ins Schwärmen geraten, wenn sie von ihren Förderern sprechen, die zeitlebens Vorbild für sie geworden sind. Manchmal habe ich bei entsprechenden Berichten meiner Klientinnen fast den Eindruck gewonnen, daß derartige Menschen sie wie positive Lichtgestalten während ihres gesamten Berufslebens begleiteten.

Dieser Typus von «Förderern» ist allerdings heute nur noch selten anzutreffen. Deshalb sind verschiedene andere Formen der Erfahrungsbearbeitung wichtig geworden. So bieten manche Unternehmen ihrem begabten Nachwuchs das Erfahrungslernen in Teams an, beispielsweise in organisierten Förderkreisen, die als sich selbst steuernde Lerngruppen fungieren und auch ihre Weiterentwicklung selbst in die Hand nehmen. Solche Teams können verschiedene Helfer aus der Organisation wählen, die unter dem Gesichtspunkt möglichst vielfältigen Lernens verschiedene Blickwinkel eröffnen. In diesen Gruppen werden meistens Projekte bearbeitet, die keiner hohen Zeitdringlichkeit unterliegen, so daß auch gerade die Frauen, die während ihrer Erziehungszeit geringfügig weiterarbeiten wollen, diese Form der Weiterentwicklung geschickt nutzen können. Man übt sich dabei in den verschiedensten Aufgabenstellungen, mit unterschiedlichem Verantwortungsgrad: sei es die Erarbeitung einer Vorstandsvorlage für eine neue Idee, sei es, je nach Kompetenz der Beteiligten, die Entwicklung bestimmter Konzepte oder Optimierungsvorschläge für bessere Prozeßabläufe. Darüber hinaus werden auch das Präsentieren, Diskutieren und Überzeugen trainiert, also die Fähigkeiten, seine Ideen innerhalb der Organisation erfolgreich zu vertreten. Wenn Sie Aufgaben mit einer höheren Verantwortung übernehmen wollen, sollten Sie das Angebot solcher Förderkreise unbedingt wahrnehmen!

Falls Sie eine derartige Unterstützung nicht vorfinden, empfiehlt sich ersatzweise die Inanspruchnahme eines externen «Sparringpartners». Für das Fach- und Organisationslernen ist er hingegen immer die zweite Wahl, denn jeder interne Förderer weiß mehr über die Vorgänge innerhalb des Unternehmens. Für die externe Unterstützung hingegen spricht die fehlende Betriebsblindheit, und für so manche Fragen, die Sie bewegen, kann ein breiterer Blickwinkel hilfreich, ja vonnöten sein. Auf jeden Fall sollten Sie die Qualifikation und Erfahrung einer solchen außenstehenden Person gründlich prüfen, wobei die erworbene Beratungserfahrung den Ausschlag geben sollte. Sie finden unter Umständen auch im Coaching eine entsprechende Unterstützung, wobei der Begriff Coaching allerdings für sehr vielfältige Anlässe und persönliche Situationen im betrieblichen Alltag steht und genutzt wird. Das heißt: Nicht alle Coachings sind auf das Fördern von Erfahrungslernen ausgerichtet.

MERKE So wünschenswert es auch ist, daß man in den wichtigen ersten Jahren des Berufslebens zieladäquate Förderung erfährt, so sollte man bei Gelegenheiten auch schon mal den Sprung ins kalte Wasser wagen. Denn je früher man in die Situation versetzt wird, Verantwortung zu übernehmen, und auch einmal «ohne Netz und doppelten Boden» agieren muß, desto besser lernt man selbständig Aufgaben zu erfüllen und Ziele zu erreichen. Wer zu lange im Schutz großer Autoritäten ein vielleicht durchaus selbständiges Feld bearbeitet hat, aber nie allein auch für die Ergebnisse geradestehen mußte, der hat es unter Umständen schwer, eine auf die eigene Kompetenz gegründete Karriere zu bewältigen. Mir wurde dies einmal anhand der Laufbahn einer Grafikerin sehr deutlich. Sie hatte sich nach Beendigung ihres Studiums selbständig gemacht, aber ihre Aufträge vorwiegend von Kunden ihres ehemaligen Professors erhalten, mit dem sie nicht nur fachlich, sondern auch persönlich sehr verbunden war. Das hatte ihr eine lange Zeit viele Aufträge und damit ein gutes Einkommen gesichert und ihr den Aufbau eines eigenen Kundennetzes erspart. Als die Auftragslage nach etwa fünfzehn Jahren rückläufig wurde und sie ihre materielle Existenz gefährdet sah, hatte sie große Schwierigkeiten, selbst auf Kundensuche zu gehen. Auch den Versuch, in einem Grafikerbüro als Kollegin mitzuarbeiten, gab sie nach kurzer Zeit wieder auf, da sie nach den vielen Jahren des Alleingangs – quasi als ihre eigene Chefin – nicht fähig war, sich in ein Team einzufügen. Sie fühlte sich inzwischen auch nicht mehr jung und flexibel genug für diese Anpassungsleistung, so daß sie ihre fachlich anerkannten Leistungen nicht mehr so nutzbringend umsetzen konnte, wie sie es für ihre Existenz gebraucht hätte.

MERKE Von guten Förderern muß man sich rechtzeitig verabschieden, um auch ohne Hilfe aus eigener Kraft bestehen zu können oder unter individuell abgestimmten Bedingungen eine «Ehe» in der Zusammenarbeit einzugehen. Nicht zuletzt sind gerade in der Modeszene die Strehles, mit ihrer Marke Strenesse, dafür ein berühmtes Beispiel. Auch die Zusammenarbeit des Künstlerehepaares Jean Claude und Christo, die seit der Verhüllung des Reichstages in Berlin fast jeder kennt, scheint trotz sehr unterschiedlicher Aufgaben eine fruchtbare Ergänzung zu sein.

So willkommen beim Erfahrungslernen die Unterstützung durch mögliche Förderer ist, spätestens wenn Sie sich den 40 nähern, sollten Sie auch im Beruf Ihren eigenen Weg gefunden haben. Eine Klientin aus einem großen Lebensmittelkonzern beschrieb mir ihren Impuls zu dem notwendigen «Befreiungsversuch» einmal so: «Plötzlich fühlte ich mich durch das Verhalten meines Gönners und Förderers wie unter einer Käseglocke, aus der ich mich nun unbedingt befreien wollte!» Das muß natürlich nicht erst mit 40 geschehen, es passiert oft auch schon früher. Richtig aber ist, daß viele Frauen aus Angst, ihren Mentor zu verletzen, vor einer Trennung zurückschrecken oder sie zu lange hinauszögern.

Immerhin, so fürchten sie, könnte er sich in seiner männlichen Eitelkeit getroffen fühlen, was dann zu unerwünschten Gegenreaktionen, im schlimmsten Falle zu Rachefeldzügen führen könnte. Bei realistischen Befürchtungen solcher extremen Art wäre allerdings ein Abteilungs- oder sogar Unternehmenswechsel sinnvoll.

Wer später einmal Menschen führen will, sollte sich auf diesem Gebiet rechtzeitig qualifizieren. Nichts wird besser durch eigene Erfahrung gelernt als diese Fähigkeit – ja Ihre Kompetenz in einer solchen Aufgabe lebt sogar davon. Wenn Sie schon erste Gehversuche auf diesem Gebiet aus anderen gesellschaftlichen Bereichen mitbringen, ist dies natürlich von Vorteil. Waren Sie beispielsweise schon einmal Leiterin einer Sportgruppe, haben Sie Ferienaufenthalte mit Schülern organisiert und durchgeführt, sind Sie die älteste von mehreren Geschwistern, oder waren Sie mal Tutor im Rahmen Ihres Studiums? Jede dieser oder ähnlicher Aktivitäten dürfte Ihnen bei späteren Führungsaufgaben im Beruf zugute kommen. Die sogenannte «Schule des Lebens» bietet jedenfalls für die Führungskompetenz eine Menge Lernfelder, auch wenn sie für die Berufswelt noch einer spezifischen Weiterentwicklung bedürfen. So sollten Sie im Berufsleben zunächst bewußt die Projektleitung ansteuern, um sich im Führen zu üben. Ihr größter Lernschritt besteht sicherlich oft in der Erfahrung, daß nicht alles nach Ihrem genau ausgedachten Plan läuft. Vielmehr muß es Ihnen gelingen, andere zu überzeugen, mit Widerständen fertig zu werden, ihre Motivation zu fördern und Ihre eigenen Zeitvorstellungen für die Zielerreichung von den Möglichkeiten des kollegialen Umfeldes abhängig zu machen.

Eine weitere wichtige Erfahrung im Berufsleben ist der Umgang mit dem Phänomen Konkurrenz. Richtiges «handling» fällt Frauen oft schwer. Vor allem dann, wenn man um begrenzte Chancen beim Weiterkommen kämpfen muß, wird es für manche Frauen schwierig. Zwei entgegengesetzte Verhaltensweisen und Reaktionsmuster sind mir hier häufig begegnet: Einige Frauen nehmen den Wettbewerb einfach nicht an: Sie ziehen sich zurück, wollen und können sich nicht wehren, arbeiten aber dafür im Untergrund mit nicht ganz transparenten Methoden, um sich für eine vermeintliche Benachteiligung das ihnen vermeintlich Zustehende zu holen. Andere Frauen stellen sich zwar dem offenen Wettkampf, bleiben aber mit ihrer Strategie nicht bei der Sache, sondern setzen persönliche «weibliche Vorzüge» bei den Entscheidungsträgern taktisch sehr bewußt ein, um auf diese Weise ihr Ziel zu erreichen. Dies kann sich natürlich auch rächen, da der oder die Verlierer/in sicherlich wieder an anderer Stelle für Ausgleich sorgen wird. Daß bei der Verteilung von begrenzten Ressourcen alle zur Verfügung stehenden Mittel zur Anwendung kommen, gehört wohl zur Natur des Menschen. Aber auch hier sollte eine alte Spruchweisheit beherzigt werden, die da heißt: «Man begegnet sich immer zweimal im Leben!»

Viele Männer nehmen es übel, so höre ich jedenfalls oft, daß Frauen in der Regel nicht mit offenem Visier kämpfen. Das hat sicherlich seine Gründe in der unterschiedlichen Lebensgeschichte, den seit jeher unterschiedlichen Lebensbedingungen von Männern und Frauen. Ohne hier genauer auf diese gravierenden Unterschiede eingehen zu wollen, darf festgestellt werden, daß der offene Kampf wohl schon immer Männersache war, während Frauen zu allen Zeiten eher aus der Defensive heraus operierten. Katharina von Medici hat immerhin bei ihrer Machtausübung im 16. Jahrhundert als «Giftmischerin» Berühmtheit erlangt! Wer nicht in diese Fußstapfen treten will, dem empfehle ich die offene und faire Auseinandersetzung. Aus meiner Beratungsarbeit weiß ich, daß viele Frauen, die diesem Ratschlag folgten, ihr Ziel erreichten, ohne sich dabei Feinde fürs Leben zu schaffen. Das gegenseitige Respektieren von Interessen gehört zum Lernprogramm Ihres Berufslebens. Allerdings sind verschiedene Parameter des Beziehungsgeflechts in einem Unternehmen näher zu beleuchten, bevor eine Strategie empfohlen werden kann. So ist es von eminenter Bedeutung, welche Wertschätzung man generell bei den wichtigen Personen und Entscheidungsträgern genießt. Falls Sie sich beispielsweise schon des öfteren durch ungeschicktes Verhalten bei Konfliktlösungen unbeliebt gemacht haben sollten und auch ihre fachliche Leistung nicht von allen gleichermaßen geschätzt wird, könnte eine offensive Auseinandersetzung auch leicht zu einer Abrechnung geraten, die dann einer Kündigung gleichkäme.

Aufgrund meiner persönlichen Erfahrungen bin ich zu der Einsicht gelangt, daß Menschen nur das lernen, was sie wirklich interessiert und was sie wissen wollen. Nach diesem Maßstab sollten Sie Ihren Fahrplan für die Weiterentwicklung gestalten. Nicht jeder wurde durch die alte Lehrerweisheit, daß man ja fürs Leben lernt, motiviert. Mir blieb diese Empfehlung immer viel zu abstrakt und zu weit von meinen Bedürfnissen entfernt. Schon das alltägliche Erleben bietet Stoff für permanentes Lernen. Fragen, die angesichts unlösbarer Probleme auftauchen, bewegende Erlebnisse mit anderen Menschen, Ereignisse im geschäftlichen Umfeld, die zum Nachdenken zwingen, Gespräche mit schwierigen Kunden oder trotz großen Einsatzes unerreichte Ziele, – das sind die Herausforderungen, die nach einer Antwort suchen. Jeder Beruf wird interessant und spannend, wenn derlei Aufgaben gern und aktiv angenommen werden. Deshalb ermuntere ich Sie, sich bewußt auf Neues einzulassen, sich den täglichen, aktuellen Herausforderungen zu stellen. Denn das schafft Erfahrungen, die Ihnen keiner mehr nehmen kann.

4. Versuch und Irrtum

Das Berufsleben kann sich als eine sehr wechselvolle Geschichte erweisen, entweder durch eigenes Agieren im Arbeitsleben oder durch wirtschaftliche Veränderungen, denen man in mannigfacher Art ausgesetzt ist. So gibt es Frauen, die den ständigen Wechsel, das häufige Probieren in den verschiedensten Berufsfeldern gleichsam als Lebensinhalt auf ihre Fahnen geschrieben haben. Sie brauchen die Abwechslung, wollen daran wachsen und sich entwickeln. Je nach beruflicher Qualifikation und Unternehmen, in dem man beschäftigt ist, sind solche Bedürfnisse unterschiedlich leicht zu realisieren. Andere Frauen wiederum suchen sich nur bedingt freiwillig ein neues Betätigungsfeld, beispielsweise wenn sie sich mit ihrer Aufgabe, mit dem Chef oder dem Unternehmen nicht identifzieren können. Die dritte Gruppe würde einen Wechsel, aufgrund welcher Umstände auch immer, als eine persönliche Katastrophe betrachten. Welche dieser Gangarten Sie selbst bevorzugen, hängt natürlich in hohem Maße von Ihren persönlichen Wertvorstellungen ab, soweit Sie die Geschehnisse in der Hand haben, denn nicht jede Veränderung ist eine selbst gewünschte. Sie kann auch durch den Arbeitgeber aufgezwungen werden. Das erleben gegenwärtig viele Menschen in den verschiedensten Branchen. Dennoch steht das eigene Wollen wohl in keiner Situation so sehr auf dem Prüfstand wie in Zeiten des Wechsels. Mit den Chancen und Risiken beruflicher Veränderungen ebenso wie mit den unterschiedlichen Verhaltensmustern von Frauen, ihnen zu begegnen, wollen wir uns in diesem Kapitel näher befassen.

Betrachten wir zunächst einmal die Situation in den Unternehmen, so gibt es gegenwärtig kaum einen Betrieb, der sich nicht in irgendeiner Weise mit Veränderungsprozessen befaßt. Ganze Organisationen werden umstrukturiert, durch Firmenaufkäufe verschiedene Unternehmensteile neu geordnet, die Führungsorganisation verschlankt und die Abläufe nach Maßgabe der Wertschöpfungsketten neu ausgerichtet. Dies alles kann bedeuten, daß sich auch das eigene Berufsfeld verändert, der Arbeitsplatz unter Umständen örtlich verlegt wird und sich obendrein die Anforderungen erhöhen.

Traditionell gelten Frauen als höchst anpassungsfähig. Sie empfinden jedenfalls solche Vorgänge in der Regel nicht so dramatisch wie Männer, die häufig mit dem Abbau von Führungspositionen auch ihre Aufstiegsmöglichkeiten schwinden sehen. Vielleicht hat dies etwas mit der Berufsgeschichte von Frauen zu tun, die zumindest früher bei geringer fachlicher Kompetenz häufig in die Reihen einer Reservearmee für den Arbeitsmarkt gedrängt wurden und sich deshalb – je nach Konjunktur – auf ein ständiges «Hinein und Heraus» in und aus der Arbeitswelt einzustellen hatten. Dies hatte sicher auch zur Folge, daß sich bei vielen Frauen keine kontinuierliche berufliche Identität entwickeln konnte. Die heutige Generation junger Frauen indes kommt mit einer anderen Qualifikation und entsprechenden Ansprüchen an ihre berufliche Laufbahn in die Unternehmen, so daß für sie bei jeder Neuorganisation ähnliche Probleme wie bei den Männern auftreten.

Wenn Sie nun derlei Veränderungen ungewollt treffen, gilt es, sich neu zu orientieren. Das heißt zunächst, daß man plötzlich und meist unvorbereitet mit der Notwendigkeit einer eigenen Standortbestimmung konfrontiert wird, die sehr verunsichernd sein kann. Denn man hatte ja bestimmte Vorstellungen, Wünsche und Ziele, für deren Erreichen man nun womöglich neue Wege suchen muß. Vielleicht ergibt sich zum Beispiel plötzlich die Situation, mit jemandem in Wettbewerb treten zu müssen, weil durch Firmenzusammenschlüsse Aufgaben im Stab doppelt besetzt sind. Oder man soll Aufgaben übernehmen, mit denen man sich nicht identifizieren kann, oder auch Arbeitsbereiche, die einer Abschiebung in vergleichsweise unwichtigere Aktivitäten gleichkommt.

MERKE Loten Sie alle auf Sie zukommenden Veränderungen immer nach dem Prinzip der Chancen aus, die sie enthalten. Das sollte Ihre Grundhaltung werden! Dies kann natürlich nicht gelingen, wenn Sie ständig früheren Verhältnissen nachtrauern oder betont verunsichert in die Zukunft schauen. Hier geht es vielmehr zunächst um die Konzentration auf das Hier und Jetzt, auf das situativ Machbare. Entwerfen Sie also vorerst Ziele für kürzere Zeiträume, zum Beispiel nur für einen Tag, eine Woche oder einen Monat. Orientieren Sie sich dabei am alltäglichen Aufgabenspektrum und den schnell zu erreichenden Ergebnissen. Es kostet viel Energie, wenn man gedanklich immer in die ungewisse Ferne schweift oder den Katzenjammer vergangener schönerer Zeiten pflegt. Für das Überstehen solcher Krisenzeiten brauchen Sie all Ihre Kraft, deshalb sollten Sie sorgsam mit Ihren Energiereserven umgehen. Wie Sie dann à la longue disponieren, muß sich aus dem weiteren Gang der Dinge ergeben.

Häufig werde ich um Rat gebeten, wenn es darum geht, den richtigen Zeitpunkt für einen Wechsel zu finden. Dies ist vor allem dann brisant, wenn durch Umstrukturierungen in der Wirtschaft generell soviel in Bewegung geraten ist, daß die Zeichen der Zeit absehbar nicht allzu günstig für Ihre berufliche Veränderung stehen werden. Andererseits stellt sich aber auch die Frage: Verringern sich meine Chancen für einen Wechsel, wenn ich zu lange warte? Ist nicht eher ein schnelles Verabschieden aus der ungeliebten Situation zu empfehlen? Die Antwort darauf ist schwierig, da sie immer nur im Einzelfall entschieden werden kann. In der Regel warten aber die meisten Menschen zu lange, mit der Folge, daß ihre kostbare Energie sich möglicherweise in Arbeitsfeldern verbraucht, die für die eigene berufliche Weiterentwicklung unergiebig sind. Eine Klientin, die von den Auseinandersetzungen in ihrem Unternehmen schon ziemlich ermüdet war und nun doch endlich eine neue Aufgabe suchte, fand trotz guter fachlicher Voraussetzungen bei ihren Bewerbungen keine Chance. Der Grund: Die potentiellen neuen Arbeitgeber vermißten bei der Kandidatin das Engagement und die Einsatzfreude, die sie für die Position als unbedingt notwendig erachteten.

Derzeit scheint es so, als ob Frauen, die den häufigen Wandel lieben, die besseren Karten hätten. Die alte Auffassung, die langjährige Treue zu einem Unternehmen sei ein großer Pluspunkt, wird brüchig. Allerdings sollte das Bedürfnis, sich in immer neuen Berufsfeldern zu erproben, schon zielorientiert sein, also nicht wiederholt zu einer «Reise ins Blaue» geraten. Ein «blinder Wechsel» jedenfalls empfiehlt sich nicht, weil er in der Regel keine konsequente Weiterentwicklung der eigenen Fähigkeiten bietet. Dabei muß auch der gerade Weg nicht immer der optimale sein, denn es gibt mitunter auch höchst produktive Umwege, die sich später keineswegs als verlorene Zeit erweisen. In diesem Sinne konnte ich schon so manche Klientin trösten, die mir ihre Sorge vortrug, auf einem Abstellgleis gelandet zu sein, mithin jede weitere Karriere entschwinden sah. So erhielt beispielsweise eine qualifizierte junge Frau in ihrem Betrieb keine Chance, eine adäquate, verantwortungsvolle Aufgabe zu übernehmen, weil der für diese Entscheidung zuständige Abteilungsleiter eindeutig persönliche Vorbehalte gegen sie hatte. Folglich wandte sie sich widerstrebend einem anderen, zunächst als nicht sehr attraktiv empfundenen Wirkungsbereich zu. Die Kenntnisse, die sie dort erwarb, konnte sie später bei einer beruflichen Neuorientierung als deutlichen Pluspunkt einbringen.

Es gibt übrigens auch Unternehmen, die aus grundsätzlichen Erwägungen von ihren Mitarbeitern in gewissen Zeitabständen die Bereitschaft zu einer Veränderung innerhalb des Hauses fordern. In der Firmenphilosophie der IBM beispielsweise war und ist dies eine wesentliche Maxime im Rahmen der Mitarbeiterführung. Denn «wer rastet, der rostet», dürfte über kurz oder lang also auch nicht mehr hinreichend produktiv für das Unternehmen sein. In der Regel bleibt also ein IBM-Mitarbeiter etwa 5 Jahre in seinem Aufgabenbereich. Wer sich danach keiner neuen Aufgabe stellt, gilt als unflexibel und langfristig gesehen auch nicht mehr als ausreichend qualifiziert. Andererseits erhalten die Mitarbeiter und Mitarbeiterinnen auf diese Weise Entwicklungschancen, die in anderen Betrieben nicht so dezidiert angeboten werden. Solche Vorgaben sind übrigens auch bei Hewlett Packard eher die Regel als die Ausnahme. Auch dort gilt die ständige Veränderung als ein wesentliches Ferment für die Arbeitsorganisation.

Wer also den Wechsel liebt, sollte sich in solche Unternehmen einfädeln, die permanente Rotation zum Prinzip erkoren haben. Hier ist jedenfalls die Gelegenheit gegeben, die eigene berufliche Weiterentwicklung in den verschiedensten Bereichen zu betreiben, meistens unter professioneller Begleitung durch Mentoren oder Personalentwickler. Daß speziell in allen Dienstleistungsbereichen dieses Konzept sehr zukunftsträchtig ist, erläutert gegenwärtig die Fachliteratur. So sieht Herr Fuchs von der Firma Ploenske die zukünftige Karriere in einer zunehmenden Kompetenzentwicklung, nicht mehr primär als Aufstieg in die nächsthöhere Hierarchieebene. Das heißt, viele Menschen werden sich künftig immer wieder in anderen Aufgaben beweisen müssen und damit auch ihre Professionalität ganzheitlich erhöhen.

Optimal ist es auf jeden Fall, wenn Sie Ihre Veränderungen, soweit irgend möglich, selbst steuern können. Flexibilität sollte dabei aber nicht so verstanden werden, daß man ständig auf der Suche nach etwas Neuem ist, gleichsam ständig auf der Flucht vor den vielleicht unbequemen Seiten einer Aufgabenbewältigung und vor dem Hineinwachsen in das menschliche Umfeld. Hier kommt es auch darauf an, «Standing» zu beweisen; denn Selbstfindung, Wachstum und Entfaltung der eigenen Fähigkeiten sind nicht zuletzt das Ergebnis der realen Situation, der man sich zu stellen hat, auch ihrer Schwierigkeiten. So gesehen, kann sich ein stetes Job-hopping längerfristig zu einem großen Frust auswachsen, zumal die Wechselbereitschaft in mittleren Jahren abnimmt. Dann würde der Bewährungstest mit Blick auf das eigene Durchhaltevermögen sehr spät erfolgen, und viele Chancen zur Profilentwicklung, zur individuell angemessenen Horizonterweiterung wären vielleicht vertan. In meiner Beratungspraxis mußte ich jedenfalls so manchen roten Faden in den Berufsbiographien von Frauen erarbeiten, die durch ihre häufigen Wechsel nicht mehr wußten, was sie wirklich können, wer sie eigentlich sind, die im Grunde also die Begegnung mit sich selbst verfehlt hatten. Auch die neuerdings modisch gewordene Umschreibung solcher Entwicklungen bei Frauen als «Patchwork-Laufbahn» dient wohl eher der Beschönigung einer Not, die so zur Tugend frisiert wird.

Nicht selten stellen Frauen im Laufe ihrer beruflichen Entwicklung fest, daß sich ihr bisheriger Berufsweg als Irrweg erweist. Sie sind also irgendwo gelandet, wo sie ihre Fähigkeiten nicht adäquat entfalten können. Dies passiert dann, wenn man erst sehr spät erkennt, daß die häufig von den Eltern empfohlene berufliche Richtung einen nicht wirklich ausfüllt. Sollte so spät noch ein Wechsel gewagt werden, oder muß man sich mit dem Gegebenen abfinden und sehen, daß man in der wenig geliebten Aufgabe irgendwie überlebt? Dieses Phänomen ist übrigens nicht geschlechtsspezifisch, es kann Männern genauso widerfahren. Nur wie geht man nun damit um, das ist die Frage zumindest derjenigen, die diese Situation nicht als unabänderlich akzeptieren wollen.

Das Erlernen eines völlig anderen Berufs ist natürlich ab einem gewissen Alter immer risikoreich, besonders dann, wenn man für seinen Unterhalt nicht entsprechend vorgesorgt hat. Einige bekannte Persönlichkeiten können jedoch einen, noch «zu später Stunde» riskierten Berufswechsel vorweisen, mit dem sie sehr erfolgreich wurden. Zum Beispiel Manfred Köhnlechner, der bis zu seinem 40. Lebensjahr Manager bei Bertelsmann war und dann noch eine ebenso erfolgreiche Karriere als Heilpraktiker startete. Oder Marianne Koch, die nach ihrer Schauspielerkarriere Medizin studierte, um doch noch ihren Traumberuf Ärztin zu verwirklichen. Beide Personen konnten sich diesen Berufsumstieg finanziell leisten. Wer diese Voraussetzungen nicht mitbringt, wird es entsprechend schwer haben, sich eine längere Auszeit im Geldverdienen zu gönnen. Doch wo ein Wille ist, findet sich auch in weniger prominenten Fällen oft ein Weg.

So gibt es aus meinem Erfahrungsbereich einige Frauen, die ihre Familienphase zum Berufswechsel genutzt haben. Hier hat die Möglichkeit, an Fernuniversitäten zu studieren oder Fernkurse zu absolvieren, viele Alternativen eröffnet, die es früher so nicht gab. Hier ist aber auch zu betonen, daß dies ein anstrengender und zeitaufwendiger Weg ist, der jeden extrem fordert. Deshalb kann er nicht als Patentrezept für alle empfohlen werden. Es muß ja aber auch nicht unbedingt immer ein Studium sein, das den Berufswechsel ermöglicht. Eine meiner Klientinnen, damals Hausfrau, mit kaufmännischer Vorbildung, hatte beispielsweise in dem Reisebüro, dessen langjährige Kundin sie war, einfach einmal gefragt, ob sie nicht in irgendeiner Weise mitarbeiten könnte. Aus einer ersten stundenweisen Beschäftigung ist nach einiger Zeit eine Festanstellung geworden, und sicher ist sie heute Profi in dieser Aufgabe, für die sie nicht ausgebildet war.

In besonders guter Erinnerung geblieben ist mir eine Klientin, die in der Computerbranche als Sachbearbeiterin nach zehnjähriger Berufspraxis den Eindruck hatte, auf diesem Posten ihre kreativen Fähigkeiten zu wenig nutzen zu können. Sie wagte daraufhin den mutigen Schritt zur Existenzgründung mit eigener Boutique in der Modebranche. Obwohl nicht im Modedesign ausgebildet, traute sie sich an eigene Entwürfe verschiedener Kleidungsstücke und Accessoires, die sie dann auch selbst verkaufte. Meine Skepsis ob dieses Wagnisses zerstreute sich schnell, als sie ihre Unikate vorführte, die alle meine Erwartungen übertrafen. Neben ihrem bis dahin unentdeckten Talent brachte sie auch die nötige Energie mit, das sicherlich schwierige Vorhaben in die Tat umzusetzen.

Ein letztes Beispiel in diesem Zusammenhang: Eine ausgebildete Bürogehilfin, die sich in verschiedenen kleinen Unternehmen bis zur Chefsekretärin weiterentwickelt hatte, entdeckte erst mit 38 Jahren, daß ihre Interessen eher im sozialen Bereich lagen. Sie wagte also den Schritt zu einer neuen Ausbildung und lernte den Beruf der Kranken- und Altenpflegerin. Heute leitet sie mit ihrem zweiten Ehepartner ein Altenpflegeheim in der Schweiz. Erst in dieser so fordernden und anstrengenden Aufgabe hat sie für sich den Sinn im Beruf gefunden.

MERKE Wer frühzeitig erkennt, daß er im falschen Beruf ist, sollte ernsthaft daran denken, ihn noch zu wechseln, auch wenn dies, wie gesagt, nach allen Richtungen hin gut überlegt werden muß. Bis etwa zum 30. Lebensjahr ist eine derart grundlegende Veränderung sicherlich noch gut möglich; selbst wenn dann bereits in bestimmten Branchen, z.B. der Telekommunikation und Softwareentwicklung, der Anschluß verpaßt sein könnte. In jedem Fall spielt bei einem derartigen Umstieg Ihre persönliche Willensstärke eine große Rolle. Denn Sie müssen zunächst ja wirklich noch mal von vorn anfangen und Ihren Chef mit vollem Engagement von Ihrer Qualifikation und Ihren Leistungen im neuen Beruf überzeugen. Mit Energie geht natürlich in jedem Lebensalter noch viel, namentlich dann, wenn Sie zugleich auch von Ihrer Werteausrichtung entsprechende Voraussetzungen mitbringen. Jemand, der beispielsweise die Herausforderung liebt, wird auch vor unkonventionellen Ideen nicht zurückschrecken und das Außergewöhnliche mutig probieren wollen. Oder, ein anderes Beispiel: Wer wichtige persönliche Werte auch im Beruf verwirklichen will, etwa um Gutes für hilfsbedürftige Menschen zu tun, der wird in einem Bürojob mit begrenzten Funktionen nicht zufrieden sein. Er sollte im sozialen Bereich entsprechende Aufgaben übernehmen. Ein anderer wiederum möchte vielleicht eine unternehmerische Idee realisieren und ein eigenes Geschäft gründen. Sie merken schon an dieser Aufzählung, daß die persönlichen Prioritäten bei solchen Umstiegsvorhaben die entscheidende Rolle spielen, entsprechend konkrete Empfehlungen also nur individuell erfolgen können.

Was aber ist zu tun, wenn man weniger den Wandel als die Beständigkeit und Kontinuität schätzt? Hat man damit überhaupt noch eine Chance in unseren wechselvollen Zeiten? Natürlich ja, denn nicht in allen Bereichen verändert sich ständig etwas. Sie sollten in diesem Fall Berufsfelder suchen, in denen Ihr spezifisches Profil und Ihre besonderen Stärken gefragt sind. Vor einem Wechsel sollten Sie erst alle Möglichkeiten in Ihrem Unternehmen ausloten und die Risiken gründlich prüfen. Meine Erfahrung hat mir gezeigt, daß viele Menschen durchaus etwas Neues tun können, wenn sie in den für sie entscheidenden Punkten Sicherheit haben. Wo im Unternehmen generelle Unsicherheit herrscht, da nimmt bei allen Mitarbeitern die Erstarrung zu, und keiner traut sich mehr, etwas zu verändern, da in einem solchen Umfeld gern die Devise herrscht: «Wer sich zuerst bewegt, hat schon verloren!» Prüfen Sie also selbst, inwieweit für Sie Veränderungen positiv sein können. Es gibt hier nur ein individuelles Risikopotential, Mut kann keinem verordnet werden!

Hingegen möchte ich vor einer Gefahr warnen, der eher sicherheitsorientierte Menschen ausgesetzt sind. Gesteuert von hoher Verlustangst, neigen sie dazu, zu lange an einem Arbeitsplatz festzuhalten, und nutzen ihre Zeit nicht rechtzeitig für die Suche nach echten Alternativen. Dabei kann es passieren, daß sie gerade wegen ihres stoischen Ausharrens im alten Job diesen erst recht verlieren.

MERKE Wer eine Karriere anstrebt, sollte sich prinzipiell mit der Notwendigkeit häufigerer Veränderung zum richtigen Zeitpunkt anfreunden, dies ist fast unverzichtbar. Ein altes Sprichwort sagt: «Frisch gewagt ist halb gewonnen!» Sie sollten sich als aufstiegsbewußte Frau gelegentlich selbstkritisch fragen, wie es um Ihren Wagemut bestellt ist, denn wenn Sie im Beruf Erfolg haben wollen, wird es unter Umständen auch notwendig, gegen den Strom zu schwimmen. Dazu wird man nicht unbedingt ermutigt, ja es ist häufig eher so, daß einem Vorbehalte und Widerstände entgegengebracht werden. Ein eindrucksvolles Beispiel ist und bleibt für mich Jil Sander, von der ich an anderer Stelle schon berichtete. Sie setzte in einer Zeit, als die gesamte Modebranche sich in Richtung Kurzlebigkeit und schnellen Wechsel entwickelte, auf das genaue Gegenteil, nämlich auf Langlebigkeit. Das war eine mutige Haltung, die, vermutlich unterstützt durch ihren starken Willen und ihre Durchhaltekraft, zu dem heutigen Erfolg geführt hat. Vor allem muß ich von meiner Sache, die ich im Beruf realisieren will, selbst hundertprozentig überzeugt sein, um ein hochgestecktes Ziel zu erreichen. Das läßt sich auch durch tagtägliche Zentimeterarbeit schrittweise erreichen.

FAZIT Eine gewisse Experimentierfreudigkeit ist notwendig für die Verwirklichung des persönlichen und beruflichen Entwicklungsprogramms. Alle Gedankenspiele, Phantasien und Visionen, die um ein höheres Maß an Selbstverwirklichung kreisen, können nur Gestalt annehmen, wenn sie in der Realität umgesetzt werden. Das heißt ganz konkret, ich muß mich auf den Weg machen und probieren, ob das, was ich mir ausdenke, auch machbar ist. Schrecken Sie nicht davor zurück, sich in ungewohntem Gelände zu bewegen. Mag sein, daß dies, wie oft den Frauen unterstellt wird, hier und da auf mangelndes Selbstvertrauen zurückzuführen ist. Ich glaube aber, daß in vielen Fällen oft keine Klarheit über das eigene Wollen besteht.

Wer lange in seinem Beruf nichts gewagt hat, dem erscheinen irgendwann unerwartete Herausforderungen so unerreichbar, daß sie mutlos machen und jede Initiative lähmen. Deshalb empfehle ich, hier die Politik der kleinen Schritte zu praktizieren. Sie können sich nur weiterentwickeln über das Probieren von Neuem und Ungewohntem. Was für Sie neu ist und ungewohnt, was Sie vielleicht zunächst eher ängstigt, weil Sie sich dem Neuen noch nicht ganz gewachsen fühlen, bestimmen Sie am besten selbst, da nur Sie wissen, wo Ihre Schwachpunkte liegen.

ÜBUNG In diesem Zusammenhang empfehle ich gern eine Übung. Schreiben Sie auf, was Ihnen gut gelingt und was Sie andererseits gar nicht gut können. Diese Liste sollten Sie über einen längeren Zeitraum hinweg ergänzen, sie am besten in Ihrem Kalender als «kleines Tagebuch» einführen. Nehmen Sie sich dann Ihre Ziele vor, die durchaus noch sehr weit gefaßt sein können. Jedenfalls wäre hier ein zu eng definiertes Ziel nicht sinnvoll. Prüfen Sie nun die einzelnen Punkte daraufhin, welche Kompetenz Sie sich noch aneignen sollten, um das gewünschte Ziel zu erreichen. Entwickeln Sie danach Ihr persönliches Lernprogramm für die nächste Zeit. Am besten legen Sie auch einen Termin fest, wann Sie das, was Ihnen noch fehlt, können wollen. Planen Sie hier aber vorsorglich auch die Phasen von Unlust und Ermüdung in Ihre Zeitvorgabe mit ein.

FAZIT Zu jeder Karriere gehört das ständige Versuchen, das auch die Möglichkeit, sich immer mal wieder zu irren, miteinschließt. Sie sollten Ihre persönliche Toleranz und die Stärke Ihres Wollens daraufhin überprüfen, ob Sie das aushalten können und wollen. Manche Menschen brauchen die ständige Herausforderung, die sie bewußt suchen und manchmal sogar als ihre Droge bezeichnen, wie die Luft zum Atmen. Für andere wäre ein derartiges Arbeitsleben der reine Streß. Hier liegt es in Ihrer Entscheidung, was Sie sich im beruflichen Leben zumuten wollen.

5. Selbst ist die Frau – aber gern mit anderen

Das Thema «Ich und die anderen» ist für die beruflichen Entwicklungschancen eines jeden von hoher Wichtigkeit. Wie ich als Person mit der Organisation, also mit all den Menschen, die in einem Unternehmen beschäftigt sind, und mit dem auch durch sie geprägten Stil des Hauses zurechtkomme, entscheidet wesentlich darüber, ob ich Anerkennung finde, mich weiterentwickeln kann und welche Positionen für mich erreichbar sein werden. Alle fachlich exzellente Vorbildung nutzt nichts, wenn ich nicht in gleicher Weise ernst genommen werde wie die anderen Mitglieder einer Organisation. Sobald mir die Möglichkeiten, die für meine berufliche Identität vonnöten sind, verschlossen sind, habe ich schon verloren. Es kann sich für die berufliche Entwicklung von Frauen zum Beispiel negativ auswirken, wenn ein Unternehmen generell wenig positiv zur Berufstätigkeit von Frauen eingestellt ist. Doch selbst dort, wo das tendenziell bereits besser ist, gibt es immer wieder einzelne Manager, die keine Scheu haben, ihre persönlich negative Haltung gegenüber Frauen auch zu deren Nachteil anzuwenden. Daß diese Einschätzung der Lage realistisch und nüchtern ist, bestätigte mir ein erfahrener Personalchef, der Frauen durchaus förderte. Er meinte: «Es gibt Männer, die halten die Tür für Frauen einfach zu!» So ist es wohl auch zu erklären, daß viele Frauen lieber den Weg in die Selbständigkeit gewählt haben, weil sie den mühsamen tagtäglichen Kampf um Anerkennung in einem Unternehmen scheuten. Für Ihre Orientierung auf dem Arbeitsmarkt wäre es nicht uninteressant zu wissen, welche Unternehmen Frauen gegenüber prinzipiell aufgeschlossen sind. Ein sehr praktischer und hilfreicher Ratgeber zu dieser Frage ist 1996 von Sonja Bischof erstellt worden: «Top-Arbeitgeber für Frauen».

Jede Organisation hat verschiedene Vorgehensweisen, um neue Mitglieder einzuführen und deren weitere Einbindung in das Unternehmen gezielt zu steuern. Man spricht gern von einer Sozialisationsphase, die jeder Mensch durchläuft, bis er den Platz gefunden hat, der ihm nach seinem eigenen Empfinden und der Auffassung anderer gebührt. Einige solcher Aufnahmerituale sind sicherlich bekannt, denkt man z. B. an Bruderschaften und sonstige, beispielsweise studentische, Verbindungen; gleiches gilt auch für die Einführung in eine Vertriebsmannschaft oder die Zugehörigkeit zu verschiedenen Ausbildungsgruppen, seien es nun Lehrlinge oder Trainees. Deren Bedeutung kann für die individuelle Laufbahn so groß sein, daß sich Mitglieder solcher Gruppen oftmals noch viele Jahre später treffen und in Erinnerungen an ihre gemeinsame Zeit schwelgen. Jedes Unternehmen versucht, seinen Mitarbeitern einen bestimmten Stempel aufzudrücken, der bereits im äußeren Erscheinungsbild sichtbar wird. So ist häufig schon im Straßenbild erkennbar, ob man es mit einem Beschäftigten der Werbebranche, einer Behörde oder einer Bank zu tun hat. Besonders deutlich zeigt sich eine solche optische Prägung bei denjenigen Branchen mit spezieller Berufskleidung, z. B. Polizisten. Nicht jedes Unternehmen steuert diese Prozesse formal, sie können durchaus auch informell ablaufen. Dabei verzichtet man dann auf besondere Einführungsmaßnahmen, das Lernen und die Integration in die «Kultur des Hauses» bleiben ihm selbstverantwortlich überlassen.

Je nachdem, ob nun die Einstellung zur geschlechtsspezifischen Rolle der Frauen im Arbeitsleben in einem Unternehmen positiv oder negativ beurteilt wird, können die erwähnten Einarbeitungsformen oder -rituale Ihre berufliche Entwicklung fördern oder hemmen. Was heißt das ganz konkret? Trotz bester fachlicher Voraussetzungen kann man in einem Unternehmen landen, wo das individuelle Wissen und Können nicht hinreichend zur Entfaltung kommt. So erlebte ich eine Klientin, die sich aus Sicherheitsgründen für einen Arbeitsplatz in einem soliden, großen deutschen Unternehmen entschieden hatte, aber dort ihre Qualifikation als Juristin nicht entsprechend nutzen konnte, weil die interessanten Aufgaben in diesem Unternehmen grundsätzlich von Männern wahrgenommen wurden. Damit konnte sie in ihrem eigentlichen Fach keine Erfahrungen und somit auch keine Kompetenz gewinnen, das Ende der Fahnenstange war für sie faktisch mit einer administrativen Verwaltungsaufgabe erreicht.

Eine promovierte Psychologin verließ ein Handelsunternehmen, wo sie als Abteilungsleiterin die Personalplanung und -qualifikation zu managen hatte, weil sie in der Abteilungsleiterrunde ausschließlich mit Herren zusammensaß, die sie partout nicht in ihre Rituale einbinden wollten. So wurde sie in den wichtigen Informationsaustausch über geschäftliche Fragen und entscheidende strategische Vorüberlegungen nicht einbezogen. In ihren Berichten über diese Zeit erläuterte sie mir ihre Rolle so: «Ich war und blieb ein Fremdkörper, die Männer konnten oder mochten mit mir nichts anfangen und ich nichts mit ihnen.»

Es ist auf der Führungsebene für viele Frauen häufig ein Problem, sich in Männerrunden nicht adäquat bewegen zu können, und das kann unter bestimmten Bedingungen deutlich karrierehemmend sein. Wenn man weiß, daß die meisten Informationen in Führungskreisen vorrangig informell weitergegeben werden, sind die Einschränkungen offensichtlich. Frauen haben beispielsweise Schwierigkeiten mit den Trinkgewohnheiten der Männer und mögen sich nicht in die dort praktizierte Brüderschaft einreihen. Das kann ich aus eigener Erfahrung als Seminarleiterin bestätigen. Die Irritationen waren manchmal beiderseitig, wenn speziell Vertriebsleute den Herrenabend einläuteten und mit zotigen Witzen ihre spezifische Kommunikationskultur am Feierabend vorführten. Dadurch stellte sich sofort die Frage: Soll man nun als Frau mitlachen, Befremden zeigen oder sich vielleicht moralisch entrüsten? Wie auch immer bleibt dies eine schwierige Entscheidung. Immer wieder werde ich von Frauen gefragt, wie sie sich in einer solchen Situation verhalten sollen.

MERKE Distanziert und möglichst souverän bleiben, sich nicht durch Mitlachen unnötig anbiedern, das wird oft falsch verstanden. Muten Sie sich allerdings nicht zuviel zu, verlassen Sie lieber unauffällig den Kreis, ehe Sie mit süßsaurer Miene dabeisitzen. Werden Sie aber auf keinen Fall zur Spielverderberin, das könnte auf längere Sicht übelgenommen werden.

In einem Gespräch mit Schweizerinnen war ich erstaunt, als sie mir erzählten, daß sie ihre Männer um den alljährlichen Militärdienst beneideten, der jährlich etwa 3 Wochen dauert. Auf meine verblüffte Reaktion erhielt ich folgende eindrucksvolle Erklärung. Die Erlebnisse ihrer Männer – berichteten mir die Frauen – während ihrer Militärübungen unter schwierigsten Bedingungen seien derart intensiv, daß der Zuwachs an Selbst- und Gruppenerfahrung ihre Persönlichkeit nachhaltig präge. Sie würden anscheinend Situationen erleben, in denen der persönliche Einsatz füreinander und die gemeinsame Verpflichtung für das Gelingen der Sache so hoch seien, daß daraus intensive Beziehungen untereinander entstehen, die zu dauerhaften und engen Freundschaften führen.

Es ist in diesem Zusammenhang vielleicht nicht uninteressant zu erwähnen, daß in der Schweiz auf den obersten Führungsebenen in Wirtschaft und Politik das im Militärdienst entstandene Beziehungsnetz oft für die Besetzung wichtiger Positionen ausschlaggebend ist. Von solchen militärischen Gruppenerlebnissen sind Frauen natürlich ausgeschlossen, und dies empfanden die Schweizerinnen auch als höchst nachteilig für ihre eigene Karriere. Sehr nüchtern schätzten sie deshalb ihre Chancen gegen diese Männerphalanx in gewissen Bereichen äußerst gering ein. Zugleich aber neideten sie den männlichen Kollegen auch ihr spezifisches Gruppenerlebnis und bedauerten, daß es für Frauen keine vergleichbare Herausforderung gibt, die zu einem solchen Zusammenhalt zwingt.

Folgenschwer ist es auch, in den Abteilungen oder Gruppen zu denjenigen zu gehören, die von bestimmten Themen und Erfahrungen ausgeschlossen werden, weil die Kollegen oder Chefs meinen, bestimmte Themen seien eben «nichts für Frauen». Auch dies erweist sich oftmals als eine Behinderung, die die notwendige berufliche Sozialisation äußerst erschwert. Vielleicht haben auch einige von Ihnen die Kindheitserfahrung, daß die Jungens Mädchen von bestimmten Spielen schlichtweg ausschlossen. Wenn Sie dies später im beruflichen Umfeld abermals erleben, können alte Traumata wieder wach werden. Jedenfalls habe ich bei einigen Frauenbiographien feststellen können, daß diejenigen Frauen, die positive Spielerfahrungen mit Jungen hatten, später auch gern in Männerteams arbeiteten. Eine Ingenieurin, die mich einmal zum Thema Rollenfindung konsultierte, berichtete: «Ich lebe sehr positiv mit dem Urteil anderer, an mir sei vermutlich ein Junge verlorengegangen! Meinen Brüdern habe ich diesbezüglich viel zu verdanken. Durch meine Spielerfahrungen mit ihnen gelingt es mir viel problemloser als den Kolleginnen, im Männerteam meine Position zu behaupten.»

Die Arbeitsprozesse der Zukunft werden in Teams organisiert sein, deshalb sollten Sie Ihre Teamfähigkeit prüfen und gegebenenfalls bewußt entwickeln. Zu einer meiner häufigen Beobachtungen im beruflichen Leben von Frauen gehört die Tatsache, daß Teamorientierung für viele eine diffizile Angelegenheit ist. Zur Verdeutlichung möchte ich von einem für mich in diesem Zusammenhang zentralen Erlebnis berichten: Vor Jahren betreute ich eine Netzwerkorganisation von Frauen eines Unternehmens, deren Anliegen es war, Frauen auf dem Weg zu Führungsaufgaben aktiv zu fördern. Das Unternehmen unterstützte dieses Vorhaben aktiv und erwartete von dieser Frauengruppe die Konzeption entsprechender Maßnahmen. Doch nach einer recht aktiven Startphase geriet die gemeinsame Arbeit ins Stocken, weil die im Netzwerk agierenden Frauen dort nur so lange aktiv blieben, bis sie für sich persönlich ein bestimmtes berufliches Ziel erreicht hatten. Danach war mit ihnen nicht mehr zu rechnen, ihre Mitarbeit blieb aus, ja zeitweilig bekam man den Eindruck, daß sie untereinander jeden weiteren Kontakt scheuten, um ihr Ansehen bei den Männern nicht zu gefährden. Diese Entwicklung führte zu einer gründlichen Ursachenforschung, da die Initiatorinnen des Netzwerkes schon die spöttischen Kommentare der Männerwelt fürchteten, die aber gleichwohl nur mit einem Schulterzucken auf das Mißlingen des Projekts reagierten. Aus den vielfältigen Gründen für diese Entwicklung ist mir ein Aspekt besonders in Erinnerung geblieben. Bei den meisten Frauen dieses Netzwerkes war der Wert der persönlichen Unabhängigkeit so stark ausgeprägt, daß sie dadurch große Schwierigkeiten mit Gemeinschaften jeglicher Art bekommen mußten. Ihre wenig ausgeprägte Gabe, sich zu binden oder sich überhaupt darüber im klaren zu sein, wie ein gegenseitiges Füreinander auch dem eigenen hätte dienen können, erwies sich letztendlich als die Hauptschwäche der meisten Frauen, die letztlich das Netzwerk scheitern ließ.

Wie uns bei Zusammenarbeit und Kooperation der Wert Unabhängigkeit, womöglich noch verstärkt durch den der Individualität, im Wege stehen kann, möchte ich mit einer persönlichen Beobachtung illustrieren. In den vielen Jahren meiner Seminararbeit mit Männer- oder Frauengruppen beobachtete ich immer wieder eine sehr unterschiedliche Art der Getränkebestellung beim gemeinsamen Abendessen nach getaner Seminararbeit. In der Männerrunde gab einer nach kurzer Diskussion für alle die Order an den Kellner: «Herr Ober, bitte acht Bier, und zapfen Sie schon mal die nächsten an!» Frauen hingegen gaben einzeln ihre jeweiligen Wünsche an: «Bringen Sie mir doch erst mal die Weinkarte, ich hätte gern einen schwarzen Tee, für mich bitte ein Mineralwasser, und mir bringen Sie doch lieber eine

Cola …!» Dieses kleine Detail aus den alltäglichen Erfahrungen kann man auch auf andere Situationen übertragen. Könnte es sein, daß sich, wenn es um die Sache geht, die Männer schneller und selbstverständlicher einigen können als wir Frauen? Pflegen wir nicht einen Individualismus, der für sich genommen sehr positiv ist, uns aber in manchen Situationen zum Nachteil gereicht? Ist also der Gemeinschaftssinn bei Männern stärker ausgeprägt als bei Frauen? Diese Fragen differenziert zu beantworten wäre sicher ein eigenes Thema. Ich möchte an dieser Stelle nur Ihren Blick für dieses Phänomen beim Gruppenverhalten schärfen. Es deutet immerhin einiges darauf hin, daß uns der Eigensinn und die Betonung unserer individuellen Besonderheit – auch die gelegentliche Illoyalität im Umgang untereinander – in der Zusammenarbeit mit anderen sehr hinderlich sein kann. Stammt vielleicht auch daher das eher negative Urteil einiger Männer, wir Frauen könnten hin und wieder ziemlich zickig sein?

Diese Überlegungen mögen verwundern, da doch gerade den Frauen eine besondere Stärke im mitmenschlichen Umgang nachgesagt wird. Auch Untersuchungen über das Selbstbild von Frauen – so berichtet jedenfalls Linda Brooks, Professorin und Forscherin für Fragen der Berufsentwicklung in dem Buch «Karriereentwicklung» – betonen, daß Frauen ihre Identität in erster Linie über die Beziehung zu anderen definieren und ihr Selbstverständnis hauptsächlich in der Verbundenheit mit und dem Verständnis für andere sehen. In den letzten Jahren wurde es zunehmend als karrierehemmend erkannt, daß Frauen sich so schlecht aus guten Arbeitsbeziehungen verabschieden können, obwohl es für die weitere Karriere notwendig wäre. Dies steht in völligem Gegensatz zum Selbstverständnis der Männer, die sich eher über den Unterschied ihrer Fähigkeiten gegenüber anderen definieren. Frauen suchen also eher das Gemeinsame, nicht das Trennende bei anderen Menschen. Es ist sicher notwendig, hier sein eigenes Verhalten zu überdenken. Wo, in welcher Situation und wie praktiziere ich die Betonung meiner eigenen Stärken, und wo ist es sinnvoll, sich am Gemeinsamen auszurichten? Mir scheint dies ein wichtiger Balanceakt für Frauen zu sein, der ständig neu zu vollbringen ist.

Wie steht es denn nun wirklich in der Arbeitswelt mit dem Teamgeist von Frauen? Zunächst einmal ist es wichtig, ob die Gruppe rein weiblich, männlich oder gemischt zusammengesetzt ist. Reine Frauengruppen werden oft, besonders von Frauen selbst, als eine Art Horror empfunden. Jedenfalls höre ich dies oft in meinen Frauenseminaren, und niemand kann sich zu Beginn vorstellen, daß eine solche Gruppe höchst produktiv miteinander arbeiten kann. Während meiner Beratung eines großen Handelsunternehmens, das in seinen Filialen nur Frauenteams beschäftigt, habe ich zwei sehr unterschiedliche Teamverhaltensweisen beobachtet. Entweder das Team verstand sich hervorragend, oder es herrschte ein subversiver Krieg. Es waren immer die gleichen Gründe dafür maßgeblich: Dort wo Zielkongruenz, Offenheit, gegenseitige Hilfe und eine kompetente, von allen akzeptierte Leiterin das Geschehen prägten, funktionierte das Team. In den anderen Gruppen, wo Konkurrenz, Mißtrauen, Neid und Eifersucht herrschten, existierte ein schlechtes Klima mit entsprechend unzureichenden Ergebnissen. Dabei spielt es allerdings auch eine Rolle, welche Bedeutung einem Frauenteam im gesamten Unternehmen verliehen wird. In diesem Filialunternehmen waren auf der nächsthöheren Ebene nur noch Männer anzutreffen, so daß mit der Hierarchie auch die Geschlechterzuordnung sehr eindeutig war. Anders ausgedrückt: Dort wo die männlichen Chefs in die Führung der Frauenteams direkt und unverblümt eingriffen, verstärkte sich entsprechend das «Buhlen» um den Vorgesetzten, und damit wurde meistens kein guter Teamgeist, sondern scharfes Konkurrenzverhalten unter den Frauen bestimmend. In einem Unternehmen hingegen, wo eher Männerteams das eigentliche Geschäft betreiben und Frauen untergeordnete Servicefunktionen erfüllen, hängt diesen schnell ein Image à la «unsere Mädels» an, was nicht ohne Beigeschmack ist.

Ich werde häufig gefragt, wie man sich als weiblicher Neuling in einer reinen Männergruppe am besten verhält, um als gleichwertige, kompetente Kollegin anerkannt zu werden. Dazu muß man wissen, daß jede Frau im ersten Moment für die Männer der Gruppe mehr oder weniger zum «Jagdobjekt» ihrer erotischen Wünsche wird. Es kommt nun genau darauf an, wie man sich selbst als Frau definiert. Kommt man diesen erotischen Bedürfnissen in irgendeiner Form entgegen, hat man in der Sache verloren. Entrüstet man sich jedoch ob frivoler Avancen, ist man ebenfalls durchgefallen.

MERKE Freuen Sie sich über jedes Kompliment, das Ihren weiblichen Vorzügen gilt, danken Sie Ihrem Verehrer, und schlagen Sie konsequent ein sachliches Thema an, ohne sich davon abbringen zu lassen. Denn erst, wenn Sie diese Feuerprobe bestanden haben, werden Sie als gleichwertiges Mitglied, sprich: als kompetente und kameradschaftliche Kollegin akzeptiert.

Viele Leserinnen denken jetzt vielleicht, da sei es in reinen Frauenteams doch einfacher, dort jedenfalls habe man diese Gratwanderung nicht durchzustehen. Doch wie gesagt, auch Frauenteams haben ihr Für und Wider. Sie können exzellent funktionieren, aber auch höchst schwierig sein. In guten Frauengruppen kann über manche Themen offener und direkter gesprochen werden als in einem gemischten Team. Dies gilt sicherlich in gleicher Weise für die Männer, die so manches Sportereignis oder andere, spezifisch männliche

Themen auch lieber unter sich austauschen als im Beisein von Frauen. Nicht sehr zielführend finde ich es allerdings, wenn Frauengruppen nur noch zu «Leidensgemeinschaften» werden bei aller Wichtigkeit von Ventilfunktionen.

Wie ist es nun um die Leistungsbilanz einer Gruppe bestellt, in der man sich «zu gut» versteht? Hier sollten Sie aufmerksam sein, denn ein hoher Sympathielevel in der Arbeitsgruppe kann auch seine Tücken haben. Man neigt dann gern dazu, sich nur noch mit sich zu beschäftigen, und verliert den Blick für die eigentliche Aufgabe. Wie mir Prof. Witte, ein Hamburger Arbeitswissenschaftler, der sich speziell mit der Leistungsfähigkeit und -bereitschaft von Teams beschäftigt, in einem Gespräch verdeutlichte, steigt mit hoher Sympathie innerhalb einer Gruppe keineswegs auch deren Leistungsstärke. Oft sei eher das Gegenteil der Fall. Entscheidend für die Produktivität von Teams seien die Kooperation, Koordination und Einbeziehung aller Mitglieder in den Arbeitsprozeß. Zuviel «Nestwärme» und Wohlbefinden hingegen sind der Sache im Regelfall wenig dienlich. Man erlebt dies manchmal beim Einkauf, wenn Verkäuferinnen zusammenstehen, mit frohem Gelächter private Erlebnisse austauschen, während man als Kunde kaum beachtet danebensteht und den Eindruck hat: Hier hättest du besser nicht gestört!

Sicher haben auch Sie schon beobachtet, daß nicht alles, was sich Team nennt, auch ein Team ist. So erfuhr ich erst kürzlich in einem Unternehmen, wie dort über die frisch eingeführte Teamarbeit gespöttelt wurde: «Toll, ein anderer macht's!» Will heißen: Im Endeffekt fühlt sich keiner mehr für irgend etwas zuständig. Ein gutes Team hingegen erreicht dank der Zusammenarbeit in seinen Problemlösungen oft mehr, als ein einzelner erreichen könnte. Die berühmte philosophische Aussage, daß das Ganze mehr ist als die Summe seiner Teile, steht für diesen Anspruch. Im anderen Fall spricht man besser von einer Arbeitsgruppe, die mehr oder weniger zufällig zusammengesetzt wurde. Motto: «Wenn man nicht mehr weiter weiß, gründet man einen Arbeitskreis!» Wenn man heute vom guten Teamgeist spricht, dann versteht man darunter nicht nur das Zusammenwirken, sondern auch ein hohes persönliches Verständnis füreinander, wie auch für die unterschiedlichen Standpunkte und das starke Interesse an einem übergeordneten Ziel, das für alle verbindlich ist. In einem solchen Verbund kommt es gleichwohl darauf an, von persönlichen Eigenarten dann abzusehen, wenn das gemeinsame Ziel der Gruppe dadurch gefährdet wird. Die sogenannten Extravaganzen, mit denen manche Frauen ihre «Besonderheit» herausstellen wollen, wirken hier kontraproduktiv.

Überhaupt möchte ich Ihnen eine hohe Sensibilität für Ihr soziales Umfeld empfehlen, denn wie schon einleitend kurz angesprochen, hängt Ihre berufliche Entwicklung letzten Endes auch davon ab, wie Sie mit Ihrer Kollegin zurechtkommen. Wenn Frauen sich von anderen nicht akzeptiert fühlen, dann neigen sie nicht selten dazu, beleidigt und trotzig ihren Weg allein zu gehen. Ein Verhalten, das ihnen sehr zum Nachteil werden kann. In Gesprächen höre ich dann oft: «Das muß ich mir doch nicht bieten lassen, ich komme schon allein zurecht. Ein solches Benehmen ignoriere ich einfach ...!» Die Gefahr bei derartigen Rückzügen in den Schmollwinkel besteht darin, daß Sie die sozialen Prozesse in der Gruppe nicht mehr wahrnehmen und auch die daraus resultierende zunehmende Isolierung nicht rechtzeitig bemerken.

Eine Klientin im Bankgewerbe hatte die Chance einer Weiterentwicklung wahrgenommen und war so in ein Vertriebsteam geraten, das sie aus verschiedenen unternehmensinternen Gründen als ungeliebte Konkurrentin betrachtete und sie deshalb wie Luft behandelte. Da sie, durchaus gewöhnt, allein ihre Frau zu stehen, diese Ablehnung anfänglich nicht recht ernst nahm und sich um so mehr auf ihre neue Aufgabe konzentrierte, stellte sie erst später fest, daß gegen sie heftigst intrigiert worden war und sie damit zur Outsiderin gestempelt wurde. Damit hatte sie am wenigsten gerechnet und fürchtete schon um ihren Ruf fehlender Teamfähigkeit im gesamten Unternehmen. Sie hat dann, wohl oder übel, den Bereich wieder verlassen, weil sie ungeachtet solcher möglichen Feindseligkeiten keine Akzeptanz mehr in diesem Umfeld fand.

Am häufigsten klagen Frauen über Chefs, mit denen sie nicht klarkommen, und sie neigen in ihrer ersten emotionalen Reaktion dazu, auch gleich ihren Berufsweg als falsch zu bezeichnen. Wie ich schon ausführlich beschrieben habe, möchte ich die Bedeutung vornehmlich des ersten Chefs, den man erlebt, nicht gering einschätzen, aber überbewerten sollte man dessen Rolle auch nicht. Besonders fällt mir auf, daß Frauen in Problemsituationen nur schwer zwischen der Person und der Sache trennen können. Sie glauben, ihr fehlender Erfolg liege an diesem, als Führungskraft wenig überzeugenden Vorgesetzten, der vielleicht zu schwach ist, womöglich noch cholerisch, der ihnen keine Chancen einräumt, nur seinen eigenen Aufstieg im Sinn hat und ähnliches mehr. Dabei liegen gerade auch bei solchen Chefs große Lernchancen, denn speziell mit solchen Chefs muß man sich notgedrungen stärker auseinandersetzen als mit einem exzellenten Vorgesetzten. Die eigenen Beobachtungen führen dann zu nützlichen Erkenntnissen über die Fehler, die einem Chef unterlaufen können. Beispielsweise über die Auswirkungen seiner schlechten Laune auf das Arbeitsklima, über seine schlechte Informationspolitik oder die mangelnde Effizienz häufig zurückgenommener Entscheidungen, die eine zielgerichtete Vorgehensweise manchmal verunmöglicht. Meistens erlebe ich empörte Reaktionen der Betroffenen nach den Beschreibungen solchen Fehlverhaltens: «So wie der werde ich es nie machen, falls ich mal eine Führungsaufgabe übernehmen sollte!» Damit ist schon ein wesentliches Lernergebnis erzielt: eine hohe Sensibilität für das eigene Verhalten auf der beruflichen Karriereleiter.

Wieviel Brauchbares man indessen von hervorragenden Chefs lernen kann, habe ich schon am Beispiel von Förderern und Mentoren erläutert. Es gibt hingegen auch ganz durchschnittliche Chefs, die weder in der einen noch in der anderen Richtung besonders auffallen. Bedenken Sie aber bei jeder Zusammenarbeit mit einem Chef: Sie können sich Ihre Vorgesetzten in den seltensten Fällen aussuchen. Das heißt ganz konkret: Sie haben im Laufe Ihrer beruflichen Entwicklung zu lernen, mit den unterschiedlichsten Chefs klarzukommen. Jedenfalls können unvollkommene Chefs nicht als Entschuldigung bei der Entwicklung Ihrer eigenen Fähigkeiten dienen. Letztendlich sind Sie selbst der Steuermann Ihrer eigenen Kompetenz. Also lernen Sie aus dem Umgang mit Ihrem Chef, es wird Sie für viele Situationen souveräner machen. Über meinen Rat sind die Frauen verwundert, die glauben, mit dem Weggang eines schlechten Chefs beziehungsweise beim nächsten Chefwechsel würde alles besser. Was aber ist, wenn sich ähnliche Verhaltensweisen bei einem wichtigen Kunden zeigen, den Sie bei der Stange halten müssen, weil er Sie letztendlich ernährt? Deshalb weichen Sie auch solchen mißlichen Situationen nicht sofort aus. Wer weiß, wofür Sie das Gelernte noch gebrauchen können!

FAZIT Für eine Karriere muß es gelingen, einen eigenen Weg mit unverkennbarem, persönlichem Stil und einer klaren Zielorientierung zu finden, einen Weg, der zugleich mit dem Stil des Unternehmens und dessen Zielen in einem produktiven Einklang steht. Jedes strikte Eigenleben in einer Unternehmensorganisation läßt Sie zum Verlierer werden, denn bedenken Sie immer: Die Organisation ist in ihrer Gesamtheit stärker und wird Sie mit Sicherheit überleben. Die hohe Kunst des erfolgreichen Navigierens im Beruf besteht also darin, eigene Interessen und persönliche Ziele auf eine adäquate Weise mit den Interessen und Zielen anderer zu verbinden, so daß letztendlich beide Seiten bzw. alle Beteiligten davon profitieren und ein «Mehr» für jeden erwirtschaftet wird. Gelingt diese Gratwanderung nicht, dann wird immer auf der einen oder der anderen Seite ein unangenehmes Gefühl von «sich opfern» oder «erdulden» entstehen, was stets nur ein Arrangement auf Zeit tragen kann. Im Klartext: Ohne Identifikation läuft gar nichts, einerseits weil mir für die Sache das notwendige Engagement fehlt und ich andererseits die Ziele der Organisation nicht genügend vertreten mag. Dies ist aber die Voraussetzung dafür, ein wertvolles Mitglied in der Betriebsgemeinschaft zu sein.

V Marketing in eigener Sache

Von dem berühmt gewordenen westfälischen Baron von Bomberg, der literarisch als «der tolle Bomberg» in die Geschichte einging, zitiert man noch heute gern folgende Lebensweisheit: «Wer sich für einen Pfannkuchen ausgibt, der wird auch wie ein Pfannkuchen aufgegessen!» Dies besagt, daß ich von anderen genau für das gehalten werde, wofür ich mich selbst halte. Wenn ich also von mir selbst keine besondere Meinung habe, wie sollen dann andere Menschen vom Gegenteil überzeugt werden? Allein das Können, Wissen, meine Visionen und Zielvorstellungen genügen nicht, wenn es mir nicht gelingt, dieses alles auch adäquat darzustellen. Ob es nun das persönliche Auftreten ist, die Art und Weise wie ich andere von meiner Kompetenz überzeuge oder wie geschickt ich zur rechten Zeit an entscheidender Stelle wichtige Botschaften plaziere, all dies sind unabdingbare Voraussetzungen für meinen beruflichen Erfolg. Denn, und das besagt die berühmte Botschaft: Für das Bild, das andere sich von mir machen, bin ich zu einem wesentlichen Anteil mitverantwortlich. Ich selbst muß dafür sorgen, daß das von mir gewünschte Image im sozialen Umfeld entstehen kann.

Nirgendwo sonst wurden den Frauen in den letzten 15 Jahren mehr Defizite angelastet, wie in puncto ihrer persönlichen Selbstdarstellung. Sie galten und gelten als zu bescheiden, oftmals als zu passiv und mit zu geringer rhetorischer Begabung ausgestattet, was natürlich die Karriere erschwerte. So gibt es speziell für Frauen auf diesen Gebieten ein Riesenangebot an entsprechender Unterstützung auf dem Seminarmarkt, wo fast jede Teilnehmerin sich das Know-how holen kann, was sie braucht. Damit allein wird deutlich, daß die Gabe, sich ins «rechte Licht» zu rücken, nicht jedem von Natur aus gegeben ist. Schon früh aber spürten Frauen, daß ohne diese Kunst an ein Weiterkommen nicht zu denken ist. Denn: Was hilft mir all mein Können und Wissen, wenn es mir nicht gelingt, andere davon in Kenntnis zu setzen.

Dabei geht es ja nicht nur um ihre Leistung, für die Frauen akzeptiert sein wollen, vielmehr geht es auch um ihre Person. Da bei vielen Männern hier noch Vorurteile bestehen, gilt es oftmals, sich an zwei Fronten zu behaupten: als kompetente Fachfrau und als eigenständige Persönlichkeit. Hier fehlt es vielen Frauen an der richtigen Form, sich Akzeptanz zu verschaffen. Einige, die bei den Männern Anleihen machen wollten, fanden darin keinen für sie geeigneten Weg. Häufig höre ich von Frauen, daß sie die Art, wie Männer sich in ihrer Selbstdarstellung gebärden, nicht unbedingt nachahmenswert finden. Eine Klientin brachte es einmal so auf den Punkt: «Die Herren schaffen es meisterlich, schon die kleinste Anstrengung als eine wahre Spitzenleistung zu verkaufen.» Gerade das geht aber Frauen gegen den Strich, obwohl sie immer wieder beobachten müssen, daß der Erfolg diesen Herren recht gibt. Ja, deren Auftritt würde, so berichten sie oft aufs neue verwundert, an entscheidender Stelle wirklich ernst genommen, auch wenn er substantiell durchaus einiges zu wünschen übriglasse. Darüber sind die Frauen dann zutiefst entrüstet. Sie können sich kaum vorstellen, warum das «Windei» in der Führungsebene nicht gleich entlarvt wird. Herrscht bei den meisten doch die Meinung vor, daß an wirklich entscheidender Stelle nur «schöne Worte» nicht mehr genügen, sondern endlich die Sache, um die es geht, den ihr gebührenden Stellenwert erhält. Eines können Frauen jedoch von den Männern lernen: Ohne sich richtig zu «verkaufen», läuft in der Regel nichts. Die Art und Weise hingegen, wie Sie das tun, sollten Sie selbst bestimmen. Worauf es dabei ankommt, wird im folgenden erläutert.

1. Kompetenz vermitteln

Zum ersten Schritt eines guten Marketing gehört die systematisch betriebene Informationspolitik, damit andere Menschen Ihre Kompetenz erkennen. Denn woher sollen sie sonst von meinen Fähigkeiten wissen und sie entsprechend nutzen? Das bescheidene Vor-sich-hinarbeiten und darauf warten, daß andere schon sehen werden, wie gut ich bin, bringt leider nicht die notwendige Aufmerksamkeit.

Nach meiner Erfahrung ist dies der erste kritische Punkt, an dem Frauen ein bestimmtes Rollenverhalten überdenken müssen. Gehören Sie in die Gruppe derjenigen, die eher gefragt sein wollen und nicht selber aktiv werden? Ich spreche bei diesem Verhalten gern von einem spezifisch weiblichen «Erziehungsschaden». Vielleicht erinnern auch Sie sich noch an die Normen, die Ihnen – in Ihrer Kindheit und Jugend – für das Rollenverhalten als Frau von den Eltern vermittelt wurden. Traditionell hieß die Vorgabe, sich als weibliches Wesen grundsätzlich zurückzuhalten, nicht so schnell seine eigene Meinung zu äußern, weder sich zu definieren noch festzulegen. Dieses Rollenmuster galt früher als Vorbereitung für den Heiratsmarkt, nicht aber für den Arbeitsmarkt. Frauen sollten sich möglichst alle Optionen für die potentiell gute Partie offenhalten. Nichts hätte ja ihre Chancen mehr verringert als eine zu frühe Artikulation eigener Interessen. Wer aber zu lange seine eigenen Bedürfnisse hintangestellt und womöglich selbst nicht zur Kenntnis genommen hat, wird sie auch nur schwerlich artikulieren können.

Auf dieses weibliche Rollenmuster passend, hatten die Männer das ihre entsprechend zu erlernen. Denn sie sollten uns ja, da wir sie selbst nicht artikulierten, unsere Wünsche von den Lippen ablesen und unser Innerstes erahnen. Daß das nicht funktioniert, haben fast alle Frauen schon erlebt. Ob auch Sie diesem sehr verstaubten, aber leider noch verbreiteten Rollenmuster aufsitzen, können Sie bei sich selbst prüfen. Wenn Sie noch häufig den Satz im Munde führen «Das hätte er sich aber denken können!», ist Ihr Erziehungsdefekt vermutlich noch nicht ganz beseitigt. Eines weiß ich von den Männern inzwischen sicher, daß Sie von diesem alten Rollenklischee nichts mehr halten. Sie bestätigten mir auf Nachfrage, daß sie es lieber haben, wenn die Frauen selbst sagen, was sie wollen. Also scheint die männliche Kompetenz im Erahnen unserer Wünsche auch nicht mehr entsprechend ausgebildet zu sein, falls sie es jemals war.

Es gehört inzwischen wohl zur fundamentalen Erfahrung aller Frauen, daß leider niemand mehr sich «etwas denkt» – weder zu Hause noch im Beruf – und wenn, dann bestimmt nicht das, was man selbst gerade meint. Sie müssen das, was Ihnen wichtig ist, aussprechen, und zwar zur rechten Zeit, in der rechten Situation und mit den rechten Worten. Denn es läuft keine Leuchtreklame über Ihre Stirn, die anderen permanent signalisiert, was gerade Ihre wichtigsten Bedürfnisse sind. Selbst zu artikulieren, was man will, ist also unabdingbar. Nicht alle Frauen praktizieren das im notwendigen Maß, und immer noch fällt es ihnen leichter, für die Interessen anderer einzutreten, als für die eigenen. Meistens stehen ihnen dabei gewisse Annahmen im Weg, zum Beispiel diejenige, daß man glaubt, schon zu wissen, was andere meinen. Oder man hält das, was man sagen will, für so selbstverständlich, daß man darüber nicht auch noch reden muß. Oder man setzt zuviel voraus, weshalb man dann oft erstaunt ist, wenn jemand völlig anders reagiert als erwartet. Häufig aber ist es auch Unsicherheit, weil man Angst vor der Reaktion der anderen hat oder nicht weiß, wie man damit umgehen soll.

Alles, was ich bei mir respektiert wissen will, muß ich vorher deklarieren. Wenn ich dies nicht tue, kann es zu großen Mißverständnissen kommen. Wobei Sie sich sogar vergegenwärtigen sollten, daß alles das, was Sie tolerieren, auch akzeptieren. Immer dann, wenn Sie anderen gegenüber Ihre Interessen, Bedürfnisse oder Wertvorstellungen unklar artikuliert haben, dürfen Sie sich nicht wundern, wenn auch nichts davon respektiert wird. Dieses eindeutige Verhalten in Gesten und Worten ist Ihre erste und ureigenste Pflicht, die Sie nicht an andere delegieren können.

Wozu müssen Sie Stellung beziehen? Zu allem, was Ihnen persönlich wichtig ist, und zu demjenigen, wofür Sie Verantwortung übernommen haben. Jeder hat sicher schon einmal die Erfahrung gemacht, daß Kollegen/innen einem Aufgaben zuschieben, die nicht in die eigene Zuständigkeit fallen. Hierzu muß man sich sofort eindeutig verhalten, alles andere könnte falsch gedeutet werden. Natürlich wäre es kein Problem, solche Aufgaben zu erfüllen, wenn dies im Gegenzug für Ihren/e Kollegen/in hin und wieder auch gelten würde, denn das fiele unter «gute Kollegialität». Wenn es aber zur Regel wird, kann es sein, daß man dadurch zuviel zu tun hat und seine eigenen Aufgaben nicht mehr in der erforderlichen Qualität erledigen kann. Letzten Endes beurteilen Ihre Vorgesetzten Sie anhand der erledigten Aufgaben, die zu Ihrem Verantwortungsbereich gehören, und zuviel Freundlichkeit für Kollegen könnte zu einem negativen Urteil über Ihre Arbeit führen.

Für das geschilderte Problem werde ich oft um eine Handlungsweise gebeten. Dabei ist zunächst die Ursache solcher Situationen zu beleuchten. Sie sollten sich selbstkritisch fragen, ob Ihnen der Wert Anerkennung ganz besonders wichtig ist. Ist dies der Fall, dann neigen Sie dazu, es allen recht machen zu wollen. Für die Darstellung Ihrer fachlichen Kompetenz kann dies aber sehr negative Folgen haben. Sie erwecken eher den Eindruck, als seien Sie permanent unterbeschäftigt und könnten sich die ständige Hilfsbereitschaft anderen gegenüber mühelos leisten. Mithin versucht man dann gern und zunehmend, Ihnen bestimmte zusätzliche Aufgaben zu übertragen, was bei der bestehenden Personalknappheit und der Überlastung einzelner Kollegen natürlich gut ankommt. Darin liegt aber zugleich auch das Verhängnis, da es Ihnen kaum gelingen wird als permanentes «Mädchen für alles», Ihr eigenes Stärkenprofil sichtbar zu machen.

Im weiteren sollten Sie bedenken, daß es im beruflichen Alltag immer um Interessen geht. Jeder möchte aus der Sicht seiner Vorgesetzten so gut es geht dastehen und den Anteil seiner Aufgaben nicht mehr als nötig vermehren. Deshalb sind hier Ihre Durchsetzungsstärke und eigene Klarheit gefragt, indem Sie darauf achten, Ihre Kompetenz zielgerichtet zu entwickeln und sie auch entsprechend zu präsentieren. Denn es wäre sicher ungünstig, wenn Sie bei einer Nachfrage durch Ihren Chef mitteilen müßten, daß Sie gerade die Arbeit Ihres Kollegen erledigen. Sie bräuchten schon sehr plausible Gründe, um das überzeugend zu erklären.

Das Image der eigenen Kompetenz wird an mehreren Fronten gebildet. Ein entscheidendes Forum dafür sind die regelmäßigen Besprechungen in Ihrer Abteilung. Wie Sie sich dort präsentieren, ist für die Meinungsbildung bei Kollegen und Chefs von hoher Bedeutung. Eins vorneweg, jede Besprechung, die Sie verlassen, ohne den Mund geöffnet zu haben, heißt in ihrer Wirkung: Sie waren nicht anwesend. Darüber sind die meisten Frauen verwundert, denn viele meiner Klientinnen gestehen mir ehrlich, daß sie sich nicht oft zu Wort melden. Es gibt meistens mehrere Gründe dafür, einmal weil man sich zum Beispiel als Neuling noch nicht zutraut, fachkompetent mitzureden. Oder weil einen das selbstherrliche Getue einiger Kollegen anwidert und man deswegen lieber schweigt. Viele Frauen empfinden Besprechungen überhaupt als lästiges Ritual, deren Sinn und Zweck nicht immer klar ist. Nicht wenige sagen auch, sie wüßten nicht so recht, welchen Beitrag sie leisten sollten, wenn schon von anderen das gesagt wurde, was sie selbst hätten sagen wollen. Manche sind auch entmutigt, weil ihnen vielleicht einmal von Kollegen oder auch Chefs das Wort unangenehm abgeschnitten wurde oder weil sie, mit unsachlichen Einwänden konfrontiert, nicht gleich angemessen reagieren konnten.

FAZIT Sie sollten stets am Gespräch mit anderen teilnehmen. Dabei müssen Sie nicht den Ehrgeiz haben, besonders originell zu sein, denn das würde Sie unnötig hemmen. Selbst wenn Kollegen Ihren Beitrag schon vorwegnehmen, sollten Sie sich nicht gehindert fühlen, diese Ausführungen zu bestätigen oder zu ergänzen. Und wenn Ihnen Sinn und Zweck einer Besprechung nicht klar sind, so fragen Sie in der Runde danach. Allerdings rechtzeitig, denn wenn Sie zu lange damit warten, steigt Ihr Unmut vermutlich so sehr, daß Ihnen die notwendige Gelassenheit abhanden kommt. Sie könnten natürlich die Situation auch dazu nutzen, selbst ein Thema zu lancieren. Selten ist die Gelegenheit so günstig wie dann, wenn andere gerade kein besonders wichtiges Thema haben. So können Sie Initiative und Kompetenz deutlich machen, indem Sie die Dinge vorantreiben. Achten Sie bei allem darauf, daß die Aufmerksamkeit bei Ihrem Gegenüber wach bleibt. Wenn Sie spüren, daß eine gewisse Langeweile entsteht – und das geschieht meistens durch zu lange Monologe –, sollten Sie Ihren Beitrag beenden. Nichts ist jedenfalls weniger auszuhalten als endloses Geschwafel, wie Sie selbst sicherlich schon häufig feststellen konnten. Schonen Sie also Zeit und Geduld Ihrer Zuhörer; es sei denn, es gelänge Ihnen, lebhaftes Interesse mit Ihren Ausführungen zu finden.

Immer wieder erlebe ich vor allem bei Berufseinsteigerinnen eine Hemmung, sich in Besprechungen zu artikulieren. Oftmals weil sie befürchten, nicht kompetent genug mitreden zu können, also vielleicht etwas Falsches zu sagen und damit das eigene Ansehen zu gefährden. Eine Klientin berichtete mir, sie habe nahezu ein halbes Jahr lang in Abteilungssitzungen den Mund nicht aufgemacht, weil sie sich als Neuling der geballten Kompetenz und Macht des anwesenden Managements nicht gewachsen fühlte. Bis ihr schließlich jemand im Vertrauen zutrug, daß sie durch ihre Schweigsamkeit im Urteil der anderen als arrogante, eingebildete Person gelte, also genau das Gegenteil dessen, was sie im Grunde sein wollte. Als ersten Schritt empfahl ich ihr, anfangs nur Aussagen anderer, deren Meinung sie teilen konnte, mit ihren eigenen Worten zu bestätigen. Dabei hatte sie schon eine für sie wichtige Probe bestanden, daß nämlich aller Augen auf sie gerichtet waren und sie das aushalten konnte, ohne rot zu werden. Der nächste Schritt des Hilfsprogramms bestand darin, auf jeder Teamsitzung einen kleinen, aber eigenständigen Beitrag zu leisten. Hierbei muß man natürlich einen Plan der jeweiligen Besprechungspunkte haben. Auch dies klappte zu ihrer Zufriedenheit, und sie war eigentlich nur verwundert, wie selbstverständlich andere ihren Beitrag behandelten. In der Folgezeit konnte sie dann die Anforderungen an sich ständig erhöhen, und so brauchte sie insgesamt etwa ein halbes Jahr, bis sie jede Besprechung souverän meisterte. Man kann also gut mit der Politik der kleinen Schritte vorankommen, um seine Hemmungen und Ängste in solchen Situationen zu überwinden.

Schwierig ist der Umgang mit Konfliktsituationen, wenn es zum Beispiel zu Meinungsverschiedenheiten kommt, in deren Verlauf die Sachlichkeit auf der Strecke bleibt. Gerade dann steht wieder das eigene Image auf dem Spiel, denn alle Frauen wissen nur zu gut, wie schnell man vornehmlich bei Männern von einer kompetenten Fachfrau zum hysterischen Weib avancieren kann. Gemessen an dem oft keineswegs kompetenteren Verhalten der Männer, ist dies zwar durchaus verwunderlich, aber Sie sollten sich immer wieder vergegenwärtigen, daß wir uns immer noch in einem Umfeld bewegen, das traditionell männlich geprägt wurde – dadurch ist der Stil in gewisser Weise definiert und vorgegeben. Jede Abweichung davon ist immer noch erklärungsbedürftig, und dies fällt nicht immer zu unseren Gunsten aus.

Bei einer Konfrontation gilt es zunächst einmal, Ruhe zu bewahren, sich den Vorwurf, die Kritik genau anzuhören und prinzipiell zwischen Person und Sache zu trennen. Sie sollten dann absolut bei der Sache bleiben und sich mit Ihrer Antwort auch nur auf die Sache beziehen, die gerade verhandelt wird. Vermeiden Sie es unbedingt, andere persönlich zu beleidigen, denn genau das könnte ziemlich negativ für Sie enden. Nach einer derartigen Besprechung sollten Sie aber das Gespräch mit der Person, die Ihnen verbal ans Schienbein getreten ist, unter vier Augen suchen. Hierbei gilt es, nicht viel Zeit zu verlieren und den Konflikt direkt anzusprechen, allerdings ohne mit harten Schuldzuweisungen aufzuwarten. Sprechen Sie dabei nicht mehr über die Sache sondern über den persönlichen Angriff. Hören Sie aufmerksam zu, erklären Sie Ihre Verletzung, versuchen Sie auch die Argumente und die Interessen des anderen zu verstehen, was nicht heißen muß, daß Sie sie akzeptieren.

Auf gar keinen Fall sollten Sie sich rechtfertigen, das ist meine zentrale Botschaft, die ich allen Frauen mit auf den Weg gebe. Sie sollten endlich wissen, daß man sich im Leben für nichts rechtfertigen muß; was nicht heißt, daß man etwaige Mißverständnisse nicht aufklären sollte. Man soll sich durchaus entschuldigen, wenn man andere Menschen verletzt hat, das ist ein Gebot der Höflichkeit. Aufzuhören, sich immer wieder zu rechtfertigen, ist für viele Frauen ein notwendiger Lernprozeß, gerade weil andere Menschen häufig versuchen, uns Rechtfertigungen aufzuzwingen.

Das Verdeutlichen der eigenen Kompetenz findet in erster Linie im Dialog mit Ihrem Chef statt. Dabei können Sie viel gewinnen oder viel verlieren. Die meisten Frauen glauben, ihr Chef oder ihre Chefin müßten doch sehen, was die Mitarbeiter oder Mitarbeiterinnen alles leisten. Dies ist aber eine irrige Annahme, denn meistens stehen die Vorgesetzten selbst wiederum durch ihre Chefs unter hohem Druck und haben daher anderes im Kopf. Sie müssen also selbst dafür sorgen, daß Ihr Boß weiß, was Sie tun. Darum sollten Sie es ihm ermöglichen, sich ein Bild Ihrer Leistung zu machen, indem Sie von Zeit zu Zeit mit ihm über Ihre Arbeit und die Art und Weise, wie Sie an die Aufgaben herangehen, sprechen und ihn um sein Feedback bitten. Nicht als «fishing for compliments», sondern um zu überprüfen, ob das, was sie tun, auch seinen Vorstellungen entspricht. Bei solchen Gesprächen kommt es natürlich auf einen günstigen, möglichst störungsfreien Termin an. Dazu kann eine gute Beziehung zur Sekretärin des Chefs sehr hilfreich sein, denn sie kennt den optimalen Zeitpunkt am besten. Wenn Sie für ein gutes Verhältnis zur Sekretärin Ihres Chefs sorgen, ist schon viel erreicht.

Es gibt Chefs, die ihre Mitarbeiter, mit dem Ziel ihre Kompetenz zu prüfen, auf die Probe stellen. In der Regel ergeht dann an sie die Aufforderung zur Lösung eines bestimmten Problems. Das hört sich dann etwa so an: «Denken Sie doch einmal über ein kostengünstigeres Verfahren für die Beschaffung der Arbeitsmittel nach!» Zumeist sind solche Aufgabenstellungen sehr allgemein gehalten, also wenig spezifisch formuliert. Deshalb sollten Sie unbedingt konkret nachfragen, welche Vorstellungen und Erwartungen Ihr Chef mit dieser Aufgabe verbindet. Seien Sie gründlich, und nehmen Sie sich Zeit für das Gespräch. Erkundigen Sie sich nach seinen Interessen, seinen Ziel- und Zeitvorstellungen zu dem Auftrag. Bevor Sie entsprechende Vorschläge machen, sollten Sie eine genaue Faktenanalyse vornehmen, soweit dies in Ihren Möglichkeiten liegt – denn es empfiehlt sich, jede Strategie oder Vorgehensweise zu belegen. Sie sollten ihm dann mindestens drei Alternativen, zwischen denen er wählen kann, als Entscheidungsgrundlage vorschlagen. Generell sollten Sie sich übrigens bei dieser Kooperation nicht als die gefügige Erfüllungsgehilfin verstehen, sondern als gleichberechtigte Gesprächspartnerin, die zwar im Bewußtsein der unterschiedlichen Verantwortlichkeit agiert, aber sich ihrerseits aktiv um eine Zielkongruenz bemüht.

Sehr oft fürchten Frauen, daß man ihnen ihre guten Ideen und fachliches Know-how stehlen könnte, um dann damit an wichtiger Stelle hausieren zu gehen. Dies kommt in der Tat leider immer wieder vor. Die berechtigte Frage ist natürlich sofort: Werden damit nicht meine Chancen, mein Können zu verkaufen, zunichte gemacht? Hier sollten Sie sehr aufmerksam beobachten, wer Ihnen Ihre Ideen, mit denen Sie sich nun gerade hervortun wollten, abkupfert. Wenn Sie in einem Unternehmen arbeiten, wo durch Stellenabbau Unsicherheit herrscht und der Kampf ums Überleben angesagt ist, dann sind Ihre Ängste nicht unbegründet, und Sie sollten mit Ihren Vorschlägen insbesondere im Kollegenkreis vorsichtig umgehen. Testen können Sie dies am besten, wenn Sie Ihre Ideen quasi scheibchenweise einbringen und beobachten, was damit passiert, von wem sie gegebenenfalls zu welchem Zweck genutzt werden. Sich ganz zurückzuziehen ist allerdings wenig sinnvoll, denn dann wird Ihre Kompetenz nirgendwo sichtbar, auch nicht bei den Entscheidungsträgern.

Bei aller gebotenen Vorsicht vor dem Ideenklau bleibt es unerläßlich, immer wieder den Dialog mit anderen zu suchen. Nicht nur zur eigenen Weiterentwicklung, sondern auch, um andere auf sich, auf Ihr Wissen und Können aufmerksam zu machen. Nehmen Sie dazu jede sich bietende Gelegenheit wahr, auch außerhalb der Abteilung oder des Unternehmens. Hierbei spielt Ihre Kontaktstärke eine große Rolle, die Sie gezielt trainieren und nutzen sollten. Pflegen Sie den Dialog über alle Grenzen hinweg, vor allem auch mit Menschen, die fachlich ähnliche oder vergleichbare Themen zu bearbeiten haben. Ich höre oft, daß Frauen Mühe haben, einen Weg zwischen plumper Anbiederung und vornehmer Zurückhaltung zu finden. Deshalb empfehle ich, die Kontakte auf der thematischen Ebene zu suchen, auch außerhalb des Unternehmens. Ob man nun in einen Verein eintritt, in einem Netzwerk mitmacht oder sich sonstigen Interessengruppen anschließt, immer sollte deutlich werden, wo Ihr fachliches Interesse liegt. Eigene Vorträge zu halten ist eine gute Gelegenheit, bekannt zu werden, vorwiegend in Ihrem speziellen Fachgebiet.

Bei all solchen Aktivitäten sollten Sie allerdings stets aus den Augenwinkeln beobachten, wie sich Ihr Umfeld dazu verhält. Denn es könnte sich zeigen, daß andere mit Neid auf Ihre Erfolge reagieren und hinter Ihrem Rücken versuchen, Sie irgendwo auszuhebeln. Achten Sie also sehr sensibel auf die Reaktionen Ihrer Kollegen, denn sie dürften es nicht nur wohlwollend registrieren, wenn Sie sich beim Chef zunehmend besonderer Wertschätzung erfreuen. Ihren eigenen Chef sollten Sie niemals dergestalt übergehen, daß Sie sich etwa bei seinem Vorgesetzten mehr oder weniger deutlich für zukünftige Positionen empfehlen. Das könnte Ihnen verübelt werden und Sie auf Widerstände stoßen lassen, die Sie in Ihren Karrierechancen vielleicht weit zurückwerfen. Versuchen Sie lieber, andere profitieren zu lassen, dann werden diese Sie auch in einer anderen Situation unterstützen. Das «über Leichen gehen», wie es bei Männern oft zu beobachten ist, erweist sich langfristig nicht unbedingt als karriereförderlich. Denn manche «Leichen» können sich irgendwann wieder erheben und Ihnen nachträglich das Leben schwermachen.

MERKE Manche Frauen achten zu wenig darauf, ihre Ergebnisse dort zu präsentieren, wo man sie auch wahrnimmt, damit sie die ihnen gebührende Aufmerksamkeit erhalten. Eine Klientin, die in einem Projektteam mitgearbeitet hatte, erlebte plötzlich, daß die Kollegen ihren Namen im Titel einfach vergessen hatten, als der Bericht dem Vorstand vorgelegt wurde. So war sie, da schriftlich nicht dokumentiert, faktisch nicht dabeigewesen und konnte später ihre Kompetenz in einem bestimmten Sachgebiet durch nichts belegen. Es ist also unerläßlich, dafür zu sorgen, daß Sie dort, wo Sie mitgewirkt haben, auch persönlich genannt werden. Denn nur was schwarz auf weiß geschrieben steht, bleibt auch in Erinnerung, kann «in die Geschichte eingehen». Daß andere mit Ihren Interessen in dieser Hinsicht nicht immer besonders sorgfältig umgehen, sollten Sie zumindest nicht außer Acht lassen. Denn erst- und letztendlich denkt nun einmal jeder an sich selbst.

Nicht zu unterschätzen ist auch der Eindruck, den Sie bei Kunden hinterlassen. Wenn Sie im Dienstleistungsbereich tätig sind und täglich unmittelbaren Kontakt zu Kunden haben, ist dies ein Feld, auf dem Sie viele Pluspunkte für sich sammeln können. Die Beurteilung Ihrer Leistung an der Kundenfront ist nicht nur an guten Verkaufsergebnissen abzulesen, sondern vorher bereits am persönlichen Feedback. Etwa wenn der Kunde sich gut beraten fühlt, er freundlich bedient und auf seine Wünsche oder auch etwaige Reklamationen besonders sensibel eingegangen wurde. All dies summiert sich in der Gesamtheit zu einem Bild, das Ihr Image stärken kann. Es ist übrigens keineswegs aufdringlich und verletzt nicht die guten Sitten, einen Kunden zu ermuntern, sein Urteil über Ihren guten Service auch Ihrem Chef zu kommunizieren. Hier gilt keine falsche Scheu, sondern wohlüberlegtes Handeln. Anerkennung Ihres Engagements speziell aus Kundensicht kann Ihnen sehr zugute kommen.

Auch Kundenveranstaltungen sind eine Gelegenheit, sich zu positionieren. Sie bieten meist gute Chancen, mehreren Mitgliedern der Führungsriege Ihres Unternehmens zu zeigen, was Sie können. Denn die Geschäftsleitung nutzt diese Veranstaltungen besonders gern, um mit wichtigen Kunden neben dem formellen auch den informellen Kontakt zu pflegen. Wenn Sie an solchen Events selbst beteiligt sind, sie vielleicht sogar mitgestaltet haben, sollten Sie darauf achten, daß das Management Ihres Betriebs Ihre Person auch wahrnimmt. Das müssen keine großen Gespräche sein, schon Ihre exzellente Selbstpräsentation erfüllt hier den entscheidenden Zweck. «Visibility» heißt der Faktor, der bei allem, was Sie unternehmen, Ihr Image formt und nachhaltig prägt.

FAZIT Das Vermarkten der eigenen Kompetenz gelingt nur, wenn Sie neben einer erstklassigen Leistung auch für deren Bekanntwerden in den verschiedenen Bereichen und auf den unterschiedlichen Hierarchieebenen sorgen. Ich möchte betonen, daß beides, Leistung und Bekanntheit, zusammengehören, wohlwissend daß es Menschen gibt, die sich in ihren beruflichen Aktivitäten eher auf das Bekanntwerden als auf die vorausgehende Leistung konzentrieren, und es gibt auch Frauen, die in dieser Art agieren. Empfehlen kann ich dies nicht, da es nur einem kurzfristigen Ruhm dient, der schnell verblaßt, wenn Schein und Sein nicht zueinander passen. Doch die meisten Frauen neigen eher dazu, etwas zu leisten, ohne dies anderen in irgendeiner Form bekanntzumachen. Sie sollten sich die wohlbekannte Marketingdevise zu eigen machen: «Tue Gutes *und* rede darüber!»

2. Die Macht der Sprache

Sprache bedeutet Macht. Immer dort, wo man das Wort nicht ergreift, tun es andere. Wer spricht, nimmt Einfluß auf die Themen und Ereignisse. Deshalb muß mitreden, wer mitgestalten will. Manchmal fehlen einem die Worte, und man kann das, was einem persönlich wichtig ist, nicht aussprechen. Daran merkt man, daß Sprache und ihr Gebrauch Macht für den Menschen bedeuten und daß Sprachlosigkeit umgekehrt Ohnmacht darstellt. Wer alles benennen kann, ist dessen «mächtig», und damit verstärken sich seine Selbstsicherheit und das Selbstbewußtsein. In seinem Prosastück «Flüchtlingsgespräche» sagt Bertolt Brecht einmal: «Die Begriffe, die man sich von was macht, sind sehr wichtig. Sie sind die Griffe, mit denen man die Dinge bewegen kann.» Das heißt: Alles, was Sie wichtig finden und präzise benennen können, haben Sie im Griff, und damit erhöhen sich Ihre Souveränität im Umgang mit sich selbst und Ihre Wirkung auf andere.

Allerdings: Wenn man endlich weiß, *was* man sagen will, weiß man noch nicht unbedingt, *wie* man es sagen soll. Hier die richtige Form zu finden ist also eine besondere Herausforderung. In diesem Kapitel geht es mir nicht darum, alle Kommunikationstechniken vorzustellen. Darüber gibt es inzwischen genügend Literatur, die bei Bedarf sicherlich auch Ihnen wichtige Kenntnisse vermitteln kann. Doch trotz all der guten Techniken, die manche Frauen heute schon meisterlich beherrschen, erlebe ich immer wieder Unsicherheit, wo es darum geht, die eigenen Interessen zu verhandeln.

Sicherlich befürchtet man zunächst, sich mit dem Offenlegen eigener Interessen angreifbar zu machen und damit seine Trümpfe zu verspielen. Dazu kommt die Sorge um die Wahl des richtigen Zeitpunkts für ein Gespräch in eigener Sache. Beide Gesichtspunkte führen häufig dazu, daß man solche Gespräche zu lange vor sich herschiebt. Dieses zu lange Warten – es gehört zu einer meiner häufigsten Beobachtungen – ist das wirkliche Handicap vieler Frauen und verbraucht langfristig ihren Mut, überhaupt für sich selbst einzutreten. Ein Film aus den siebziger Jahren provozierte einmal mit dem Titel: «Die Geduld der Frauen ist die Macht der Männer!» Aus einer Haltung des langen Wartens und zögerlichen Reagierens wird irgendwann die des Erleidens und Erduldens. So entsteht die Situation, in der andere die Gelegenheit beim Schopfe greifen können, um ihre Vorteile zu sichern, und das sind in der Regel die Männer. Sie dann später als die Schuldigen heranzuziehen ist unfair; denn woher hätten Ihre Gegenspieler wissen sollen, daß auch Sie Ihre Interessen anmelden wollten, wenn Sie sie nicht zur Sprache gebracht haben?

Für die Artikulation Ihrer Interessen möchte ich Ihnen dringend empfehlen, immer in der Ich-Form zu sprechen. Dies ist in der deutschen Sprache weniger gebräuchlich als beispielsweise im angelsächsischen oder französischen Sprachraum. Sicher kennen auch Sie noch die strenge Regel, daß man keinen Satz mit «Ich» anfängt, oder den nervenden Ausspruch der Eltern: «Nur ein Esel nennt sich selbst zuerst.» Vielleicht hat dies mit dem Phänomen zu tun, daß sich die Deutschen eher über eine Sache als über die Person definieren. Jeder weiß, mit welcher Betonung wir von der «deutschen Wertarbeit» reden, um die unsere europäischen Nachbarn uns oft beneiden (aber nicht unbedingt lieben). Jedenfalls bekommt man den Eindruck, als habe sich diese spezifische Wertehaltung auch in sprachlichen Gewohnheiten niedergeschlagen. Wir fangen viele Sätze mit «Es» an, wo das «Ich» sinnvoller wäre. Zum Beispiel sagen wir eher: «*Es* freut mich, daß du da bist!» als: «*Ich* freue mich, daß du da bist!» Oder wir sagen: «*Es* ist alles in Ordnung!», nicht aber: «*Ich* finde alles in Ordnung!» Dadurch wird eine individuelle Meinung versachlicht und die persönliche Note genommen. Ähnliches geschieht mit dem Wörtchen «*man*», das eher für die gängige öffentliche Meinung steht als für die persönliche Stellungnahme zu einer Sache. Anstelle des «*Ich*» das «*man*» zu verwenden wirkt anonym und verallgemeinernd.

Im Deutschen gibt es noch eine andere schlechte sprachliche Gewohnheit, die bezeichnend für unsere Mentalität ist. Wir sprechen gern in einem «Handlungsanweisungsdeutsch», dessen Wirkung sehr oberlehrerhaft sein kann. Vielleicht haben Sie an sich selbst schon einmal beobachtet, wie selbstverständlich wir anderen Menschen sagen, was sie zu tun haben, ohne jede besondere Befugnis und ohne daß uns dies in seiner Konsequenz bewußt ist. Solche Sätze können je nach dem Stellenwert der Beziehung mit «Sie» oder «Du» anfangen: «Sie sollten daran denken, daß am Montag die Besprechung xyz ist!» Im privaten Bereich lauten solche Aussagen etwa so: «Du könntest auch mal deine Socken wegräumen!» Das Risiko solcher Kommunikation besteht vornehmlich darin, daß Ihnen jemand antworten könnte «Warum?» und Sie damit zur Stellungnahme zwingt. Wenn Sie sich dann nicht selbst blitzschnell darüber im klaren sind, warum Sie etwas wollen, und das nicht sofort eindeutig formulieren können, beginnt der berühmte verbale Eiertanz mit: «Hhm, na ja, ich meine eben, weil ...» Sie merken schon, das klingt keineswegs sehr überzeugend. Deshalb vermeiden Sie am besten von vorneherein diese Ausdrucksweise, da sie, als Aufforderung in der Möglichkeitsform, wie ein Befehl klingt. Abraten muß ich Ihnen auch von vielen Redewendungen, die im Deutschen benutzt werden, um sich einer klaren Stellungnahme zu entziehen. Beispiel: auf die Nachfrage «warum?», womöglich zu antworten: «Dazu möchte ich kein Wort mehr verlieren!» oder: «Dazu habe ich schon oft genug etwas gesagt!» und schließlich: «Wenn Sie es immer noch nicht wissen, tun Sie mir leid!» Solche Kommentare sind provokativ und damit echte Kommunikationskiller.

So hat auch die Gewohnheit, das «Ich» auszusparen, häufig etwas mit der fehlenden Bereitschaft zur eigenen Stellungnahme zu tun. Anderseits sind Menschen, die ausschließlich in der Ich-Form sprechen, schlecht zu ertragen. Denn hier handelt es sich zumeist um Egozentriker par excellence. Ihnen aber möchte ich empfehlen, Ihre Gefühle, Bedürfnisse, Werte, Interessen und Verantwortlichkeiten in der Ich-Form auszusprechen. Damit machen Sie sich ein Stück weit transparent und sagen klar und direkt, was Ihnen wichtig ist. Nun fragen Sie sich vielleicht: In welchen Situationen sollte ich direkt auftreten, ohne mich gleich in den Vordergrund zu spielen?

MERKE Zunächst einmal ist zu beachten, daß all das, was Sie durch andere respektiert wissen wollen, auch formuliert sein will. Sicher lassen auch Sie nicht jeden Menschen gleich in Ihr Innerstes schauen. Ich wähle hier gern das Bild, daß jemand, der «mein Haus» betreten will, erst einmal durch den «Vorgarten» gehen muß. Bei einem Eigenheim ist dieser zumeist durch einen Zaun fein säuberlich vom öffentlichen Weg getrennt, damit andere Menschen mein Eigentum respektieren. In der zwischenmenschlichen Kommunikation müssen Sie Ihren «Vorgarten» kommunikativ anlegen, also zuerst im Klartext mitteilen, was Sie respektiert wissen wollen, ehe Sie, um im Bild zu bleiben, den anderen Menschen in Ihr Haus einlassen beziehungsweise mit ihm ins Gespräch kommen. Das vergessen oder vernachlässigen die meisten Frauen und wundern sich dann, daß ihre Interessen nicht respektiert werden. Sie wählen dafür am besten die simple Form «Ich mag es ...» oder «Ich mag es nicht ...»

ÜBUNG Um hier mehr Klarheit zu gewinnen, schlage ich Ihnen vor: Schreiben Sie einmal auf, was Sie mögen und was Sie nicht mögen, zum Beispiel:

Ich mag einen aufgeräumten Schreibtisch!

Ich mag keine voreiligen Entscheidungen!

Versuchen Sie, eine möglichst lange Liste an Vorlieben und Abneigungen zu formulieren, dadurch werden Ihnen Ihre eigenen Bedürfnisse und Werte bewußter.

Wann sendet man seinen Mitmenschen solche Botschaften? In der oben beschriebenen Weise ist es so etwas wie eine «Flagge», die Sie rechtzeitig hissen, bevor jemand Ihren «Vorgarten» betritt. Solche Stellungnahmen dienen dazu, anderen klarzumachen, was Ihnen wichtig ist, ohne schon unmittelbar und direkt eine Verhaltensänderung zu fordern. Am besten machen Sie solche Aussagen sozusagen «by the way», wenn es sich in einer Gesprächssituation gerade ergibt, die Sie jedoch immer aktiv und bewußt steuern. Sie erreichen damit, daß nach einer gewissen Zeit andere um Ihre Wichtigkeiten wissen und sie respektieren können. Jedenfalls bestätigen dies meine Klientinnen in entsprechenden Feedback-Runden. Besonders gut eignet sich diese Form, wenn Sie Ihre Werte deutlich machen wollen. Eine Juristin berichtete mir, daß sie bei den fachlichen Auseinandersetzungen in ihrem Team absichtlich jede persönliche Stellungnahme vermieden hätte, um ihre Fachkompetenz besonders herauszustellen. Sie war dann allerdings sehr beeindruckt, wie wirkungsvoll eine deutliche Wertedeklarierung war und wieviel schneller sie durch ihre klare Stellungnahme auch in der Sache zum gewünschten Ziel kam. Ihre Akzeptanz war dabei keineswegs gesunken, sondern eher gestiegen.

Die meisten Frauen haben allerdings Angst davor, weniger «geliebt» zu werden, wenn sie ihre Standpunkte, ihre Wünsche und Bedürfnisse allzu deutlich ins Spiel bringen. Deshalb halten sie sich vorsichtig zurück und verpassen damit gute Gelegenheiten für die Artikulation eigener Interessen. Wenn auch Sie diese Befürchtung teilen, fragen Sie sich zunächst einmal, was Sie von anderen haben wollen: Liebe oder Akzeptanz? Die meisten Frauen wünschen sich beides, aber beides funktioniert nicht gleichzeitig. Die deutliche, für andere bis dahin nicht gewohnte Artikulation Ihrer Interessen führt erst mal zum Verlust an Zuwendung, zugleich aber auch zum Gewinn von Anerkennung. Kurz gesagt: Die «Liebe» nimmt ab, die «Akzeptanz» steigt. Doch Sie können davon ausgehen, daß sich mit dem Erreichen der gewünschten Akzeptanz auch die Sympathien anderer Menschen wieder einstellen. Es kann zwar sein, daß Sie auf diesem Wege erleben, daß einige Menschen sich von Ihnen verabschieden, vermutlich können Sie auf die aber auch gern verzichten.

Diese Grundform des Deklarierens eigener Wünsche und Interessen genügt allerdings nicht, wenn Sie an eine bestimmte Person konkrete Forderungen stellen wollen. Dazu sollten Sie sehr präzise vorbereitet sein und rechtzeitig agieren. Dies ist bei Forderungen deshalb wichtig, damit Sie selbst noch einen zeitlichen Handlungsspielraum haben. Sie müssen ja damit rechnen, daß Ihre Wünsche eventuell nicht erfüllt werden und Sie gezwungen sind, über alternative Lösungen nachzudenken. Hier ist die Art und Weise, wie Forderungen gestellt werden, wiederum entscheidend. Ich erinnere mich noch gut an meine eigene Praxis in jungen Jahren, erst einmal lange Erklärungen und Situationsbeschreibungen abzuliefern, bevor ich endlich sagte, was ich von jemandem wollte. Etwa in diesem Sinne: «Wissen Sie, Frau Sowieso, da ist in der nächsten Woche der Termin xyz, dazu ist es ja immer besonders wichtig, die Unterlagen in einer bestimmten Weise aufzubereiten, da die Herren es so gewohnt sind ... usw.» Das erwies sich als sehr nachteilig, denn es passierte mir natürlich, daß meine langen Ausführungen vom Gesprächspartner mit der Frage unterbrochen wurden: «Ja und, was hat das denn nun mit mir zu tun?» Wenn ich darauf sagte: «Ich benötige dazu Ihre Unterstützung!», kam prompt die Antwort: «Das hätten Sie doch gleich sagen können!», und ich stand ziemlich blamiert da. Deshalb empfehle ich, in umgekehrter Reihenfolge vorzugehen, also die Bitte oder den Wunsch immer an den Anfang zu stellen und meine Interessen/mein aktuelles Anliegen durch eine Ergänzung zu erklären, die wiederum in der «Ich-Form» ausgedrückt werden sollte. Letzteres ist dann wichtig, wenn Sie nicht wissen, ob Ihrem Gesprächspartner Ihre momentanen Interessen bekannt sind.

ÜBUNG Folgendes Beispiel könnten Sie für Ihre eigenen Situationen als Modell nutzen.

Bitte oder Wunsch:

«**Ich** hätte gern die Verkaufsergebnisse der Aktionswoche am Montagmorgen vorliegen,

mein Interesse:

da **ich** die Daten rechtzeitig und möglichst aktuell an den Vertriebschef weiterleiten möchte!»

Bei dieser Gesprächsform ist es wichtig, daß Sie keine zu langen Sätze bilden. Alle Forderungen sollten jedenfalls knapp, kurz und präzise, wenn auch freundlich im Ton sein, da sonst Ihr Adressat nicht mehr zuhört. Dies müssen Frauen ganz besonders lernen, denn nach meiner Beobachtung neigen viele dazu – wie seinerzeit auch ich selbst –, zu lange Erklärungen abzuliefern. Wobei Sie dabei obendrein Gefahr laufen, sich zu rechtfertigen, und das wäre schlecht fürs Image.

Betonen möchte ich, daß Sie Ihr Interesse immer aktiv und positiv formulieren sollten statt hinter sachlichen Erfordernissen, beispielsweise der unzulänglichen Datenverarbeitung oder anderen Autoritäten, wie Ihrem Chef zu verstekken. Seien Sie absolut eindeutig und klar, nichts verstehen andere besser als Interessen. Sie können natürlich nicht immer damit rechnen, daß sie erfüllt werden. Es wird vermutlich Widerstände geben, da die anderen Menschen in Ihrem Umfeld eigene Interessen verfolgen, die Sie nicht immer kennen. Wie man damit umgeht, wird später noch Gegenstand der Betrachtung sein.

Ein anderer wichtiger Punkt: Wie steht es bei Ihnen mit dem «Nein» sagen können? In der Regel antworten Frauen darauf: «Das mache ich ungern, und es fällt mir auch schwer.» Aus vielen Gesprächen wurde mir deutlich, daß Frauen hier zu zwei entgegengesetzten Verhaltensweisen neigen. Entweder sie sagen zu schnell «Ja» und nehmen diese Zusicherung dann womöglich schnell wieder zurück mit der Formel: «Eigentlich geht es ja doch nicht!», worüber sie sich hinterher ärgern. Oder sie haben sich das ständige «Nein sagen» angewöhnt; meistens nachdem sie früher zu oft «Ja» gesagt haben. So korrigieren sie sich manchmal mit dem Satz: «Na ja, vielleicht geht es ja doch!» Was denn nun? möchte man fragen. Beide Reaktionen fand ich jedenfalls immer wenig effektiv. Sie machen dem anderen nur ihre innere Wackelpartie deutlich. Deshalb empfehle ich hier, sich ganz generell eine Bedenkzeit einzuräumen. Meistens kommt ja die Forderung des anderen überraschend, und da ist es nur natürlich, daß Sie nicht sofort wissen können, ob Sie die erfüllen wollen. Also sagen Sie etwa folgendes: «Das kommt für mich aber etwas plötzlich. Ich sage Ihnen (dann und dann, je nach Anlaß bzw. Dringlichkeit) Bescheid!» Nun können Sie mit etwas mehr Ruhe überlegen, ob Sie die Forderung erfüllen wollen.

ÜBUNG Falls Sie sich für eine Ablehnung entscheiden, wählen Sie, analog zum oben erwähnten Fall eigener Forderungen, die nachstehende Variante:

Ablehnung:
«Nein, **ich** möchte heute nicht länger bleiben,
mein Interesse:
da **ich** eine Abendeinladung habe, die ich ungern absagen will.»

Für die Ablehnung und das «Nein» gilt der Grundsatz, niemals vage oder unentschieden formulieren. Sie sollten deshalb ein deutliches und konsequentes «Nein» formulieren und Ihre Entschiedenheit mit einer doppelten Verneinung zum Ausdruck bringen.

Mit all diesen hier vorgestellten Botschaften haben Sie zunächst freilich nur Ihr Interesse deutlich artikuliert und das in einer Gesprächsphase, die für Sie noch keine Konfliktsituation bedeutet. Sie müssen aber mit Widerstand rechnen, sogar dann, wenn Ihr Anliegen aus Ihrer Sicht völlig angemessen, ja fast bescheiden ist. Dann wäre es natürlich nicht gut, noch eine weitere Forderung nachzuschieben oder die schon ausgesprochene sofort zu verstärken. Dies würde selbstverständlich sofort eine verschärfte Gegenreaktion provozieren. Auch trotzige Selbstbehauptung endet vermutlich nur in Feindschaft und würde zumindest Ihre Erfolgschancen auf den Nullpunkt bringen. Versuchen Sie deshalb zunächst eine Haltung des Verstehens einzunehmen, was nicht gleichbedeutend sein muß mit Akzeptanz der Argumente Ihres Gesprächspartners. Wechseln Sie nun

Ihre Kommunikationsform, und hören Sie ruhig zu. Wenn Sie mit lautstarken Einwänden konfrontiert werden, so schweigen Sie zunächst am besten, nehmen aber aufmerksam wahr, worüber sich Ihr Gesprächspartner so erregt. Sie können ihn dann bestätigen mit «Ja, ja ich verstehe ...», dann erfahren Sie oft die Hintergründe seines Unmutes und können darauf genau reagieren. Das hat im übrigen den Vorteil, daß man sich nicht vorher unnötige Gedanken über die möglichen Ursachen des Widerstandes dieser Person machen muß. Menschen, die nicht mit Worten, sondern eher nonverbal, also mit körpersprachlich eindeutigen Zeichen von Ablehnung reagieren, sollten Sie indessen direkt ermuntern, ihre Einwände oder Aversionen auch auszusprechen. Das hat den Vorteil, daß die negativen Gefühle dieser Person nicht später bei anderen ausgebreitet und Sie dort womöglich noch denunziert werden. Als Faustregel gilt, jeden Widerstand ernst nehmen, zuhören und versuchen zu verstehen.

Es kann Ihnen natürlich auch passieren, daß Sie jemanden durch eine schlichte Frage ungewollt in seinen Werten verletzen, also einen empfindlichen Nerv treffen. Das merken Sie daran, wenn er sofort höchst emotional reagiert. In einem solchen Fall kann Ihnen die Technik des aktiven Zuhörens weiterhelfen, denn wenn Sie mit diesem Menschen auf der Sachebene im Gespräch bleiben wollen, müssen Sie zunächst versuchen, diese Gefühle abzubauen.

ÜBUNG Der folgende Dialog führt Ihnen ein Beispiel dieser Technik vor:

Eine Frau sagt zu ihrem Mann:

«Ich möchte unsere Wochenendpläne verschieben, da ich gern ein Seminar besuchen würde!»

Antwort des Mannes:

«Hm-hm, sicher ... wenn es dir soooo wichtig ist!»

Die Frau hört aktiv zu und sagt:

«Oh, du klingst aber enttäuscht.»

Reaktion des Mannes:

«Ja, das bin ich auch, ich hatte mich so auf das Wochenende gefreut!»

Die Frau antwortet:

«Ich mich auch, nur der Seminartermin ist nicht verschiebbar. Ich würde für unser Wochenende aber gern gleich etwas Neues verabreden. Wie wäre es mit dem Wochenende ...»

Aktives Zuhören gelingt allerdings in der Regel nur, wenn man sich selbst nicht angegriffen fühlt. Dies ist die notwendige Voraussetzung für den Dialog. Den meisten Frauen fällt aber gerade diese Gelassenheit besonders schwer, weil sie oft zu schnell befürchten, jemand könnte etwas gegen ihren Standpunkt haben oder sie nicht ernst nehmen. Von letzterer Annahme sollten Sie sich unbedingt lösen, denn Sie erschwert ein Gespräch ungemein. Lassen Sie also die Dinge erst einmal auf sich zukommen. Falls Sie wirklich auf jemanden treffen, der Ihnen deutlich negativ gegenübertritt, so merken Sie das im Laufe des Gesprächs und können sich dann entsprechend darauf einstellen.

Die vielfältigen Aspekte dieser Kommunikationstechnik sollen und können hier nicht im einzelnen erläutert werden. Sie sind nur durch Training und bei entsprechender Übung zu erwerben. Diese Technik bietet aber den Vorteil, gezielt auf die Einwände des anderen reagieren zu können. Sie müssen sich auch nicht unnötig über Meinungen aufregen, die Sie nur vermuten, aber nicht kennen können.

MERKE Immer erst zuhören, bevor Sie weiterreden! Zu einer echten Durchsetzungsstrategie werden die vorgestellten Techniken dann, wenn Sie diese geschickt im Wechsel einsetzen. Folgendes Beispiel soll dies verdeutlichen:

Sie sagen:

«Ich hätte gern die Unterlagen schon am Montag, da ich Sie rechtzeitig an die Teilnehmer der Tagung verteilen möchte!»

Jemand antwortet:

«Ach, Sie immer mit Ihrem Perfektionsfimmel und Dringlichkeitsgetue …!»

Sie sagen:

«Sie sind dadurch genervt?»

Jemand antwortet:

«Ja, allerdings, denn ich habe hier ja auch noch anderes zu tun!»

Sie sagen:

«Ich hätte gern Ihre schnelle Unterstützung in dieser Sache, da ich weiß, wie wichtig die Informationen für alle Beteiligten sind!»

Jemand antwortet:

«Haben Sie da schon Reaktionen der Teilnehmer erhalten?»

Sie sagen:

«Ja, des öfteren, vor allem bei der Geschäftsleitung ist die gute Vorbereitung positiv bemerkt worden und hat unserer Abteilung ein gutes Image eingebracht.»

Ziel einer solchen Form der Kommunikation ist es, den unterschiedlichen Interessen der Gesprächspartner Rechnung zu tragen, sie zu respektieren, um dann möglichst eine für alle Beteiligten akzeptable Lösung zu finden. Dies setzt natürlich voraus, daß Sie Ihr Gegenüber als gleichberechtigten Partner betrachten. Falls Sie einer Person innerlich schon den Krieg erklärt haben, sollten Sie diese Vorgehensweise nicht mehr praktizieren. Sie sind dann wahrscheinlich nicht mehr in der Lage, souverän zu bleiben.

Es gibt Menschen, die das versteckte Ziel haben, Sie zu provozieren und herauszufordern. Dies geschieht häufig in einer Art, die Sie unter Umständen zwingt, sich zu rechtfertigen. Wie ich schon im vorherigen Kapitel ausgeführt habe, muß man sich für nichts rechtfertigen, deshalb sollten Sie sich entsprechend zur Wehr setzen. Insbesondere die Frauen, die berufstätig sind und zugleich Familie haben, sind manchen vorurteilsbehafteten Fragen ausgesetzt. Sie sind dann in der Situation, jemanden, der unerlaubt – um im bekannten Bild zu bleiben – ihren «Vorgarten» betreten hat, wieder auf den Bürgersteig zu komplimentieren.

ÜBUNG Der folgende Dialog soll für solche Fälle ein Vorschlag sein:

Jemand sagt:

«Waaas, Frau Sowieso, Sie haben Kinder *und* sind noch berufstätig??»

Sie antworten:

«Sie können sich das nicht vorstellen?»

Jemand sagt:

«Nein!»

Sie sagen:

«Ich schon!»

Jemand sagt:

«Da haben Sie sich aber viel vorgenommen!»

Sie sagen:

«Jeder nach seiner Fasson!»

Oftmals höre ich auch, daß zu einer Verständigung mit jemandem einfach keine Lust mehr besteht. Dies ist meistens dann der Fall, wenn man im Laufe der Zeit bereits einige Angriffe oder Anfeindungen einfach hinuntergeschluckt hat, ohne sich rechtzeitig dagegen zu wehren. Dann ist das Negativkonto für diese Person oft schon so überfrachtet, daß jegliche Toleranz fehlt, überhaupt noch ein sachorientiertes Gespräch zu führen. Viele Frauen ärgern sich aber darüber, daß sie zum richtigen Zeitpunkt nicht adäquat reagieren konnten und ihnen bei Auseinandersetzungen die besten Argumente immer erst hinterher einfallen. Das macht hilflos, und sie scheuen die erneute Kommunikation mit dieser Person mit zunehmendem Frust. In der Regel ist es ja so, daß Sie solchen unangenehmen Zeitgenossen am Arbeitsplatz gar nicht aus dem Wege gehen können, da Sie tagtäglich mit ihnen zusammenarbeiten müssen.

Hier möchte ich Ihnen Mut machen und eine Form des Umgangs empfehlen, die ich «kontrollierte Spontaneität» nenne. Das heißt: Sie sollten einen solchen Menschen unbedingt mit seinem Fehlverhalten konfrontieren, und zwar mit dem Ziel, daß der Betreffende sein Verhalten zumindest so verändert, daß Ihre Interessen respektiert werden. Dabei ist es allerdings wichtig, nicht die Person zu verletzen, sondern nur ihr Verhalten zu benennen, um die Beziehung nicht vollständig zu ruinieren. Bedenken Sie immer, daß Sie sich hier auf einem sensiblen Terrain bewegen und Worte wie Pfeile sein können. Und Sie wissen auch nie, in welcher Funktion und Rolle Sie diesem Menschen vielleicht wiederbegegnen. Deshalb sollte man bei aller Deutlichkeit in der Aussage einen unnötigen Konflikt vermeiden. Hingegen wäre eine zu vorsichtige Umschreibung Ihrer Interessenverletzung oder Kränkungen, nur um Ihr Gegenüber zu schonen, auch nicht angebracht.

ÜBUNG Die «kontrollierte Spontaneität» ist eine wirkungsvolle und sachgerechte Form, auf eine Interessenverletzung durch andere auch nachträglich zu reagieren. Dabei sollten Sie drei verschiedene Aspekte ausdrücken:

1. Beschreiben Sie vorwurfsfrei das Verhalten, das Sie verletzt hat!
2. Sagen Sie genau, welche Folgen es für Sie hat!
3. Sprechen Sie Ihre Gefühle aus!

Im folgenden ein Beispiel aus dem beruflichen Alltag:

1. *Beschreibung des Verhaltens*

«Ich erlebe seit einigen Tagen, daß Sie immer erst um 10.30 zu unserer Teambesprechung erscheinen, obwohl diese schon um 10.00 Uhr beginnt.

2. *Folgen für mich*

Dadurch muß ich einige Dinge zweimal erläutern, wozu mir die Zeit fehlt,

3. *Mein Gefühl*

das ärgert mich!»

Auf den ersten Blick kommt Ihnen dieses Konstrukt vielleicht zu kompliziert vor. Und Sie denken gleich, wenn ich richtig ärgerlich bin, fällt mir diese Vorgehensweise mit Sicherheit nicht ein. So geht es jedem, deshalb ist diese Gesprächstechnik auch als eine Form zu empfehlen, die nur im nachhinein, also zeitversetzt anzuwenden ist.

Bei einer aktuellen Interessenverletzung hingegen sollten Sie sofort reagieren. Keinem Menschen gelingt dies auf Anhieb mit einem elegant ausformulierten Satz. Deshalb machen Sie im ersten Schritt am besten Ihrem Unmut unumwunden Luft, mit einem guten Spruch wie: «Ich glaub mich tritt ein Pferd!» oder wahlweise: «Ich sitze hier wohl im falschen Film!» Wählen Sie einen Satz, der Ihnen gut gefällt und Ihnen leicht über die Lippen kommt. Damit sind Sie dann schon mal einen Teil Ihres Ärgers los. Gehen Sie aber anschließend auf gar keinen Fall en detail in die Auseinandersetzung. Die Worte, die dabei fallen, könnten Ihnen später leid tun. Beenden Sie das Gespräch mit dem einfachen Satz: «Dazu fällt mir im Augenblick nichts mehr ein!» Ihre negativen Gefühle sollten Sie zunächst für sich allein bearbeiten. Entweder hilft hier ein strammer Spaziergang um den nächsten Häuserblock, oder Sie knallen ein altes Glas in die Mülltonne. Das Gespräch mit dem wohlüberlegten Satz

(Schritt zwei) eröffnen Sie erst, wenn sich Ihr Ärger wieder gelegt hat. Da ja in der oben genannten Botschaft auch eine Empfindungsäußerung vorgesehen ist, werden Sie feststellen, daß ein noch nicht zu lange verflossener Ärger schnell wieder zu aktivieren ist. Mit Sicherheit wird Ihnen in einer solchen Auseinandersetzung Widerstand entgegengebracht, hier sollten Sie wieder die im letzten Beispiel genannten Techniken im Wechsel einsetzen.

Die vorgestellte Form des Dialogs ist immer noch ein «Appell an die Einsicht», hat also die Verständigung zum Ziel. Sie müssen allerdings auch wissen, daß es Menschen gibt, die sich nicht verständigen wollen. Weisen Sie diese Leute gleich in ihre Schranken, und versuchen Sie nicht, Sie durch Gespräche zu überzeugen. So wichtig die Kommunikation auch ist und zur Klarheit beiträgt: Es gibt Situationen, für die gilt die alte Weisheit «Reden ist Silber, Schweigen ist Gold». Verzichten Sie auf jedes Wort, wenn jemand Sie nicht verstehen will oder bei voller Kenntnis Ihrer Werte diese bewußt verletzt. Setzen Sie hier unmißverständliche Grenzen in Form der kurzen, knappen Ich-Sprache, und weisen Sie diese Menschen sehr klar aus Ihrem «Vorgarten». Reduzieren Sie den Kontakt und den Dialog mit ihnen auf das Notwendigste, und zeigen Sie sich erst wieder aufgeschlossen, wenn von der anderen Seite deutliche Anzeichen erfolgen, daß sie sich mit Ihnen ernsthaft verständigen will.

Sicher ist Ihnen in dieser oder jener Form die vorgeschlagene Kommunikationsweise schon einmal begegnet. Im Verkaufstraining oder einem Seminar über Gesprächsführung sind diese Techniken heute wesentlicher Bestandteil, damit Sie möglichst professionell mit Kunden, Kollegen und Chefs umgehen können. Aber haben Sie diese nützlichen Techniken auch schon zur Durchsetzung Ihrer eigenen Interessen angewendet? Wenn nicht, dann probieren Sie es einfach. Sie werden feststellen, wie sehr andere Menschen Ihnen Respekt und die notwendige Achtung als Person entgegenbringen.

FAZIT Eins weiß ich ganz sicher. Für die Anerkennung, die Sie sich von anderen wünschen, müssen Sie selbst sorgen. Das nimmt Ihnen leider niemand ab. Doch wenn es Ihnen gelingt, Ihr Anliegen mit den vorgestellten sprachlichen Fertigkeiten zu kommunizieren, spüren Sie sofort die Wirkung, die davon ausgehen kann. Haben Sie also Mut, sich dieser kommunikativen Hilfen zu bedienen!

3. Fleißiges Mädchen oder echte Problemlöserin?

Wie kommunizieren Sie Ihre Kompetenz? Hier sollten Sie Ihre Selbstdarstellung optimieren, damit bei anderen das von Ihnen gewünschte Bild entsteht. Im vorigen Kapitel habe ich ja schon ausführlich erläutert, wie wichtig das Bekanntmachen des eigenen Könnens und Wissens ist. Im alltäglichen Dialog mit Kollegen und Chefs spielt die Art und Weise, wie Sie über Ihre Aufgaben sprechen, eine große Rolle. Ob Sie als «professionelle Könnerin mit Blick fürs Wesentliche» gelten oder als das «Fräulein vom Dienst, das eifrig tut, was ihr aufgetragen wurde», liegt an Ihrem beruflichen Selbstverständnis und daran, wie Sie darüber sprechen.

Meine Empfehlung vorneweg: Sie sollten sich in Ihrem Job grundsätzlich als Problemlöserin, nicht nur als Aufgabenerfüllerin verstehen und auch so darstellen. Dabei möchte ich Ihnen zunächst diese beiden Kategorien – am Beispiel der Telefonistinnen aus früheren Zeiten – näher erläutern. In alten Filmen sind sie hin und wieder noch zu bewundern, wie sie an großen Schalttafeln per Hand die Kabelverbindungen herstellten, um eine telefonische Kommunikation zu ermöglichen. Im alltäglichen Sprachgebrauch hieß diese Tätigkeit «stöpseln», deshalb nannte man diese Frauen im Volksmund auch gern die «Stöpseltanten». Was aber wäre damals passiert, wenn diese Aufgabe einmal nicht erledigt worden wäre, z. B. bei einem Streik? Dann wäre ein gewaltiges Problem entstanden, weil die Vermittlung von Informationen zusammengebrochen wäre. Also wurde durch die Aufgabe «Stöpseln» das Problem der Informationsvermittlung gelöst.

Wie Sie sehen, erklärt nicht die Tätigkeit als solche schon den Sinn Ihres Tuns. Dafür ist vielmehr die kommunikative Darstellung der Problemlösung, die Sie mit der Erfüllung einer Aufgabe erreichen wollen, aussagekräftig. Sicherlich teilen Sie auch meine Auffassung, daß Informationsvermittlung professioneller klingt als «stöpseln». Der Begriff Problemlösung ist aus der Marketingsprache entliehen, und ihn sollten Sie für das Vermarkten der eigenen Kompetenz nutzen.

ÜBUNG Vergegenwärtigen Sie sich selbst einmal Ihre jetzige Aufgabenstellung, und listen Sie auf, was alles zu Ihrem Aufgabenbereich gehört. In der Regel steht dies in Ihrer Stellenbeschreibung, die es allerdings nicht in allen Unternehmen gibt. Falls Sie über eine solche Beschreibung verfügen, kann es trotzdem sein, daß Sie mit zahlreichen weiteren Aktivitäten befaßt sind, die nicht aufgeführt sind. Sie sollten sich bei dieser Übung also an Ihre jetzigen Tätigkeiten halten. Wenn Sie dabei die einzelnen Aufgaben betrachten, so versuchen Sie doch einmal herauszufinden, welche Probleme Sie damit im einzelnen konkret lösen. Am besten richten Sie sich auf einem Blatt Papier zwei Spalten ein. Das Aufgabengebiet einer Sekretärin soll Ihnen als Beispiel dienen:

Aufgabe	*Problemlösung*
Korrespondenz erledigen,	Informationen steuern
Telefonate führen, entgegennehmen + weiterleiten,	Informationen steuern
Ablage erledigen,	Informationen steuern
Termine planen, Reisen organisieren,	Strukturieren und organisieren von Arbeitsabläufen
Besprechungen managen,	Effizienz von Arbeitsprozessen fördern
Besucher empfangen	Imageförderung

Hand aufs Herz, diese Übung ist Ihnen nicht ganz leichtgefallen? Vermutlich konnten Sie Ihre Aufgaben ganz schnell auflisten, schwieriger war bestimmt, die jeweilige Problemlösung zu formulieren. Vermutlich konnten Sie bei dieser Auflistung feststellen, daß man in der Regel weniger Probleme löst als Aufgaben erfüllt. Im Fallbeispiel der Sekretärin gibt es mehrere Problemlösungen, die sie gleichzeitig zu bearbeiten hat. Viele Tätigkeitsfelder haben eine Menge an Aufgaben zum Inhalt, aber nur eine Problemlösung.

Umgekehrt kann es auch sein, daß jeder Aufgabe eine andere Problemlösung entspricht. Dafür ist der Pförtner ein gutes Beispiel. In der Regel hat er drei Aufgaben zu erfüllen. Er kontrolliert die in das Gebäude hinein- und herausgehenden Menschen und prüft, ob sie dazu befugt sind. Er hilft Besuchern, ihre Ansprechpartner schnell zu finden, und ist immer korrekt gekleidet. Damit löst er drei Probleme gleichzeitig. Er trägt zur Erfüllung bestimmter Sicherheitsbedürfnisse bei, ermöglicht Besuchern eine schnelle Kontaktaufnahme und prägt durch sein Erscheinungsbild auch das Image des Hauses. An diesem simplen Fall, den jeder aus eigener Anschauung kennt, wird deutlich, daß wir mittels unserer Aufgaben immer bestimmte Probleme lösen. Diese macht man sich häufig nicht bewußt und vernachlässigt deren Stellenwert für das «Verkaufen» der eigenen Kompetenz. Eher versinkt man in der Alltagsroutine als dieses wichtige Marketinginstrument optimal für sich zu nutzen.

Eines sollten Sie wissen, bezahlt wird man in einem Unternehmen nicht vorrangig für die Aufgabenerfüllung, sondern für eine gute Problemlösung. Wenn Sie diese nicht klar und eindeutig benennen können, hat das erhebliche Folgen für Ihr Image. Sind Sie nur eine Stellenbesetzerin, die nicht genau weiß, welche Probleme sie überhaupt zu lösen hat? Sind Sie in Ihrer Abteilung eine Problemverursacherin, die allen anderen zur Last fällt und nur Unmut erzeugt? Oder haben Sie sich als Aufgabenerfüllerin positioniert und sind schon mit dem Etikett «fleißiges Mädchen» behaftet? Nichts ist jedenfalls nachteiliger für Ihr Ansehen, als wenn andere sagen: «Fleißig ist sie ja, aber keiner weiß so recht, wofür wir das brauchen, was sie so macht!» Mit der Selbstdarstellung als Problemlöserin ist keine verbale Akrobatik und Spitzfindigkeit gemeint, sondern die wirkungsvolle Kommunikation Ihrer Fähigkeit, Probleme zu lösen. Dies heißt zugleich, daß Sie durch diese Form der Selbstdarstellung den Nutzen Ihrer Tätigkeit für andere sichtbar machen. Also weg vom Denken und Handeln in formalen Zuständigkeiten, hin zur echten Dienstleistung für andere!

Betrachten Sie Ihr eigenes Verhalten beim Einkauf. Wenn Sie beispielsweise die Damenoberbekleidungsabteilung eines Kaufhauses betreten, um einen Mantel zu kaufen, denken Sie sicherlich nicht darüber nach, wie die Angestellten dort die Sortierung und Präsentation der Modelle nach Größe, Qualität und ähnlichem mehr vornehmen. Allerdings ärgert es Sie sofort, wenn Sie das, was Sie suchen, nicht finden oder es an einer falschen Stelle hängt. Sie wollen verständlicherweise als Kundin kein Problem bekommen, sondern eines gelöst haben. Das heißt, Sie wollen einen möglichen schnellen Überblick über das Angebot, um mühelos ein Kleidungsstück nach Ihrem Gusto auswählen zu können. Sicher interessieren Sie sich auch nicht für die vielfältigen Aufgaben, die der Modehandel erfordert, um perfekt zu funktionieren. Deshalb sollten Sie bedenken, daß auch in Ihrem beruflichen Umfeld nicht jeder wissen will, was alles notwendig ist, um ein bestimmtes Ziel zu erreichen. Kommunizieren Sie also mehr Ihre Problemlösung als Ihren Aufgabenkatalog.

Dabei ist es hilfreich, sich den eigenen Chef einmal als persönlichen Kunden vorzustellen und ihn auch so zu behandeln. Über diese Sichtweise sind fast alle Frauen verwundert; doch machen Sie sich einmal bewußt, daß er ja letzten Endes auch bei Ihnen etwas einkauft. Sie erweisen ihm tagtäglich durch Ihre Problemlösung einen Dienst, wofür Sie Ihr monatliches Gehalt beziehen. Prüfen Sie sich doch einmal selbstkritisch, ob Sie das immer verdient haben. Wenn Sie nämlich die Beziehung zu Ihrem Chef aus diesem Blickwinkel betrachten, fallen Ihnen vielleicht einige Mängel auf, die Sie noch beseitigen könnten. Was ist das Hauptinteresse eines Kunden? Natürlich will er freundlich bedient werden, und er möchte, daß man seine Wünsche aufmerksam wahrnimmt. In erster Linie erwartet er aber eine exzellente Problemlösung von Ihnen. Alles andere ist, wenn auch nicht unwichtig, nur Beiwerk im alltäglichen Miteinander. Für Ihr Verhalten heißt das vor allem, daß Sie die Erwartungen Ihres Chefs sehr genau erfragen und eruieren, welche Probleme er gelöst haben will. Wenn Sie nur nach den zu erfüllenden Aufgaben fragen würden, könnte bei ihm ein Eindruck entstehen, der unausgesprochen etwa so lautet: «Jetzt muß ich ihr auch noch sagen, was alles notwendig ist, um die Sache voranzubringen. Wofür hat sie eigentlich studiert!»

Eine meiner Klientinnen hat diese Erkenntnis für sich umgesetzt und Positives von der Wirkung berichtet. Sie arbeitete im Team eines kleinen mittelständischen Unternehmens im

Außendienst und verkaufte neue, sehr beratungsintensive Produkte in der Medizinbranche. Allerdings war sie, wie auch ihre Kollegen, nicht nur vor Ort bei den Kunden, sondern plante und organisierte auch intern ihre Verkaufsaktivitäten. Zu ihrem Chef hatte sie ein gutes Verhältnis, und sie wurde wegen ihrer Fachkompetenz von ihm sehr geschätzt. Ihrer Ansicht nach hatte er aber einige Marotten, die den Umgang mit ihm erschwerten. Unter anderem war er von tiefem Mißtrauen, ob die «inhouse-activities» auch zielgerichtet und effizient waren. Es bestand bei ihm, wohl mehr oder weniger unausgesprochen, die Meinung, wer nicht beim Kunden sei, der arbeite nicht. Deshalb schnürte er regelmäßig für jeden Mitarbeiter ein dickes Aufgabenpaket, das während der Bürozeiten nach seinen Ziel- und Zeitvorstellungen zu erledigen war. Jeder, berichtete meine Klientin, fand dies ziemlich stressig, denn die mehr oder weniger nach dem Gießkannenprinzip verteilten Aufgaben lagen nicht jedem, und es fehlte manchmal auch die Einsicht in deren Notwendigkeit. Deshalb riet ich meiner Klientin, gar nicht erst die Situation eintreten zu lassen, sondern ihren Chef schon frühzeitig darüber zu informieren, welche Probleme sie in der Zeit ihres Büroaufenthaltes lösen wollte. Das probierte sie etwa mit folgenden Worten: «Herr Sowieso, ich habe heute vor, bei wichtigen Kunden die Akzeptanz unseres neuen Produktes zu prüfen. Hätten Sie für einen ersten Gedankenaustausch $1/2$ Stunde Zeit?» Daraufhin erhielt sie keine zusätzlichen Aufgaben für diesen Tag und war darauf sehr stolz. In der Folge konnte sie diese Vorgehensweise so perfektionieren, daß ihr Chef zu einem ihrer Kollegen bei der üblichen Aufgabenverteilung einmal sagte: «Wenn Sie damit fertig sind, helfen Sie Frau Sowieso, die hat diese Woche soviel zu tun!» Das hat sie dann restlos davon überzeugt, wie stark ihr Auftritt als Problemlöserin ihre Akzeptanz erhöhte. Manchmal erlebte sie sogar einen unerwarteten Nebeneffekt: Wenn die anderen viel zu tun hatten, hatte sie durchaus noch Luft bei ihrer Aufgabenerledigung.

Als sehr negativ erwies sich für eine andere Klientin einmal ein Fehlverhalten in diesem Punkt. Sie war von einem großen Unternehmen in eine kleine Firma im Dienstleistungsbereich gewechselt. Ausschlaggebend dafür war ein persönlicher Kontakt mit dem Geschäftsführer gewesen, der sie unbedingt als Mitarbeiterin gewinnen wollte. Sie brachte gute fachliche Kenntnisse und auch eine Menge Beziehungen zu den verschiedensten Branchen mit, so daß sich ihr neuer Chef davon großen Nutzen für die Ausdehnung eines bestimmten Marktsegments versprach. Sie war eine recht selbständige Person und fest davon überzeugt, daß zu viele Fragen als Inkompetenz ausgelegt werden könnte. In ihrem neuen Umfeld arbeitete sie so, wie sie es gewohnt war, eigenständig vor sich hin. Kurz vor Ende der Probezeit kündigte ihr Chef die Verlängerung ihrer Bewährungsphase an, was ja fast einer Kündigung gleichkam. Im «kritischen Gespräch» fragte ihr Chef sie ganz salopp: «Was haben Sie denn hier alles so gemacht?» Daraufhin zählte sie ihre einzelnen Aufgaben auf, z. B. Korrespondenz erledigen, Gespräche mit Geschäftspartnern, Lieferanten und Kunden führen. Woraufhin ihr Chef verlangte: «Dann zeigen Sie mir doch einmal Ihren Korrespondenzordner!» Den legte er mit einem abwertenden Blick und dem Kommentar beiseite: «Was, so wenig Briefe, die schreibe ich ja in einer Woche!» Sie können sich vorstellen, daß damit das Ansehen dieser Frau als kompetente Mitarbeiterin dahin war.

Wenn jemand so weit in Ihren Arbeitsbereich eingreift, daß er sich erlaubt, Ihre einzelnen Aufgaben im Detail zu durchleuchten, dann können Sie davon ausgehen, daß Ihr Image als Problemlöserin bei null gelandet ist. Was hätte diese Klientin nun besser machen können? Am besten fragen Sie in der Auseinandersetzung sofort bei den ersten kritischen Äußerungen direkt nach: «Habe ich Ihre Erwartungen nicht erfüllt? Waren Sie mit meiner Problemlösung nicht zufrieden?» Darauf hätte er Stellung beziehen müssen. Denken Sie auch immer daran, daß nicht alle Chefs Ihre Erwartungen an Sie von sich aus deutlich formulieren, vielmehr kennen sie diese selbst oft nicht genau. Nichtsdestotrotz sollten Sie sich bei jedem Neuanfang in einem Unternehmen der Erwartungen Ihres Vorgesetzten vergewissern, damit Sie nicht Gefahr laufen, an seinen Zielvorgaben vorbei zu arbeiten. Die Frage nach der Problemlösung hilft Ihnen auch, wenn ein Chef verschiedene Aufträge erteilt und es für Sie nicht offensichtlich ist, was im einzelnen damit bezweckt wird. Durch diese Art des Fragens kommen Sie gleich auf das Wesentliche und zeigen Ihrem Gegenüber, daß Sie wissen möchten, worum es ihm geht. Damit beweisen Sie Effizienz und gleichzeitig die Nutzenorientierung, auf die es im Arbeitsleben so sehr ankommt.

Dabei ist Ihnen inzwischen sicher schon aufgefallen, daß derjenige, dem Sie eine Problemlösung anbieten möchten, ein «Problembesitzer» sein sollte. Was nützt Ihnen Ihre beste Fähigkeit im Problemlösen, wenn Sie niemanden finden, der über das dazugehörige Problem verfügt. Selbst das genügt auch nicht immer, denn er muß außerdem noch bereit sein, für die Problemlösung Geld auszugeben. Es gibt durchaus Menschen, die Ihnen sagen: «Ja, das Problem, das Sie bei mir lösen könnten, habe ich, aber im Moment kann ich mir die Lösung nicht leisten!»

Manche Stellenanzeige wird Ihnen nach diesen Ausführungen vielleicht in einem anderen Licht erscheinen. Dort werden in der Regel eher Aufgaben und Ziele formuliert, nicht aber die Probleme, die gelöst werden sollen. Falls eine Stellenanzeige Sie interessiert, fragen Sie bei einem ersten telefonischen Kontakt selbstbewußt nach den dort erwarteten Problemlösungen. Wenn Sie darauf eine überzeugende Antwort erhalten, die Ihnen das Arbeitsfeld transparenter macht, ist dies für Ihre Entscheidung sicherlich hilfreich. Skeptisch sollten Sie jedenfalls sein, wenn der Stellenanbieter dazu nichts zu sagen hat. Auch Sie selbst könnten übrigens in Bewerbungsschreiben Ihr Leistungsangebot als Problemlöserin formulieren, das würde sich positiv von den üblichen Bewerbungen abheben.

Sind Sie schon einmal von Freunden oder Bekannten gefragt worden, was Sie beruflich machen, und bei der Antwort ins Stottern geraten? Sie wären nicht die einzige, die hilflos nach Umschreibungen sucht. In diesem Zusammenhang möchte ich von zwei merkwürdigen Erlebnissen berichten. Eines geht auf das Vorstellungsprozedere in einem Seminar zurück, bei dem sich die teilnehmenden Herren ausnahmslos als Gruppenleiter, Abteilungsleiter, Hauptabteilungsleiter usw. vorstellten, so daß der Dozent sich humorig die Nachfrage erlaubte: «Wie viele *Leitern* habt ihr eigentlich in eurem Unternehmen?» Denn das, was die Männer eigentlich taten und wozu sie da waren, wurde durch diese Positionsbeschreibung keineswegs deutlich. Ein anderes Mal erhielt ich von der Filialleiterin eines Handelsunternehmens auf meine Frage, was sie denn in ihrer Aufgabe alles mache, die knappe Antwort: «Der Laden muß laufen!» Ich verkniff mir weiterzufragen, was denn nun eigentlich liefe, die Nase oder der Kaffee? Solche vagen, nichtssagenden Aussagen taugen allenfalls für die Kneipe oder den Strand. Wenn Sie aber in beruflichen Veränderungssituationen Ihre Kompetenz darstellen wollen, dann sollten Sie sich sachgerechter und präziser ausdrücken können. Bei aller Bedeutung von Titeln und Funktionsbeschreibungen – wenn es darauf ankommt, will man genau wissen, welche Problemlösungskompetenz Sie besitzen.

Deshalb rate ich Ihnen, die eigene Problemlösungskompetenz klar zu formulieren. Sie werden merken, wie sie Ihnen im beruflichen Alltag abverlangt wird. Sie verhilft aber auch zu eigener Klarheit, und durch Ihre sprachliche Präsenz können Sie sich in jeder Situation sachgerecht positionieren. Bewährt hat sich diese Form der Kompetenzdarstellung auch bei Gehaltsverhandlungen. Sprechen Sie immer zuerst über die bislang geleisteten Problemlösungen, bevor Sie die entscheidende Frage stellen, wie etwa: «Ich möchte gern, daß wir die Bewertung meiner Leistung neu überdenken!» Vermutlich fragt dann Ihr Chef sofort: «Sie wollen also mehr Geld?» Sie antworten dann natürlich unverzüglich mit «Ja».

ÜBUNG Im folgenden soll Ihnen für Ihre eigene Formulierung wieder unser Sekretärinnenbeispiel als Vorlage dienen:

Problemlösung:
Ich steuere die Informationen zwischen meinem Chef, den Mitarbeitern und Kunden, strukturiere seinen Arbeitsablauf und sorge für ein gutes Image, um damit eine gute Kommunikation zwischen allen Beteiligten zu erreichen.

Aufgaben:
indem ich
- ❑ die Korrespondenz führe,
- ❑ Telefonate entgegennehme,
- ❑ die Ablage zugriffsschnell organisiere,
- ❑ Termine und Reisen plane,
- ❑ Besucher freundlich empfange.

FAZIT An diesem Beispiel sehen Sie, daß zuerst die Problemlösung benannt wird und dann die dazugehörenden Aufgaben, um die gewünschte Wirkung zu erzielen. Sie artikulieren damit zugleich auch die Verantwortlichkeit, die Sie für etwas übernommen haben. Bevor Sie als «fleißiges Mädchen» in die Geschichte Ihrer Firma eingehen, sollten Sie also Ihre Problemlösungskompetenz kennen und artikulieren. Dies verschafft Ihnen langfristig das Image einer sachkompetenten Frau, die nicht nur weiß, wovon sie spricht, sondern auch problembewußt und zielgerichtet agieren kann. Ein Hinweis noch: Sie können diese Form der Selbstdarstellung in jedem Berufsbild vornehmen. Probieren Sie es doch einmal mit dem Hausfrauenberuf, offerieren Sie Ihrem Ehemann Ihre Problemlösungskompetenz, vielleicht erhöhen Sie damit Ihr Haushaltsgeld.

4. Auf dem Jahrmarkt der Eitelkeiten

Kennen Sie Ihre Wirkung auf andere Menschen? Eine nicht unwichtige Frage, der wir im folgenden Kapitel unsere Aufmerksamkeit zuwenden wollen. Sicher ist Ihnen nicht verborgen geblieben, daß nicht nur Sach- und Fachkönnen über Ihr Fortkommen im Beruf entscheiden, sondern das gesamte Auftreten, die persönliche Ausstrahlung, das äußere Erscheinungsbild und die Art, wie Sie sich ganz generell auf dem Jahrmarkt des beruflichen Treibens bewegen. Verbales «Wollen» allein nützt nichts, wenn Sie es nicht durch Ihre gesamte persönliche Wirkung auf andere auch eindeutig signalisieren, denn es ist eine inzwischen unbestrittene Tatsache, daß «der Auftritt es macht» und für die Chancen im Beruf mitentscheidend ist. Sei es bei Bewerbungsgesprächen, bei Präsentationen vor der Geschäftsleitung oder bei wichtigen Kundenveranstaltungen: Wie engagiert, sachkompetent und überzeugend Sie sind, vermitteln Sie schon mit dem ersten Eindruck.

Genau dies bestätigte mir ein Personalleiter. Sein Credo: Schon nach den ersten vier Minuten der Begegnung sei ihm faktisch klar, ob der Bewerber eine Chance habe. Der weitere Verlauf des Gespräches diene nur noch dazu auszumachen, ob sein Eindruck sich verfestige oder doch korrigiert werden müsse. Welche Bedeutung allein die optische Wirkung haben kann, mag folgendes Erlebnis verdeutlichen: In einem Team, das sich mit Bewerbungsunterlagen zu befassen hatte, konnte ich beobachten, daß sich das Interesse zunächst vor allem auf die Fotos der diversen Bewerber konzentrierte, die auch sogleich bereitwillig kommentiert wurden. Gefiel das Foto nicht, las niemand mehr den Lebenslauf oder sonstige Angaben und legte die Bewerbung zunächst einmal beiseite. Diese Vorauswahl fand sicher zu spontan und sehr oberflächlich statt. Sie merken aber, wie entscheidend der erste Eindruck sein kann, selbst wenn es sich zunächst nur um ein Lichtbild handelt. Also sparen Sie nicht am Fotografen!

Natürlich wüßte man als Betroffene gern, was ist das für ein Bild, das sich andere von mir machen, und wie könnte ich darauf Einfluß nehmen? Hier muß man wissen, daß dieser Aspekt der Außenwirkung der Selbstdarstellung zum berühmten «blinden Fleck» im eigenen Bewußtsein gehört. Doch wie erfährt man nun etwas über das sogenannte Fremdbild? Sie können dies am besten in einem konkreten Feedback, vor allem in speziellen Seminargruppen ermitteln, die dieses Thema bearbeiten. Denn eigene Freunde, die Kollegen, ja gerade der Partner sind bei dieser Frage immer befangen. Natürlich gibt es noch die berühmten Gerüchteküchen, deren Informationen zumeist auf Umwegen (über die «Hintertreppe») kommen. Sie sollten zwar nicht ignoriert werden, doch selten liefern diese Urteile brauchbare Aufschlüsse. Zunächst einmal möchte ich Ihnen die Wirkungsfaktoren, auf die es hier ankommt, vorstellen.

Was nehmen andere Menschen vor allem an Ihnen wahr? Das Schaubild zeigt die wichtigsten Faktoren, durch die Sie auf andere wirken.

Wenn Sie einmal den Blickwinkel einnehmen, den Sie haben, wenn Ihnen jemand aus weiter Ferne entgegenkommt,

Faktoren, die unsere Wirkung auf andere bestimmen

dann fällt Ihnen als erstes Körperhaltung und -bewegungen auf. Vielleicht konnten Sie schon bei sich selbst beobachten, wie rasch ein Urteil gefällt wird. Ein lässiger Gang wird schnell zur Schlaffheit, eine stramme Haltung dagegen kann als Militarismus ausgelegt werden, und das genaue Gegenteil davon provoziert schnell die Meinung, daß jemand kein Rückgrat hat. Kommt der Mensch dann näher, nimmt man als nächstes sein «outfit» ins Visier, also: Kleidung, Frisur, Schmuck und dergleichen Details, und stellt in der Regel sofort fest, ob das Erscheinungsbild zur Person und zum Anlaß paßt oder nicht. Sie kennen sicher umgekehrt aus eigener Erfahrung die Wirkung eines Kleidungsstückes auf die persönliche Befindlichkeit. Das «kleine Schwarze» hat durchaus Auswirkungen auf meine Haltung und Gestimmtheit, das spüren auch die Betrachter.

Beim direkten Kontakt dann, Face to Face, schaut man

sich als erstes in die Augen, und die können ja bekanntlich «Bände» sprechen. So kann es sehr unangenehm und verunsichernd wirken, wenn ein Mensch einem nicht in die Augen schauen mag. Würde diese Person etwas sagen, käme zusätzlich die Wirkung seiner Sprache ins Spiel, der Tonfall, die Wortwahl, der Dialekt. Erst ganz zum Schluß nimmt man die Details von Mimik und die Gestik wahr, deren Wirkung ja vielfältig unter anderem von dem Pantomimen Sammy Molcho untersucht und analysiert wurde.

ÜBUNG Betrachten Sie sich einmal selbstkritisch im Spiegel, und prüfen Sie, in welcher optischen Ausstattung Sie die Bühne des Lebens täglich betreten. Fragen Sie sich, ob Sie diese Person beispielsweise für eine komplizierte Rechts- oder Finanzberatung konsultieren oder von ihr ein bestimmtes Produkt kaufen würden? Denn wie Sie sich und Ihre Sache in Ihrem Erscheinungsbild präsentieren, ist sehr entscheidend für die Erfolgschancen. Das heißt, es ist wichtig, den persönlichen Stil mit dem sachlichen Anliegen möglichst stimmig herüberzubringen. Mit einem lässigen, eher sportlich gekleideten Menschen führen Sie vermutlich nicht gern ein ernsthaftes und kompliziertes Finanzgespräch, weil er äußerlich kaum die wünschenswerte, seriöse Kompetenz verkörpert. Jemand, der in einer Konditorei keine hygienisch einwandfreie Kleidung trägt, lädt nicht gerade zum Kauf von Torte ein. Einen perfekt gekleideten Menschen wiederum, der sich etwa im Nadelstreifenanzug präsentiert, kann man sich schlecht in einem Heimwerkermarkt vorstellen. Also: Die Kleidung muß zu mir und der Sache, die ich vertrete, passen!

Zu diesem simplen, jedem bekannten Sachverhalt wäre eigentlich nichts mehr zu sagen, wenn nicht manche Frauen sich damit schwertäten, eine angemessene Übereinstimmung zwischen ihrem persönlichen Stil und der von ihnen zu vertretenden Sache herzustellen. Vornehmlich dann, wenn diese Frage durchaus nicht so einfach zu beantworten ist. So gibt es Berufe und Arbeitssituationen, wo man nicht so recht weiß, wieviel Weiblichkeit das Umfeld verträgt. Natürlich kann und soll man auch nicht verbergen, daß man eine Frau ist und bleiben will. Aber in dem überwiegend von Männern besetzten Technikbereich ist meistens ein Outfit üblich, das nur schwer mit einer weiblichen Note zu versehen ist. Eine junge Ingenieurin berichtete mir einmal, daß sie immer wieder versuchte, zwischen den vielen Männern im Labor ihren Stil zu finden. Da sie sich vom Typ her nicht täglich in Jeans zwängen wollte, sondern gern auch mal Röcke und Kleider trug, war sie ständig mit der Frage der eigenen Stimmigkeit im Auftritt beschäftigt. Hingegen liebte eine andere Klientin das legere «Outfit», weil es sich kaum von der studentischen Kleiderordnung in der Universität unterschied, der sie noch nicht lange entwachsen war. Sie wurde für dieses Thema erst sensibel, als das Unternehmen von ihr verlangte, die Präsentation eines Produktes vor Kunden zu übernehmen. Da, so sagte sie mir, hätte sie zum erstenmal seit vielen Jahren wieder Nylons getragen und sich darin zunächst recht unwohl gefühlt.

Es kann auch ganz anders kommen, wenn nämlich ein Zuviel an Weiblichkeit störend wird. Spürbar wird dies an den Reaktionen der Männer, die dann gern die für sie interessanten körperlichen Vorzüge wahrnehmen und nur schwer zur Sache finden. Jedenfalls schilderte mir eine andere Klientin ihre große Mühe damit, immer wieder ihr Wissen und ihre Klugheit unter Beweis stellen zu müssen. Nach allgemeinen Wertvorstellungen durfte sie als äußerst attraktiv gelten, und sie war zugleich höchst kompetent. Täglich müsse sie gegen das allbekannte Klischee «schön, aber dumm» ankämpfen, und trotz großer Vorteile beim ersten Kontakt mit Männern sei jede weitere Zusammenarbeit von ständig neuer, mühevoller Überzeugungsarbeit geprägt.

Nicht selten kommt es natürlich vor, daß deutlich zur Schau getragene Weiblichkeit zur «Anmache» im Alltag führt – meist durchaus mit Charme und Sportsgeist, ohne daß hier gleich von sexueller Belästigung am Arbeitsplatz die Rede sein kann. Wie reagiert man darauf? Bei solchen Situationen sollten Sie sich zunächst selbstkritisch fragen, ob Sie dieses Verhalten möglicherweise durch Ihren Auftritt selbst provoziert haben. Nach meiner Erfahrung muß dies nicht der Fall sein, denn für viele Männer gehört das ständige ausloten ihrer Chancen anscheinend zum alltäglichen Spiel. Falls Sie reagieren möchten, hier mein Vorschlag: Auf ein meist leicht anzügliches Kompliment zu Ihrem Kleid, Ihrer Frisur, etc. antworten Sie am besten mit einem betont freundlichen Kompliment zu seiner Krawatte, allerdings unbedingt mit dem Zusatz: «Hat Ihre Frau die ausgewählt?» Das lenkt seine Phantasien gleich wieder in das Feld, wo sie hingehören. So kann man freundlich mit der gleichen Waffe eine heikle Klippe umschiffen.

Mein äußeres Erscheinungsbild muß zu mir, zu der Sache, zu meinem Arbeitsgebiet, aber auch zu dem Unternehmen passen, in dem ich arbeiten will. Zum Stil des Hauses gehört immer auch eine gewisse Kleiderordnung, entweder formell oder meist informell. Wenn Sie in ein neues Unternehmen eintreten, sollten Sie sich also sehr aufmerksam um diese Dinge kümmern, ehe Sie womöglich in ein zunächst unsichtbares Fettnäpfchen treten. So ist es immer noch tabu, im Bankgewerbe Jeans zu tragen (die ja heute sogar schon im Theater akzeptiert werden), während sie in der Softwarebranche absolut gang und gäbe sind. Auch in bestimmten Abteilungen und Hierarchieebenen gibt es auf diesem Gebiet sehr unterschiedliche Regeln. So hat eine Sekretärin in der oberen Führungsebene, die ihre Firma auch nach außen hin vertreten muß, auf ihr Erscheinungsbild ungleich mehr Wert zu legen als die Kollegin im Gruppensekretariat. Dies nur als Beispiel für die in der Regel mehr informellen, aber doch sehr verbindlichen Kleiderordnungen. Ausgesprochene Berufskleidung wie z. B. die Uniform bei den Fluggesellschaften kennt da kein Pardon. Hier haben Sie keine Wahl und somit auch keine Qual bei der Suche nach dem individuellen und angemessenen Stil, denn mit einer Berufskleidung gehören Sie schon halb zum Schaufenster der Firma, deren Image Sie darin ausdrücken.

Diese Gratwanderung zwischen dem eigenen und dem Stil eines Unternehmens führt für viele Frauen zu Ratlosigkeit. Insbesondere dann, wenn sie sich bei Unternehmen bewerben wollen, deren Eigenarten und Gewohnheiten ihnen fremd sind. Bei der Frage nach der passenden Kleidung fürs Erstgespräch wurden jedoch meine Empfehlungen manchmal abwehrend kommentiert, etwa: «Ich bin schlecht im Schauspielern!» Oder: «Da müßte ich mich ja verstellen!» Bei solchen Reaktionen fragt man sich, will diese Frau denn überhaupt einen neuen Job? Natürlich ja, nur nicht um jeden Preis, und das ist prinzipiell richtig, denn die Ausstattung mit einem vermeintlich gewünschten Outfit, welches nicht zu mir paßt, würde sofort durchschaut und brächte keinen Erfolg. Deshalb möchte ich Sie auch warnen vor der zu hohen äußerlichen Anpassung an eine Welt, von der Sie selbst noch gar nicht wissen, ob Sie dort wirklich hinwollen. Also verzichten Sie auf jeden «vorauseilenden Gehorsam» bei Bewerbungsgesprächen, vielleicht gefällt dem zukünftigen Arbeitgeber gerade Ihr ausgefallenes, zu Ihnen passendes Erscheinungsbild, also Ihr «stimmiger» Auftritt.

Daß nicht nur Frauen derartige Probleme beschäftigen, sondern auch Männer hier ins Schleudern kommen können, habe ich vor Jahren in einem Orientierungskurs für arbeitslose Lehrer, die sich nolens volens in der freien Wirtschaft bewerben wollten, eindrucksvoll erfahren. Alle Teilnehmer erschienen am ersten Tag in Sweatshirt und Jeans, wie sie es zu Hause und auf dem Campus gewöhnt waren. Meiner Bitte, sich doch in den nächsten Tagen in Anzug, Hemd und Krawatte im Seminar einzufinden, kamen sie nur widerstrebend nach, obwohl sie meinen Hinweis, diese Kleidung dürfte in ihrem zukünftigen Umfeld wahrscheinlich zur alltäglichen Ausstattung gehören, so recht nichts entgegenzusetzen hatten. Während der verbleibenden Zeit saßen sie zumeist etwas steif auf ihren Stühlen. Dennoch stellten sie am Ende des Seminars übereinstimmend fest, dies sei die beste Übung für sie gewesen, denn ihnen wurde bewußt, daß der Streß im Vorstellungsgespräch so stark sein werde, daß sich dieser Druck nicht auch noch durch ein ungewohntes Outfit verstärken müsse. Genau darauf aber hatten sie sich nun mit Erfolg eingestellt.

MERKE Vermeiden Sie jede Anpassung, die für Sie eine Tortur darstellt. Sie würden sie nur für eine begrenzte Zeit aushalten. Jedoch sollten Sie hin und wieder die Grenzen Ihrer Selbstdarstellung sprengen. Es kann sein, daß man so eingeschränkt in seinen Kleidergewohnheiten ist, daß man sich nur noch für bestimmte gesellschaftliche Bereiche empfehlen kann. Wenn Sie dies spüren und verändern wollen, empfehle ich ein Rezept, das zu höherer Flexibilität auf diesem Gebiet beitragen und Ihnen vielleicht sogar Spaß machen könnte. Machen Sie doch einmal mit Ihrer besten Freundin einen Einkaufsbummel quer durch die Boutiquen, und probieren Sie bewußt Kleider an, die Sie noch nie getragen haben und wahrscheinlich auch niemals zu tragen beabsichtigen. Sie müssen sie ja nicht kaufen, sondern sich einfach nur einmal darin betrachten. Die Wirkung dieses Verkleidungsspiels kann enorm sein. Denn Sie entdecken sich dabei mit Sicherheit als völlig neuer Typ und gefallen sich womöglich doch in manchen, für Sie bis dato kaum vorstellbaren Outfits. Das macht flexibel zunächst im Äußeren, dann auch im Inneren, und es könnte gut sein, daß Sie sich zukünftig souveräner in wechselnder Umgebung bewegen.

Die eigene Wirkung wahrnehmen sowie Ihre Möglichkeiten, sie spielerisch zu verändern, können Sie auch auf anderen Feldern erproben. Wenn Sie beispielsweise die Wirkung Ihrer Körperhaltung und -bewegung testen wollen, dann praktizieren Sie einmal in einer belebten Fußgängerzone den geraden und unbeirrbaren Gang, ohne jemandem auszuweichen. Sie werden feststellen, wie oft andere Ihnen ausweichen, und das gibt ein gutes Gefühl. Daß Blicke «töten» können, haben Sie sicher selbst schon erlebt. Auch dazu ein Tip, wie Sie Ihre Wirkung erproben können: Wenn beispielsweise im Café ein Männerblick prüfend zwischen Ihren Beinen und dem Busen hin und her wandert, versuchen Sie es einmal umgekehrt genauso bei ihm. Mir berichteten schon zwei Frauen, daß daraufhin solche Herren blitzartig in den bekannten «Spiegelräumen» verschwanden. Vermutlich weil sie fürchteten, an ihrer Kleidung stimme etwas nicht.

Für Ihre Wirkung gilt ganz generell, daß alles, was Sie bereits in Ihrer gesamten Erscheinung ausdrücken, keiner Erklärung oder Erläuterung bedarf. Wenn Sie also beispielsweise ein sehr präziser und genauer Mensch sind, wird dies auch deutlich an Ihrer korrekten Art, sich zu kleiden, abzulesen sein, und Sie müssen darüber kein weiteres Wort verlieren. Es sei denn, Sie möchten diesen Eindruck noch verbal verstärken.

Die persönliche Ausdrucksstärke aktiv zu nutzen gelingt nicht allen Menschen – darunter sind auch viele Frauen –, wenn sie sich selbst nicht mögen. Sie sind mit ihrem Aussehen nicht zufrieden und drücken dies auch mehr oder weniger in ihrem ganzen Habitus aus.

MERKE Wenn Sie sich für ein häßliches Entlein halten, werden Sie auch anderen gegenüber schlecht wie ein strahlend weißer Schwan auftreten können. Für die Unbefangenheit und die Fähigkeit, Menschen für sich einzunehmen, kann das erhebliche Auswirkungen haben. Denn man neigt dazu, alles das, was man an sich nicht mag, zu verstecken, ja sich am liebsten überhaupt bedeckt zu halten. So erlebte ich einmal eine Seminarteilnehmerin, deren Ohren abstanden. Deshalb trug sie eine merkwürdige Frisur, die ihre Ohren verbarg. Nun war diese Frisur ausgesprochen unvorteilhaft. Doch sie lehnte jegliche Veränderung ab, weil sie fürchtete, man könne sonst ihr körperliches Manko sofort wahrnehmen. Durch wechselnde Frisuren bemühte sie sich ständig, diese vermeintliche Schwachstelle zu verbergen, und erhöhte damit erst recht die Aufmerksamkeit für ihre seltsame Haartracht und ihre Ohren. Durch dieses nur zu menschliche Verhalten war sie zur Gefangenen ihrer eigenen Strategie geworden, statt ihre eigentlichen Vorzüge zu betonen.

FAZIT Eine Grundvoraussetzung für den souveränen Umgang mit den Vorzügen wie auch Nachteilen der eigenen Erscheinung ist die Akzeptanz der eigenen Person. Viele Frauen glauben, wenn man nicht dem gerade gängigen Schönheitsideal entspricht, dann sei einem auf dem «Jahrmarkt der Eitelkeiten» nur ein Schattendasein vergönnt. Denjenigen unter Ihnen, die mit ihrem Aussehen hadern und deshalb schon ihre Chancen schwinden sehen, möchte ich ermutigend ins Bewußtsein rufen, daß es auch weniger gut aussehende Frauen gibt, die gleichwohl eine starke Anziehungskraft besitzen. Denken Sie etwa an die bekannte Humoristin und Komikerin Helga Feddersen, wie humorvoll und menschlich anrührend sie ihr nicht unbedingt ansprechendes Äußeres zur Schau trug. Oder an Menschen, die ihre Häßlichkeit quasi als Markenzeichen geradezu pflegen und aktiv verkaufen. Stellen Sie also Ihren Typ in keinen Schatten, versuchen Sie nicht, sich stromlinienförmig, schnell vergänglichen Schönheitsidealen und vermeintlichen Modetrends anzupassen, denen Sie nicht entsprechen. Denken Sie immer an die Devise: Sie haben nur Erfolg, wenn Sie sich nicht passend machen, sondern sich etwas Passendes suchen!

Dazu noch ein letzter Aspekt: Vergegenwärtigen Sie sich einmal erfolgreiche Frauen. Wir könnten hier für die Geschichte wie auch für die Gegenwart auf Anhieb viele profilierte, keineswegs aber im landläufigen Sinne schöne Frauen aus allen Bereichen des öffentlichen Lebens aufzählen, wie Sophia Loren, Madeleine Allbrigth, Rita Süssmuth, Maria Callas, Meryl Streep, Judy Foster und viele mehr. Alle, so unterschiedlich sie auch waren oder sind, hatten oder haben Erfolg nicht zuletzt deshalb, weil sie es schaffen, ihrem Typ treu zu bleiben, und weil sie nie jemand anderes sein wollten. Dabei gibt es natürlich immer Menschen, denen die eine Person mehr, die andere aber weniger gefällt. Dies werden vielleicht auch Sie erfahren und dann hoffentlich endlich gut mit der Erkenntnis leben können, daß nicht alle Sie mögen müssen.

MERKE Wer allen gefallen will, gefällt womöglich keinem mehr, landet im großen Haufen des «Durchschnitts» und gerät alsbald in Vergessenheit. Ihnen möchte ich aber wünschen und empfehlen, im Gedächtnis anderer Menschen möglichst die Spuren zu hinterlassen, die von der Einzigartigkeit und Unverwechselbarkeit Ihrer Persönlichkeit zeugen.

5. Nicht alle sind gleich unter Gleichen

Bekanntlich gehört zum guten Marketing ein unverkennbares Markenzeichen, das den schnellen Wiedererkennungswert einer Ware, einer Dienstleistung oder eines Unternehmens sichert. Diese Profilierung läßt sich jeder Inhaber eines solchen Markenzeichens viel kosten. Man betreibt einen entsprechenden Aufwand, das «eigene Gesicht» im Markt adäquat zu plazieren, um Unverwechselbarkeit und Einmaligkeit seiner Produkte in der Wahrnehmung anderer zu sichern.

Was können wir für unsere Belange von den professionellen Marketingstrategen lernen? Zunächst einmal, daß die Differenzierung, also das Sich-Unterscheiden von anderen, ein unabdingbares Erfolgskriterium ist. Nur sie bewirkt die Aufmerksamkeit, die wir hin und wieder unbedingt benötigen. Dann aber auch das Entwickeln und Pflegen einer eigenständigen «Marke», das heißt: Meine Persönlichkeit und mein Können sollten in ihrer Besonderheit anderen gegenüber deutlich werden. Wie Fische im gleichen Strom mitzuschwimmen oder im Ameisenhügel emsig mitzukrabbeln zeigt nichts von Ihrer individuellen Eigenart. Nicht zuletzt geht es um ebenso umfangreiche wie sensible Kenntnisse der Bedürfnisse, Wünsche und Erwartungen der Zielgruppe, die ich mit meinem Angebot erreichen will.

ÜBUNG Strapazieren Sie doch einmal für einen Moment Ihr eigenes Gedächtnis, und lassen Sie all Ihre beruflichen Stationen gedanklich an sich vorbeiziehen. Welche Menschen sind Ihnen unvergeßlich geblieben, und wenn es darunter spezielle gab, was hat sie besonders ausgezeichnet? Meistens sind es diejenigen Persönlichkeiten, die nicht nach allen Seiten offen und in allen Dingen perfekt waren, sondern wie auch immer geartete «Ecken und Kanten» hatten.

In Gesprächen mit Personalverantwortlichen habe ich dies oft bemerkt, wenn die ersten Vorüberlegungen für die Neubesetzung einer Position stattfanden. Dann wurden immer diejenigen Bewerber zuerst genannt, die auf irgendeine Weise bestimmte eigenwillige Akzente gesetzt hatten. Jedenfalls war für die Besetzung damit automatisch schon eine Vorauswahl getroffen, und es ergab sich oft, daß weitere mögliche Kandidaten kaum noch in Betracht gezogen wurden. Das heißt konkret: Wenn man nicht von sich reden macht, redet auch keiner über einen, und man ist gewissermaßen ein Niemand.

Nun habe ich Ihnen ja bislang viele Vorschläge für die verbale und die nonverbale Kommunikation unterbreitet, aber nichts ist imageprägender als die eigentlichen Taten. Das Tun, dort wo Sie damit wirklich Spuren hinterlassen, weil die mit Ihrer Hilfe gelungene Produktinnovation ein echter Fortschritt ist, oder wo und wann immer Ihre souveräne Art im Umgang mit Kunden zu Ansehen geführt hat und ähnliches mehr, prädestiniert und empfiehlt Sie letzten Endes für höhere Verantwortlichkeiten. Natürlich ist es gut, wenn Sie möglichst erfolgreiche Taten vorweisen können. Denn negativ aufzufallen ist nicht unbedingt eine Empfehlung. Das kann man sich allenfalls in unangefochtenen Positionen leisten. So manchem erfolgreichen und anerkannten Künstler sieht man menschliche Schwächen nach, nicht einem Nobody. So beobachten wir alle im gesellschaftlichen Leben eine oft unangemessene Toleranz gegenüber den Unzulänglichkeiten gewisser führender Persönlichkeiten in Wirtschaft und Politik. Doch diese Leute können für Sie kein Maßstab sein, da Sie vermutlich auf dieser Stufe noch nicht angelangt sind. Sie sollten sich vielmehr für Ihre Berufsgeschichte erst einmal durch gute Arbeit hervortun und dafür sorgen, daß Ihre Leistungen auch entdeckt und gewürdigt werden. Deshalb vergeudet man seine Energien ja nicht beliebig, sondern konzentriert sie auf Schwerpunkte, die ein persönliches Anliegen sein sollten, zugleich aber auch die Aufmerksamkeit anderer finden.

Etwas zu tun, was nicht alle tun, erfordert Mut und Selbstsicherheit und die unbedingte Entschlossenheit, «etwas bewegen zu wollen». Um für sich herauszufinden, was das sein könnte, möchte ich Ihnen die Beantwortung von zwei Fragen empfehlen.

ÜBUNG Ergänzen Sie die beiden folgenden Sätze:
«Mein Berufsleben ist sinnvoll, wenn ...»
und
«Mein Berufsleben wird (weitgehend) sinnlos, wenn ...»
Lassen Sie sich für die Antwort ruhig etwas länger Zeit, und bewegen Sie diese Fragen in Ihrem Herzen. Aus dem Ergebnis läßt sich Ihr zukünftiges Aktionsfeld vielleicht genauer bestimmen. Das eigene Tun, zumal wenn Sie dabei neue Wege beschreiten, erfordert natürlich auch ein Stück weit Risikobereitschaft, bei der Sie trotz besten Willens und Wissens auch mal einen Flop landen können. Wer möchte, kann vielleicht hier bei den Männern abschauen, wie die es manchmal auf wunderbare Weise schaffen, selbst negative Ergebnisse noch als Erfolg zu verkaufen. Diesen Sprung ins kalte Wasser müssen sie jedenfalls wagen, denn ohne einen Versuch auch keine Aussicht auf Erfolg.

Haben Sie also Mut, anders zu sein als andere! Das mag Sie vielleicht verwundern in einer Zeit, in der Teamorientierung groß geschrieben und durch die ständigen Veränderungen im Wirtschaftsleben und in den Unternehmen permanente Anpassung von allen gefordert wird. Querdenker mit originären Ideen bleiben dennoch gefragt, auch im Rahmen einer Gruppe. Die beste Bestätigung für meine Ermutigung, sich nicht nur auf ausgetretenen Pfaden zu bewegen, liefert uns gegenwärtig die Werbung, die ja immer die Finger am Puls der

Zeit hat und in der Regel weiß, was uns an neuen Trends ins Haus steht. Dort sind momentan eher Typen, die «Charakter» signalisieren, gesucht. Für das Topmodell, das sich durch die Klischees blond, langbeinig, ebenmäßig auszeichnet, scheint bis auf weiteres der Zenit des Ruhms überschritten zu sein. Natürlich hat dies, wie immer, einen Hintergrund, der in diesem Fall zweifellos durch die Erweiterung der Märkte mitbedingt ist. Die Nachfragevielfalt unterschiedlicher Zielgruppen mit entsprechend unterschiedlichen Bedürfnissen hat sich immens verbreitert. Die Zeiten, in denen gewiefte Marketingspezialisten ihren voraussehbaren Erfolg schon zu Jahresbeginn in Zahlen ausdrücken konnten, weil sie ihre Abnehmergruppe genau kannten und ihr Kaufverhalten entsprechend einschätzen konnten, sind passé. Mit der neuen Vielschichtigkeit der Kunden/-innen sind zugleich auch die Anforderungen an die Mitarbeiter eines Unternehmens gestiegen. Sie sollten diese Verschiedenartigkeit repräsentieren, damit im eigenen Haus überhaupt das gedacht, entwickelt und produziert werden kann, was die Vielfalt der Menschen auf den sich entwickelnden Märkten voraussichtlich fordert.

«Diversity» heißt deshalb das Schlagwort in einigen Unternehmen, vornehmlich in der gesamten Informationstechnologie, weil sie bei dem schnellen Wandel ihrer Produkte und der hohen Nachfrage, den vielfältigen Kulturen, Nationalitäten, Rassen und Mentalitäten gerecht werden muß und will. Wenn aber, wie mir ein Manager selbstkritisch gestand, in einem Unternehmen z. B. die Mehrheit der Mitarbeiter aus Ingenieuren deutscher Herkunft und zugleich ausschließlich aus Männern besteht, wie soll eine so «geschlossene Gesellschaft» die nötige Phantasie für zukunftsträchtige Innovationen entwickeln und die notwendigen Kenntnisse über andere Gewohnheiten und Sitten erhalten, wenn sie sich immer nur mit ihresgleichen umgibt? Jedenfalls dürfte es ohne vielfältige neue Ideen und Impulse zunehmend schwieriger werden, noch nicht erfaßte Zielgruppen zu gewinnen.

Konkret stellen ja für einige Branchen gerade Frauen noch eine weitgehend unentdeckte Zielgruppe dar, so daß hier noch große Potentiale für Markteroberer ruhen. Es zeichnet sich ab, daß Frauen, die in solchen Branchen bislang erst langsam Fuß fassen, zu echten Mitgestalterinnen bei der Produktentwicklung werden könnten, wenn sie dies denn wollten. Wer von uns hat sich nicht schon über seitenlangen, abstrakten Bedienungsanleitungen so mancher HiFi-Anlage die Haare gerauft und sich gefragt, in welchem Kopf so kompliziert gedacht wird! Wie sehr die Menschheit nach einfachen, schnell zu begreifenden Orientierungshilfen und mühelos zu handhabenden Produkten verlangt, zeigt unter anderem der Markterfolg des Computers «iMac», mit dem die Firma Apple sich gerade wieder im Markt zurückgemeldet hat. Er verspricht – und scheint dies auch zu halten –, daß man ihn ohne besondere Fremdhilfe selbst in Gang setzen und bedienen kann. Im Zuge der Kundenorientierung wäre allein die dringend nötige Vereinfachung komplizierter Geräte ein noch weitgehend unbeackertes Feld. Vielleicht müssen Frauen hier die notwendigen Innovationen vorantreiben!

MERKE Das Entwickeln des eigenen Profils gelingt nur, wenn Sie bewußt unverwechselbare Zeichen setzen. Eine «eigene Marke», die persönliche Note, wird geprägt durch die Werte, die Sie im Beruf leben wollen und in Wort und Tat verdeutlichen sollten. Wie das im einzelnen funktioniert, wurde bereits unter den verschiedenen Gesichtspunkten ausführlich beschrieben. Soviel sei hier aber noch gesagt: Das eigene Profil, also Ihr persönliches und fachliches Image, entwickelt sich nur über einen längeren Zeitraum, das heißt, es will auch gepflegt sein. Deshalb haben ja gerade die Frauen große Schwierigkeiten mit der Entwicklung ihres eigenen «Markenzeichens», die durch Familienpause und Teilzeitbeschäftigung nicht kontinuierlich daran arbeiten können.

Eine Frau, die sich einen längeren Erziehungsurlaub gönnt, erweckt möglicherweise den Eindruck, daß ihr das Berufsleben wenig bedeutet, und steht beim Wiedereinstieg vor der schwierigen Aufgabe, die Menschheit vom Gegenteil zu überzeugen. Von so manchen Frauen weiß ich, daß sie wegen der Skepsis und abwartenden Haltung, die ihnen bei ihrem Wiedereinstieg in den Beruf entgegenschlagen, frustriert sind. Zu wenige haben daran gedacht, welches Image sie bei einem Chef, in einer Abteilung oder womöglich in der gesamten Firma hinterlassen haben. So beginnt für manche Frauen der Wiedereinstieg unter keinem guten Stern, denn sie müssen ständig beweisen, wie ernst sie es mit ihrem beruflichen Engagement wirklich meinen.

Aber auch Frauen, die ihre Berufstätigkeit nicht unterbrechen, könnten hinsichtlich der Entwicklung eines eigenen «Gütesiegels» noch einiges lernen, damit sie nicht als graue Maus in die Geschichte ihrer Firma eingehen. Als häufiger Fehler, den ich bei der Imagebildung vieler Frauen beobachten konnte, erweist sich eine falsch verstandene Vielseitigkeit, also der häufige Wechsel von Standpunkten. Ein Phänomen, was allerdings genauso bei Männern zu beobachten ist. Wer jeden Standpunkt vertritt oder gutheißt, hat selbst keinen. Als Folgewirkung ergibt sich, daß Sie für andere Menschen auch nicht einzuordnen sind. Niemand weiß, wofür Sie stehen. Natürlich kommt man manchmal in die Bredouille, wenn man Standpunkte eines Chefs zu vertreten hat, die man selbst nicht teilt. Vielen Frauen ist eine derartige Zwickmühle durchaus bekannt. So berichtete mir eine junge Assistentin, daß man sie einmal ziemlich aus der Fassung gebracht hat, als ein Kollege auf ihre, von ihrem Chef einfach unkritisch übernommene Darstellung eines Sachverhalts mit der Frage reagierte: «Was ist denn nun Ihre persönliche Meinung dazu?» Mancher Mitarbeiter gilt so irgendwann nur noch als Sprachrohr des Chefs oder der Geschäftsleitung und ist damit der unrühmliche «Handlanger vom Dienst».

MERKE Falls Sie sich in einer vergleichbaren Situation befinden, ist vielleicht ein Ratschlag angebracht. Sie sollten sich niemals mit Ihrer persönlichen Meinung verstecken, selbst wenn Sie diese nicht täglich wie ein Transparent vor sich hertragen. Einen eigenen Standpunkt zu haben, auch auf die Gefahr hin, daß ihm nicht Rechnung getragen wird, ist allemal besser als keiner. Es gibt natürlich Situationen, wo Sie Ihre Meinung nicht ständig laut verkünden können oder dürfen, ohne sich damit unnötig Probleme zu schaffen. Doch die hohe Kunst der Diplomatie besteht ja gerade darin, daß man sehr wohl weiß, wann und wo man seine Meinung anbringt. Dies ist aber nur möglich, wenn man eine hat.

Eine zweite Gefahr bei der eigenen Imagebildung kann in zu hoher Anpassung bestehen. Es jedem recht machen zu wollen führt dazu, es letztlich niemandem mehr recht machen zu können. Sie avancieren dabei nur zu einer Mitläuferin, der eventuell noch «Liebedienerei» unterstellt wird und die am Ende nur negativ im Gedächtnis anderer haften bleibt.

MERKE Deshalb möchte ich noch einmal betonen: Entdecken auch Sie Ihre Kernkompetenz, und stellen Sie Ihre ureigensten Stärken heraus. Dies muß nicht immer im Alleingang geschehen. Wenn Sie in einem Team mitwirken, dann bringen Sie diese Gedanken dort ein, was im Endeffekt entscheidend zum positiven Image der gesamten Gruppe beitragen kann.

Von einiger Bedeutung ist auch die permanente Überprüfung der eigenen Wirkung auf andere. Dabei kommt es darauf an, daß Sie sich nicht nur über Ihre Wirkung auf andere Menschen Klarheit verschaffen sollten, sondern auch über sich daraus ergebende Auswirkungen. Es ist nämlich ein feiner Unterschied zwischen der Frage, wie Sie auf Ihr Umfeld wirken und was Sie damit bewirken. Das heißt, inwieweit kann ich durch meine Art und Weise, Dinge zu tun, auf das Bild, das andere Menschen sich von mir machen, Einfluß nehmen? Viele Frauen betreiben hier zu wenig aktive Imagepflege.

Zu diesem Gesichtspunkt möchte ich hier den Weisheitsschatz meiner Großmutter zitieren, die aus ihrer Erfahrung mit einer dörflichen Gemeinschaft die Macht der Gerüchte gut beurteilen konnte. Sie lebte und agierte mit dem Motto: «An den Gerüchten über mich wirke ich selbst am aktivsten mit!» Im heutigen Marketingdeutsch würde man dies als gezielte Informationspolitik bezeichnen. Bezogen auf Ihren beruflichen Alltag, heißt das: Sie sollten immer die erste und schnellste Informantin in eigener Sache sein, bevor andere sich ihren Mutmaßungen über Sie hingeben und diese in der Firma streuen. Und hier die Einlösung der Devise meiner Großmutter: «Mäuler müssen gestopft werden, Leute wollen etwas zu reden haben. Sonst denken sie sich etwas aus, und was die sich denken, kannst du dir überhaupt nicht denken!» An diesem Rezept stimmt noch heute, daß überall dort, wo Sie sich in Ihrer Eigenart transparent machen, andere ins Rätseln geraten und sich ohne Ihre Mitwirkung Erklärungen für Ihr Verhalten suchen. Schon Bertolt Brecht hat sehr feinsinnig in seinen Schriften zu Politik und Gesellschaft «Über das Anfertigen von Bildnissen» sinngemäß geschrieben: Jeder Mensch fertigt von den Menschen, denen er begegnet, ein Bildnis an. Dies setzt sich aus den wirklichen Gegebenheiten, aber auch aus vermuteten Verhaltensweisen zusammen. Das kann zu falschen Bildern führen und infolgedessen auch zu einem falschen Verhalten.

Für Sie heißt das, daß Sie an Ihrem Bild bei anderen aktiv mitgestalten sollten. Aber in gleicher Weise auch bei sich selbst die Bildnisse immer wieder aktualisieren, die Sie sich von anderen machen. Denn so, wie die Menschen nicht fertig sind, weil sie sich ständig weiterentwickeln, sollte man auch die Bildnisse von ihnen nie als vollendet betrachten.

Ein letzter, aber ebenfalls wichtiger Aspekt für Ihr eigenes Marketing gilt den Kenntnissen über die Zielgruppe, für die Sie arbeiten. Sie zu beschaffen gehört zum selbstverständlichen Alltagsgeschäft im Beruf und muß hier nicht in Einzelheiten erläutert werden. Die Kunst besteht darin, das menschliche Umfeld am Arbeitsplatz in seinen Besonderheiten zu erfassen, sozusagen permanent ein offenes Ohr für die «Stimme des Volkes» zu haben. Bei der adäquaten Wahrnehmung können jedoch Schwierigkeiten auftauchen, die auf ihren eigenen Wertvorstellungen beruhen. Man neigt dann dazu, die eigenen Werte vorschnell auch bei anderen Menschen vorauszusetzen. Folglich fragt man nicht genauer nach, was den anderen wirklich wichtig ist oder sein könnte.

MERKE Versuchen Sie deshalb, offen und vorurteilsfrei auf die Menschen an Ihrem Arbeitsplatz zuzugehen, denn wenn Sie jemanden in eine negative Schublade gesteckt haben, schränkt dies Ihre Unbefangenheit ihm gegenüber erheblich ein, so daß Sie kaum noch sachgerecht mit ihm verhandeln können. Es gehört zur aufwendigsten emotionalen Leistung, auch solchen Menschen immer wieder offen gegenüberzutreten, die Sie enttäuscht haben und denen Sie deshalb vermutlich lieber aus dem Wege gingen. Da man sich aber die Menschen, mit denen man es im Berufsleben zu tun hat, nicht aussuchen kann, gehört dies zur ständigen Herausforderung, um den beruflichen Alltag souverän zu bestehen.

FAZIT So, wie ich Sie nun ermuntert habe, Ihre individuelle Note als Marketinginstrument zu betrachten und zu nutzen, so sollten Sie in gleicher Weise auch die Unterschiedlichkeit anderer Menschen respektieren und unvoreingenommen damit umgehen. Schon in meinen Erläuterungen zu den Werten habe ich klargemacht, wie unterschiedlich die Wertegewichtungen sind und damit auch die individuellen Stärkenprofile eines jeden einzelnen ausfallen können. Versuchen Sie nicht, andere Menschen zu verändern. Nicht nur, weil es selten klappt, sondern weil im Erfolgsfall auch das persönliche Markenzeichen dieser Person dahin wäre. Die hohe Kunst des Marketings besteht ja darin, mit seinem persönlichen Angebotsprofil die zu einem passende Abnehmergruppe zu finden und gleichzeitig immer wieder etwaige Veränderungen in seiner Zielgruppe sensibel wahrzunehmen, um sein Angebot flexibel darauf auszurichten.

VI Erfolg muß erfolgen

Erfolg ist ein schillernder Begriff, weil er so viel Unterschiedliches bedeuten kann. Einige finden sich erfolgreich, wenn sie ein Haus besitzen, für andere besteht Erfolg im Konsumieren von Luxusgütern, wiederum andere sehen ihn darin, eine große Familie zu haben, die gesamte Welt bereisen zu können oder sich einer guten Gesundheit zu erfreuen. Was innerhalb der Gesellschaft jeweils als Erfolg angesehen wird, bestimmt der Mensch nicht allein, sondern wird durch die Gesellschaft definiert. Ob es sich dabei um bestimmte Konsumstandards, Positionen oder Einflußchancen handelt, hängt davon ab, was die jeweilige Kultur zu ihren Erfolgsmaßstäben und damit zu den erstrebenswerten Gütern deklariert. Wir leben heute in einer Gesellschaft, die Erfolg hoch bewertet; deshalb fühlen sich viele Menschen zum Erfolg gedrängt und tun alles, um möglichst viel davon zu bekommen.

Je mehr jedoch die Jagd nach dem Erfolg zunimmt, um so schwieriger wird er zu erreichen sein. Denn mit dem Erfolg verhält es sich wie mit dem Glück, beides kann man nicht erzwingen. Selbst wenn Sie viele Gesichtspunkte beachten und alle Anregungen in die Tat umsetzen, die ich Ihnen bisher gegeben habe, ist Ihr Erfolg noch nicht garantiert. Erfolg muß er-folgen, habe ich von dem Psychologen und Begründer der Logotherapie Viktor Frankl gelernt. Erfolg ist etwas, das man sich nicht einfach vornehmen und auch nicht direkt anvisieren kann. Ihre exzellente Kompetenz, Ihr hohes Engagement und alles Geschick, das Sie einsetzen können, garantiert noch nicht, daß Sie Ihr Ziel auch wirklich erreichen. Es gibt im Leben Erfolge, ohne daß die dazugehörige Leistung erbracht wurde, und wiederum hohe Leistungen, denen trotzdem kein Erfolg beschieden ist. Dies wird im sportlichen Wettkampf am deutlichsten, wenn auf der Zielgeraden Bruchteile von Sekunden über Erfolg oder Mißerfolg entscheiden.

Andererseits stimmt es aber auch, daß von nichts nichts kommt. Damit Erfolg ermöglicht wird, muß dem etwas vorausgegangen sein, denn Erfolg ist stets die Folge, das Ergebnis von etwas! Dieses «Etwas», was es zu erbringen gilt, hängt in hohem Maße von den mir persönlich wichtigen Werten ab und meiner daraus resultierenden Energie, denn ich kann mich nur konsequent für etwas stark machen, in dem ich einen Sinn erkenne. Was also für mich ein Erfolg ist, muß nicht den allgemeinen Vorstellungen entsprechen. Mein Erfolg wird von mir selbst definiert, und er kann in aller Stille eintreten. Wie überhaupt der Erfolg die Eigenart haben kann, sich unverhofft einzustellen, dann, wenn man überhaupt nicht mit ihm rechnet. Genauso kann er ausbleiben, obwohl man nach eigenem Ermessen alles dafür getan hat. Das einzige, was man versuchen kann, ist, die Bedingungen der Möglichkeit von Erfolg zu begünstigen.

Die gesellschaftliche Bewertung von Erfolg unterscheidet sich je nach Geschlecht. So gilt immer noch: Der erfolgreiche Mann war tüchtig, während eine erfolgreiche Frau Glück gehabt hat. Frauen – so erscheint es – beherrschen also nicht die Spielregeln, um ihren Erfolg im beruflichen Leben bewußt zu steuern. Überhaupt wird der Erfolg von Frauen gern mit äußerlichen Attributen – Schönheit, Attraktivität, Charme – und deren Wirkung auf andere verbunden; nicht aber mit aktiver Einflußnahme auf ein Geschehen. Generell wird bei Frauen weniger die Leistung beachtet, die einer beruflichen Karriere zugrunde liegt, sondern man vermutet gern gute Beziehungen. Dabei weiß jede erfolgreiche Frau sehr genau, wieviel Einsatz für den beruflichen Aufstieg notwendig war. Lassen Sie sich nicht von Klischeevorstellungen oder Vorurteilen beeinflussen. Verfolgen Sie Ihre eigenen Ziele, selbst wenn der Weg dorthin manchmal dornig ist. Wenn Sie professionell vorgehen, werden Sie sehen, was Sie tun können, damit der Erfolg auch erfolgt.

1. Der strategische Blick

Nur wer ein Ziel hat, weiß, wohin er gehen will, und kann die dafür geeigneten Wege finden. Selbst wenn das «Wohin» zunächst noch allgemein und vage ist, braucht jeder, der etwas erreichen will, einen Plan. Wer ziellos herumsucht, findet vielleicht auch einmal ein Korn, aber das ist eine sehr unsichere Methode. Deshalb sollten Sie als erstes Ihre Ziele formulieren. Jedes gesetzte Ziel muß Ihr ganz persönliches und für Sie lohnenswertes sein, sonst fehlt Ihnen die dafür notwendige Energie. Zu unterscheiden ist als erstes zwischen Strategie und Taktik. Der Strategie entspricht ein auf lange Sicht wohlüberlegtes und geplantes Vorgehen zur Erreichung des Ziels. Taktisches Handeln ist auf die jeweilige Situation ausgerichtet und kann auch Umwege beinhalten oder einem Zickzackkurs zum Verwechseln ähnlich sehen. Peilen Sie deshalb immer erst einmal Ihr strategisches Ziel an, bevor Sie die einzelnen Schritte für Ihr kurzfristiges Handeln festlegen. Auch Ziele sollten jederzeit veränderbar sein, wenn Sie feststellen, daß sie vielleicht zu hoch gesteckt sind oder sich das Umfeld derart verändert, daß sie unerreichbar geworden sind.

Immer wieder höre ich das Vorurteil, Frauen könnten nicht strategisch denken, ihnen fehle die notwendige Distanz und kühle Betrachtungsweise, wenn es darum geht, eigene Chancen wahrzunehmen. Sie gingen viel zu emotional an das alltägliche Geschäftsleben heran, nähmen alles zu persönlich und würden in ihrem Handeln unentschieden hin- und herpendeln zwischen eilfertigem Vorangehen oder vorschnellem Rückzug. Die wenigen Frauen aber, die ihre strategische Kompetenz für sich und wenige andere nutzbringend einsetzen können, seien schlimmer als jeder Mann, wenig geliebt, und sie gelten deshalb leicht als Mannweiber. Mit solchen Bildern geht häufig die Erklärung einher, daß bestimmte berufliche Ziele von Frauen nicht erreichbar sind, es sei denn, sie riskieren den Verlust eines positiven Images.

Meiner Ansicht nach können Frauen sehr wohl strategisch denken; die Frage ist nur, ob sie diese Fähigkeit auch an der richtigen Stelle nutzen. Sobald ich in meinen Seminaren einige Frauen bitte zu berichten, wie sie taktisch vorgingen, um ihren ersten Freund zu erobern, sind die meisten erstaunt über ihr wohlüberlegtes, zielorientiertes Vorgehen. Jede Frau weiß noch, daß sie auf keinen Fall das Ziel direkt ansteuern durfte, sondern erst einmal versucht hat, sich durch indirekte Präsenz ins Blickfeld und daraufhin ins Gespräch mit dem Auserwählten zu bringen. Da wird erzählt, wie man Kontakt zur Schwester aufgenommen hat, eine Sportart erlernte, die man gar nicht mochte, rein zufällig an seiner Schule vorbeikam, obwohl die mit einem wahnsinnigen Umweg verbunden war, sich als Nichtraucherin Feuer für eine Zigarette geben ließ und ähnliches mehr. All dies praktizierte man mit dem unausgesprochenen Ziel, demjenigen Menschen, den man auf sich aufmerksam machen wollte, endlich die Möglichkeit zu geben, seinerseits aktiv zu werden.

Es gibt wohl keine Frau, die hier nicht einschlägige taktische Erfahrungen hat, wie sie strategisch klar definierte Ziele erreichen kann. Es lohnt, sich die Frage zu stellen, warum Frauen diese Fähigkeiten im Beruf nicht konsequent einsetzen. Wobei wir wieder bei meiner Ausgangsthese wären, daß es an Klarheit über das eigene Wollen und damit auch über angestrebte Ziele fehlt, nicht aber an den nötigen strategischen und taktischen Fähigkeiten.

MERKE Im Privatleben können Sie viel für den Beruf lernen. Wenn ich Menschen überzeugen und für mich gewinnen will – was für jeden Erfolg im beruflichen Umfeld unabdingbar ist –, scheint der direkte Weg nicht der beste zu sein. Je unmittelbarer ich also ein Ziel ansteuere, um so mehr irritiert oder erschreckt das andere, und sie reagieren abweisend. Wie schon Goethe im Tasso bemerkte: «Man merkt die Absicht, und man wird verstimmt!» Wer also sein Wollen zu plump deutlich macht, kann andere in einen Zugzwang bringen und damit genau das Gegenteil seiner Wünsche erreichen. Sinnvoller ist meist der kleine, aber entscheidende Umweg über die Wirkung. Sich mit seiner Sachkompetenz und seinem persönlichen Anliegen dort bewegen und auf sich aufmerksam machen, wo man gern mitgestalten möchte, wird bewirken, daß man von sich aus auf Sie zukommt und Sie um Ihre Mitarbeit bittet. Es ist einfacher und ehrenvoller, berufen zu werden, als sich selber zu berufen.

Vielleicht denken Sie jetzt, daß ich der alten Bescheidenheit das Wort rede. Das wäre ein Mißverständnis. Denn es geht mir darum, Ihnen ein kluges Agieren zu empfehlen, damit Sie unbeschadet am persönlichen Image dort ankommen, wohin Sie wollen. Es mag hier und da gelingen, sich in die erste Reihe zu boxen. Meistens zahlt sich das jedoch nicht aus, da diejenigen, die mit Ihnen zusammenarbeiten, Ihnen das Leben schwermachen können. Mit etwas Phantasie und Ideenreichtum sollten Sie eher versuchen, die Interessen und Neigungen der Menschen herauszufinden, die sich mit Ihren treffen, um dort Anknüpfungspunkte zu finden.

Damit will ich nicht nur den Golfplatz als geeigneten Treffpunkt empfehlen, der ja nicht nur für unverbindliches Sporterleben steht, sondern oft mit recht verbindlichen Karriereambitionen verbunden ist.

Ohne Wollen läuft also nichts, aber zu viel kann den Blick verengen, ja sogar blind machen – mit der Gefahr, das Ziel zu verfehlen. Sehr ehrgeizige Frauen sollten hier besonders aufmerken und ihre Entwicklung kritisch überprüfen. Oft wird ein naheliegendes Ziel mit übermäßigem Einsatz direkt angesteuert, und man übersieht dabei die gefährlichen Wegstrecken. Oft will man auch zu schnell zu viel und verrennt sich dabei. In meiner Beratungsarbeit erlebe ich diese Situation häufig bei Frauen, die sich zeitlich sehr unter Druck setzen, weil sie in allen Bereichen ihres Lebens perfekt sein wollen.

Man muß sehenden Auges etwas wollen. Wer sein Ziel nicht rundum wachsam anstrebt, könnte sich im Weg verschätzen oder seine eigenen Kräfte falsch kalkulieren. Unterwegs zum Ziel sollte man flexibel bleiben und jederzeit in der Lage sein, die Pferde zu wechseln, wenn es notwendig ist. Dazu gehört, auf dem gewählten Weg nicht nur stur voranzuschreiten, sondern möglichst alle Sensoren einzuschalten, um wie auf einem Radarschirm die umgebenden Strömungen, Tendenzen, Richtungen und Gefährdungen rechtzeitig wahrzunehmen. Eine Kundin hat vor Jahren diesen Aspekt einmal aufs sträflichste mißachtet, indem sie ihre eigenen Entwicklungspläne zu sehr mit den ehrgeizigen Zielen ihres Chefs verband. In langjähriger guter Zusammenarbeit hatte sie ihn stets loyal unterstützt, ihr fachlicher Rat wurde von ihm sehr geschätzt und bei vielen geschäftlichen Entscheidungen eingeholt. Insgeheim war sie sich sicher, daß dies alles sich für sie einmal auszahlen würde und er sie bei beruflichen Aufstiegen partizipieren ließe. Genau dies trat aber nicht ein, sondern er setzte seine Karriere ohne sie fort.

Sie galt als ein Anhängsel von ihm und blieb ziemlich isoliert im Unternehmen zurück. Deshalb sollten Sie niemals nur auf ein Pferd setzen, wenn Sie Ihre berufliche Zukunft nicht gefährden wollen.

MERKE Seinen Blick strategisch ausrichten heißt auch, sich nicht zu verzetteln, sondern seine Kräfte zu konzentrieren. Diesbezüglich haben manchmal diejenigen Frauen Schwierigkeiten, die sehr vielseitig interessiert sind und sich für ihre eigene berufliche Entwicklung viele verschiedene Möglichkeiten vorstellen können. Bei ihnen kommt leicht die Befürchtung auf, sie könnten zu schnell auf etwas festgelegt werden und seien damit für alle Zeiten zu einer bestimmten Richtung verdammt. Diese Neigung, sich möglichst lange viele Optionen offenzuhalten, ist sehr verbreitet und führt nicht zur Ausprägung eines deutlichen Profils. Folgenschwerer an dieser Haltung erweisen sich aber die geringe Wirkung des persönlichen Einsatzes und der zunehmende Verlust an Wertschätzung durch andere. Besser wäre es, in einem Arbeitsfeld erstklassig zu werden, als in vielen mittelmäßig. Deshalb sollten Sie Ihre Kräfte gezielt einsetzen. Es macht Freude und man wird zufriedener. Die Wirkung auf andere verstärkt sich, und Sie können sich irgendwann vor Aufträgen oder gesteigerter Nachfrage Ihrer besonderen Leistung nicht mehr retten. Jeder kennt das Negativbeispiel, daß man einer lustlosen Verkäuferin nur ungern etwas abkauft und irgendwann den Laden gar nicht mehr betritt. Umgekehrt kann jemand, der anderen Menschen nützlich sein will, sein Angebot genau kennt und es mit Freude erklärt, eine ausgesprochene Sogkraft auf andere erzeugen, die ihm den sicheren Erfolg garantiert.

Oft kann auch der Weg das Ziel sein. Nicht immer weiß man ja so genau, wohin die Reise führt. Deshalb sollten Sie sich ein Feld suchen, auf dem Sie Ihre Neigungen optimal entfalten und Ihre Stärken einbringen können. Es kann aus der Beschäftigung mit der Sache auch das Ziel erst erwachsen, wenn Sie dabei berücksichtigen, daß Sie Probleme für andere und zu deren Nutzen lösen wollen. Diese Gefahr entsteht leicht, denn das Interesse für eine Sache kann so wichtig werden, daß man gar nicht mehr bedenkt, wofür sie nützlich ist. Von einem Mitarbeiter eines sehr erfolgreichen und etablierten Unternehmens hörte ich einmal die Bemerkung: «Wir würden vermutlich lange Zeit gar nicht merken, daß wir keine Kunden mehr haben, so gut können wir uns hier mit uns selbst beschäftigen.» Ob Sie auf dem richtigen Weg sind, können Sie mit zwei Fragen leicht überprüfen. Worauf konzentriere ich mich, und wofür spezialisiere ich mich? Finden Sie auf beides eine Antwort, dann haben Sie die erfolgversprechende Fährte.

MERKE Strategisch sinnvoll ist es, unbesetzte Felder aufzusuchen. Dazu gehört ein unternehmerischer Blick: Sie müssen potentielle, noch wenig erforschte Geschäftsfelder finden und den Wagemut haben, sie im Alleingang zu erschließen. Ich möchte Sie ermutigen, sich Felder zu suchen, die andere wenig interessieren und die Sie daher leicht besetzen könnten. Also nicht dorthin schauen, wo gerade alle hinwollen, sondern bewußt etwas Unbeachtetes in den Blick nehmen. Eine meiner Kundinnen hat dies vor Jahren erfolgreich praktiziert. Als erfahrene Bankfachfrau befaßte sie sich mit «electronic banking». Sie wirkte zunächst in einer Abteilung mit, die damals von den Herren im Haus noch müde belächelt und als «moderner Kram, aber leider notwendig» abgetan wurde. Da sie und ihre Abteilung mit ihrer Aufgabe nicht im Scheinwerferlicht und schon gar nicht im besonderen Ansehen des Vorstandes stand, ließ man sie still vor sich hin arbeiten. Das hatte zur Folge, daß sich nur solche Mitarbeiter beteiligten, die nicht wegen des besonderen Ansehens, sondern aus Interesse an dieser Aufgabe mitarbeiten wollten, was sich als entscheidend für die Qualität der Arbeit erwies. Im Zuge der Entwicklung ist das «electronic banking» ja zu einem Schlüsselbereich für die Banken gediehen. Heute ist meine Kundin Abteilungsleiterin in diesem Metier und eine hochangesehene Frau. Mit der Karriere dieses Themas konnte zugleich auch ihre Karriere wachsen. Es kommt also darauf an, neben seinen eigenen Neigungen auch einem gewissen Spürsinn für zukünftige Entwicklungen zu folgen, und die liegen eher im Schatten als im Licht.

MERKE Zu einer erfolgversprechenden Taktik gehört es, sich für sein Anliegen geeignete Bündnispartner zu suchen. Frauen neigen bei der Auswahl häufig zur falschen Reihenfolge, indem sie zuerst prüfen, ob ihnen ein möglicher Partner als Mensch gefällt. Erst wenn das positiv ausfällt, schauen sie auf die Qualifikation. Dabei sollte sich der Blick umgekehrt ausrichten: Zuerst sollte man wissen, was wichtig ist und wofür man sich stark machen will, und dann die Menschen suchen, die das gleiche Thema bewegt. Denn wenn Sie mit den Bündnispartnern jeweils auch Ihre Themen wechseln müssen, fällt Ihre Erfahrungskompetenz, und Ihr Profil leidet.

Sie benötigen Menschen, die Sie unterstützen und Ihre Ideen mittragen. Nicht auf jeden kann und sollte man setzen. Wenn Sie Ihre Ideen und Pläne verwirklichen wollen, sollten Sie neben Ihren Bündnispartnern vor allem auf die Suche nach Schlüsselpersonen gehen. Das sind Personen, die von ihrer Rolle und Position her Macht und Einfluß haben. Denn was nützt Ihnen die beste Überzeugungsarbeit, wenn Sie keine Menschen gewinnen, die über die Möglichkeit verfügen, etwas in Angriff zu nehmen? Natürlich erhält man nicht gleich einen Termin beim Vorstand, Sie sollten sich bei denjenigen Personen Gehör verschaffen, deren Einflußnahme auf die Entscheidungen eines Vorstandes oder Abteilungsleiters gegeben ist. So etwas können Sie nicht aus dem Organigramm ablesen, da neben der funktionalen Hierarchie das persönliche Beziehungsgeflecht eine entscheidende Rolle spielt. Bedenken Sie immer, daß in jedem Unternehmen zwischen den Mitarbeitern Sympathie und Antipathie herrschen. Ein guter Bündnispartner unter den Sympathisanten der Geschäftsleitung macht sich immer bezahlt.

MERKE Für Sie muß das auch heißen, daß Sie sich mit dem Spiel um Macht und Interessen etwas näher befassen. Hier haben Frauen oft einen blinden Fleck, und nach meiner Beobachtung liegt dies daran, daß meist Macht ein höchst negativ besetzter Begriff ist. Sie verbinden mit dem Wort Macht spontan den Machtmißbrauch. Wenn es Ihnen auch so geht, sollten Sie Ihre Einstellung kritisch überdenken und sich mit dem Wörtchen etwas anfreunden. Denn Macht muß nicht automatisch mißbraucht werden, sondern kann sehr wohl höchst verantwortungsvoll angewendet werden. Wer grundsätzlich den Blick abwendet von der Macht und den jeweiligen Interessen, die dahinter stehen mögen, wird leicht ihr Opfer. Zum beruflichen Weiterkommen gehört das alltägliche Spiel um die Gunst entscheidender Personen. Damit können Frauen schlecht umgehen, weil sie glauben, sie müßten sich verstellen und womöglich anbiedern. Aber selbst wenn es in Ihrem Unternehmen nicht mehr auf die Sache ankommt, sondern es nur noch um die Beziehungspflege zu den jeweiligen Machtinhabern zu gehen scheint – wenden Sie sich nicht empört ab. Auch Sie können nur etwas gestalten und entwickeln, wenn Sie die Macht dazu haben. Noch immer ist die Verfügung über ein gewisses Budget an Positionen und Projekte gebunden, ebenso wie der Entscheidungsspielraum. Also ohne die notwendige Macht, die Ihnen eingeräumt wird, werden Ihre besten Ideen und Anregungen ungenutzt verpuffen.

FAZIT Streben Sie aber nicht vordringlich Positionen an, sondern lassen Sie sich von den jeweiligen Aufgaben leiten. Wer immer nur darauf schaut, was diese oder jene Position ihm einbringen könnte, wird keinen Erfolg haben. Viele Manager, die ich befragt habe, wie sie zu ihrer derzeitigen Stellung gekommen seien, antworteten mir, daß sie sich darüber am wenigsten Gedanken gemacht hätten. Für sie sei es entscheidend gewesen, ob die Aufgabe sie gereizt hätte oder besondere Herausforderungen mit ihr verbunden gewesen seien. Machen Sie doch diesen Ratschlag zum Maßstab Ihres eigenen Handelns.

2. Mut zum Mißerfolg

Eine Empfehlung, die Ihnen auf den ersten Blick paradox vorkommen mag, wo doch jeder erfolgreich sein will. Was ist damit gemeint?

Mit der eigenen Zielsetzung für den Beruf wie für das Leben ist immer ein hoher Grad an Selbstverantwortung verbunden. Diese verlangt von mir, daß ich zu meinen Entscheidungen stehe und ihre Ergebnisse akzeptiere, selbst dann, wenn sie negativ ausfallen. Bei vielen Frauen konnte ich beobachten, daß diese Verantwortung Ängste auslöst und sie ihr deshalb gern aus dem Weg gehen. Sie definieren keine Ziele, damit ein Versagen gar nicht erst eintreten kann. Falls Sie in diesem Teufelskreis stecken, sollten Sie schleunigst versuchen auszubrechen; am besten, indem Sie sich kleine, überschaubare Ziele vornehmen, die nicht schwer zu erreichen sind. Nur: Wer sich auf den Weg zu einem Ziel begibt, ist vor einem Verfehlen seines Zieles nicht gefeit. Deshalb freunden Sie sich mit der Möglichkeit von Mißerfolgen an, dann werden Sie den nötigen Mut für größere Ziele gewinnen.

Zu jedem Berufsleben gehören auch Fehlschläge, das Scheitern von Vorhaben und Erfolglosigkeit. Diesen meist sehr schmerzlichen Erfahrungen soll hier besondere Aufmerksamkeit geschenkt werden, denn in solchen Situationen stehen ja das eigene Wollen und damit auch die eigenen Ziele auf einem besonders harten Prüfstand. Im Umgang mit Negativem liegen oft hohe Risiken, aber auch Chancen für die berufliche Entwicklung. Jeder weiß, daß Niederlagen zum Leben gehören; an ihnen kann man reifen und wachsen, wenn es gelingt, die notwendigen Lehren für sich zu ziehen.

MERKE Der wichtigste und wohl entscheidende Punkt im Umgang mit Mißerfolg ist die Aufgabe, ihn weder zu verdrängen noch sich entmutigen zu lassen. Beides kostet seelische Kraft und eine rückhaltlose Ehrlichkeit sich selbst gegenüber. Auch die Art Ihres persönlichen Werteprofils wird Ihren Umgang mit einem Fehlschlag prägen. Niemand ist gern Verlierer, aber jeder kann es einmal sein. Wie gehen Sie damit um?

Häufig erlebe ich bei Frauen eine Reaktion, die man nur als beleidigt bezeichnen kann. Der Mißerfolg wird dann in erster Linie als persönliche Kränkung empfunden. Wer aus dieser Haltung nicht wieder herausfindet, kann in Depressionen hineinrutschen, und dann sind weitere Mißerfolge fast programmiert. Eine Folgereaktion des Gekränktseins kann die Aggressivität sein, meistens auf die Gruppe gerichtet, die als vermeintlich schuldig ausgemacht wird. Derartige Verhaltensweisen verhindern die genaue Analyse eines Geschehens. Ein Mißerfolg kann sich bei näherer Betrachtung manchmal als höchst sinnvoll erweisen, denn er führt zur

Besinnung. Das heißt, er zwingt uns, die bisher begangenen Wege gründlich zu überprüfen. Oft ist eine entsprechende Kurskorrektur genau das, was das angestrebte Ziel näherbringt. Es kann auch sinnvoll sein, die Ziele zu überdenken und neu zu definieren.

Mißerfolge können Sie aber auch herausfordern, einen neuen Anlauf zu probieren, der dann zum Erfolg wird. Auf jeden Fall sind die gewonnenen Erfahrungen von unschätzbarem Wert. Man tappt nicht zweimal in die gleiche Falle. Je mehr Möglichkeiten man erprobt hat, desto mehr schließen sich aus. So wird die Anzahl der möglichen Wege immer kleiner und damit auch immer erfolgversprechender. Also, probieren geht über studieren. Hochmotivierte Menschen werden durch Mißerfolge erst recht angetrieben, weil sie es wissen wollen. Diejenigen, die Mißerfolge am liebsten verdrängen und nicht wahrhaben wollen, nehmen sich diese Chance zur Weiterentwicklung. Schlimmer noch, wenn versucht wird, entstandene Fehler zu verschleiern und nicht öffentlich werden zu lassen. Leider kommt dieses Phänomen in Unternehmen häufiger vor, als man glauben möchte. Die dadurch entstehenden Kosten werden heute weit höher eingeschätzt als die durch die ursprünglichen Fehler verursachten.

Wenn Sie Ihre Verantwortlichkeit für Aufgaben und Projekte ernsthaft wahrnehmen, sind Fehler nahezu unvermeidlich. Bei vielen Frauen erlebe ich aber eine enorme Anstrengung, diese Übernahme von Verantwortung nach Möglichkeit zu vermeiden. Sicherlich gibt es dafür individuell gute Gründe, aber der große Nachteil liegt darin, daß man sich nur auf ausgetretenen Pfaden bewegt und nichts Neues riskiert. Deshalb ermutige ich alle Frauen, zu Fehlern zu stehen, was in unserer so erfolgsorientierten Welt viele verwundert. Ohne Fehler lernt man nichts dazu, und im verbissenen Blick auf Fehlerfreiheit kommt eine Neuentdeckung oder eine vielleicht ungewohnte, aber kreativere Problemlösung nicht zum Zuge. Seien Sie sich darüber im klaren, daß mit dem Eingeständnis von Fehlern auch die eigene Verantwortung definiert wird. Diejenigen, die es nicht gewohnt sind, Verantwortung zu übernehmen, werden auch mit dem Eingeständnis von Fehlern ihre besondere Mühe haben.

Auch in diesem Bereich zeigen Männer und Frauen unterschiedliche Verhaltensweisen. Während sich Männer gern mit ihrem Scheitern brüsten, meinen Frauen, ihren Erfolg unter Beweis stellen zu müssen. Somit entsteht gerade bei Frauen eine fehlende Offenheit für das notwendige Risiko; wenn ich ausschließlich das erfolgreiche Ergebnis im Auge habe, setze ich mich unter enormen Druck, der die Flexibilität einschränkt und neue Chancen nur als Störfaktoren bei der Zielerreichung wahrnimmt. Dies passiert vornehmlich Frauen, die durch den Wert *Perfektion* geprägt sind. Sie machen sich nachträglich die größten Vorwürfe, wenn sie etwas vorher nicht gründlich bedacht und entsprechend geplant haben. Erfolgsdruck erzeugt meistens ein Vermeidungsverhalten. Deshalb sollten Sie lernen, mit Mißerfolgen zu leben, ja manchmal sollten Sie sich diese geradezu wünschen; denn nur sie sind es, die uns wach und lebendig halten. Sie zwingen uns zum Nachdenken, machen uns letztendlich mutiger und sicherer für viele Situationen.

Besonders ehrgeizige Frauen können sich, entsprechend ihrem eigenen Selbstverständnis, keine Fehler leisten. Sie sind in ihren alltäglichen Bemühungen primär darauf konzentriert und erfüllen oft sogar ihr Leistungssoll mehr als erforderlich. Hier liegt natürlich die Gefahr nahe, von anderen ausgebeutet oder sogar für fremde Interessen mißbraucht zu werden. Sosehr Sie für das berufliche Vorankommen Ehrgeiz brauchen, so sehr ist jedes Zuviel davon problematisch. Zum einen verstellt es den klaren, nüchternen Blick für die jeweiligen Möglichkeiten und wechselnde Interessenslagen.

Ebenso verhindert es andererseits, die eigenen Potentiale zur Entfaltung zu bringen, da man sich zu sehr auf die Erfolgsmaximen anderer Menschen einläßt und zugleich verläßt. Das stärkt nicht unbedingt das eigene Selbstbewußtsein, und damit ist kein Erfolg, der einen zufrieden macht, zu erreichen.

Es gibt noch andere Erfolge, die nicht froh machen. Man hat vielleicht die Karriereleiter erklettert, ist aber isoliert im Beruf und hat keine privaten Freunde. Deshalb prüfen Frauen manchmal gründlicher als die Männer, ob sie den Erfolg im Beruf überhaupt wollen. Noch öfter entsteht sogar Angst vor dem eigenen Erfolg. Denn der Erfolg nimmt jeden in die Pflicht! Deshalb gibt es einige Frauen, die ihren verdienten Aufstieg auf andere Menschen, besondere Umstände oder schlichtes Glück zurückführen, nicht aber auf ihre eigenen Leistungen. Vermutlich passiert dies am ehesten solchen Frauen, denen ihre Unabhängigkeit etwas sehr Wichtiges ist. Sie befürchten dann, mit dem Erfolg auch den durch ihn bedingten Zwängen folgen zu müssen und ihr Leben nicht mehr selbst bestimmen zu können. Häufig schlagen Frauen ganz bewußt eine Position oder eine verantwortungsvolle Aufgabe aus, weil sie sich dadurch in ihrer Selbstbestimmung bedroht fühlen.

Einige von Ihnen haben vielleicht schon schmerzhaft erleben müssen, daß der Erfolg immer viele Väter hat, der Mißerfolg in der Regel keinen. An einem erfolgreichen Projekt, das viel Anerkennung durch die Geschäftsleitung erfährt, waren angeblich immer alle beteiligt. Sie müssen also auch lernen, mit Neidern richtig umzugehen, denn auf dem Weg zum Erfolg sind noch einige andere mit selbem Ziel unterwegs. Das kann hin und wieder zu einem unangenehmen Gedränge und Gerangel um die ersten Plätze führen. Auf wen fällt gerade das Rampenlicht? Wer erstrahlt im Glanze erbrachter Leistungen? Wer kann sich und seine Erfolge besonders gut darbieten? Das alles sind schwer kalkulierbare

Vorgänge, die aber durchaus über Sein oder Nichtsein von Karrierechancen entscheiden können. Verstehen Sie es, sich auf diesem Parkett geschickt zu bewegen?

Es gibt keine allgemein gültige Regel, aber doch einen Aspekt, dessen Beachtung Ihnen das Leben etwas erleichtern könnte. Achten Sie darauf, Ihre Energien nicht an falschen Objekten oder Gegebenheiten zu verbrauchen. Es gehört zur berühmten psychologischen Kriegsführung Ihrer geschätzten Konkurrenten, Sie auf Nebenkriegsschauplätze zu führen. Also zum Beispiel mit Ihnen eine konfliktreiche Auseinandersetzung um unwichtige Dinge anzuzetteln. Damit will man Sie von Ihrem Ziel abbringen, um sich – derweil Sie ja abgelenkt sind – ungehindert in die vorderste Riege bewegen zu können. Eine ziemlich ratlose Klientin berichtete mir von einem derartigen Verhalten ihres Nebenbuhlers, der mit ihr um die Gunst des Chefs rang.

MERKE Entscheidend für Ihr Selbstbewußtsein und die Entwicklung von Selbstsicherheit ist, wie Sie mit Mißerfolgen umgehen. Seien Sie selbst Ihr größter Kritiker, und analysieren Sie schonungslos die verpatzte Sache. Ein guter Freund oder vertrauenswürdiger Kollege kann mit seiner Rückmeldung eine große Hilfe sein. Nur wer seine Schwachstellen genau kennt, kann sie zukünftig vermeiden. Das heißt nicht, daß Sie die Selbstkritik so weit treiben, daß sie masochistische Züge erhält und das Selbstwertgefühl sinkt. Mißerfolge auf die persönliche Unzulänglichkeit und eigenes Fehlverhalten zu beziehen trübt den Blick für die Auseinandersetzung und lenkt ihn auf falsche Bahnen. Dadurch verlieren Sie jede Souveränität, wenn Sie Ihrem Vorgesetzten die Gründe für den Mißerfolg darlegen müssen. Versuchen Sie deshalb immer, zwischen Ihrem persönlichen Verhalten und den sachlichen Gegebenheiten zu differenzieren. Haben Sie selbst einen Fehler gemacht, sollten Sie ihn nicht nur beklagen, sondern sich konkrete Gedanken darüber machen, wie Sie so etwas zukünftig verhindern wollen. Ein Vorgesetzter möchte von Ihnen in erster Linie wissen, was Sie zukünftig zu tun gedenken, damit ein Fehler nicht mehr vorkommt. Demonstratives Bejammern und schuldbeladenes Gehabe käme dem Verhalten eines kleinen Mädchens gleich, was nicht gerade das Vertrauen in Ihre Kompetenz fördert. Außerdem hat es etwas Erpresserisches, und so etwas zahlt sich nie positiv aus.

Nehmen Sie also Mißerfolge in erster Linie als Herausforderung an. Wer immer nur erfolgreich sein will und Mißerfolge schlecht hinnehmen kann, verfällt einem Rechtfertigungszwang, der viel Energie kostet und höchst unglaubwürdig wirkt. Vor allem spüren alle in Ihrem Umfeld, daß Sie nicht an einer optimalen Lösung interessiert sind, sondern nur selbst gut dastehen wollen. Das könnte im Einzelfall sogar einige reizen, Sie immer wieder an Ihren Schwachstellen herauszufordern. Zum Schluß könnten Sie sehr einsam dastehen, denn andere wollen nicht mit Ihnen zusammenarbeiten, wenn Sie nur Ihren eigenen Vorteil suchen.

FAZIT Zeigen Sie sich verantwortlich für Ihre Ziele, und gehen Sie dabei auch Wagnisse ein. Das wird Sie weiterbringen. Lernen Sie, auch schlechte Ergebnisse anzunehmen, und zeigen Sie Durchhaltevermögen. So können aus Mißerfolgen Erfolge entstehen.

3. Unermüdlich, aber nicht ungemütlich

Der Ehrgeiz kann einen auch mal derartig packen, daß man das Maß für seinen Einsatz verliert. Häufig merken das andere Menschen eher als man selbst. So könnte es passieren, daß ich mich zu sehr für eine Sache engagiere, weil ich sie persönlich wichtig finde, weil sie mir besonderen Spaß macht oder ich mir davon eine besondere Anerkennung verspreche. Dies kann allerdings zu einem Bumerang für mich werden, wenn ich nicht im Auge behalte, ob mein Umfeld das verträgt und mein Vorgesetzter meine Begeisterung auch teilt. Der Grad zwischen Ehrgeiz und unangenehmer Verbissenheit ist schmal, und wenn aus Arbeitsfreude eine Arbeitswut wird, dann fördert das nicht gerade das Betriebsklima. Einerseits verdirbt man mit dieser Verhaltensweise den sogenannten Akkord, denn Kollegen können sich durch diese Art zu arbeiten in einer Weise unter Druck gesetzt fühlen, die selten das Ergebnis in seiner Qualität befördert. Andererseits hält man von seiner physischen Leistungsfähigkeit her diesen erhöhten Einsatz nicht lange durch und läuft Gefahr, in das genaue Gegenteil zu verfallen. Es gibt Vorgesetzte, die diesen Ehrgeiz gern nutzen, vor allem wenn sie kein großes Vertrauen in die Leistungsbereitschaft ihrer Mitarbeiter haben. Sie versprechen sich dann von einem übereifrigen Teammitglied das Verschärfen des Wettbewerbs und damit eine insgeheime Steigerung der Arbeitsleistung insgesamt. Prüfen Sie selbst, wie Sie agieren, aber lassen Sie sich nicht vor einen falschen Karren spannen.

Ohne Ehrgeiz hingegen erreicht man keine anspruchsvollen Ziele, ja mehr noch, ein Erfolg muß weiterverfolgt werden, sonst bleibt er nur ein einmaliges Ereignis. Schon erreichte Ergebnisse sind ein guter Hinweis für die Richtung, in die Sie weitergehen sollten. Behandeln Sie Erfolge deshalb nicht nur als außergewöhnlichen Zufall. Wenn Sie Geduld und Ausdauer haben, bleibt es nicht beim einmaligen Aufflackern des Lichtes.

Um sich im Beruf einen festen Platz an hervorgehobener Position zu sichern, müssen Sie am Ball bleiben. Selbst wenn ungewohnte Herausforderungen auf Sie zukommen und die

Erfolge sich nicht immer wie gewünscht einstellen, wechseln Sie nicht gleich das Feld. Eine Flucht ist immer die schlechteste Lösung, da sie den eigenen Lernprozeß einschränkt. Überhaupt fühlt man sich dabei eher als Verfolgte, und in vergleichbar schwierigen Situationen versucht man immer wieder, mit dem gleichen Verhaltensmuster zu reagieren. Sie sollten besser selbst zur Verfolgerin werden, bewußt unangenehme Situationen aufsuchen und lernen, sie zu bestehen. Lassen Sie sich nicht entmutigen, und verfolgen Sie unermüdlich Ihr Ziel. Das ist eine notwendige Voraussetzung für all Ihre Vorhaben.

Frauen gelingt es nur schwer, ihre Aktivitäten in der richtigen Weise zu steuern. Zielverfolgung darf sich nicht zu Penetranz steigern. Eine Klientin, die ihrem Chef ein ihr wichtiges und interessantes Projekt vorschlagen wollte, ging dabei so engagiert vor, daß sie bei ihm nur noch auf Widerstand stieß und für ihre Idee keine Zustimmung mehr erhielt.

MERKE Achten Sie bei Ihren Forderungen darauf, daß Sie andere nicht überfordern. Im Eifer des Gefechts übersieht man leicht, daß das Gegenüber wenig Bereitschaft zeigt, den eigenen Ansichten zu folgen. Viele Frauen neigen dann dazu, ihre Forderungen immer weiter zu verstärken, und geben ihnen eine Dringlichkeit, die nur noch Abwehr erzeugt. Der Kommentar eines Managers zu seiner Sekretärin über eine zielstrebige und höchst aktive Mitarbeiterin, den ich vor einiger Zeit mitanhören konnte, war: «Halten Sie mir diese Dame vom Leib, die ist ja nicht zu bremsen.» Es kann sein, daß Sie durch diese Verhaltensweise kurzfristig einmal Recht erhalten oder zu Ihrem Ziel kommen, aber Sie schaffen sich damit keine Freunde. Ein frustrierter Chef würde Sie eher am langen Arm verhungern lassen, als Ihnen eine interessante Position anzubieten. Sie sollten also sensibel und aufmerksam für die Situation des anderen sein und beobachten, ob Ihre Botschaft auf ein offenes Ohr trifft.

Die Kunst besteht darin, eine gute Balance zwischen Beharrlichkeit und Geduld zu finden. Einerseits bedarf es der unaufdringlichen, aber klaren und unbeirrbaren Verfolgung eines Zieles, auf der anderen Seite ist es genauso wichtig, warten zu können wie eine Katze vor dem Mauseloch und geduldig zu bleiben, wenn sich Ihnen etwas entgegenstellt. Nehmen wir einmal die Situation, daß Ihren Vorschlägen niemand so recht folgen mag. Reagieren Sie gelassen darauf, und hören Sie den Einwänden anderer Menschen so lange und gründlich zu, bis Sie etwas über die wahren Gründe der Vorbehalte der anderen erfahren.

MERKE Einige Frauen verfolgt die Angst, sie würden nicht ernst genommen, wenn ihnen bei Auseinandersetzungen die Argumente ausgehen. Deshalb legen sie schon vorher ihr gesamtes verbales Waffenarsenal bereit, um für alle Fälle gerüstet zu sein. Dabei hätten sie und ihre Gesprächspartner es sehr viel leichter, wenn sie sich erst einmal aufs Zuhören verlegen würden. Sie erzeugen damit Verständnis für den anderen, erfahren viel mehr über ihn und können letztendlich auch zielgerichteter antworten. Denn erst wenn ich weiß, worin genau der Widerstand eines anderen wurzelt – und dies erschließt sich ja nicht sofort beim ersten Satz –, kann ich auch präzise dazu Stellung nehmen.

Es gibt auch Frauen, die meinen, wenn sie nicht das Wort haben, könnten sie sich nicht mit ihrer Meinung behaupten. Dies halte ich für einen Irrtum, denn jemand, der immer redet, findet weniger Gehör, könnte aber anderen gewaltig auf die Nerven gehen. Deshalb ist es klug zu überlegen, wann und wo ich etwas sage. Ja, manchmal erweist es sich sogar als durchsetzungsstärker, wenig zu sagen, dies Wenige aber gezielt zum richtigen Zeitpunkt und mit den richtigen Worten. So ist es durchaus sinnvoll, sich hin und wieder rar zu machen. Diejenigen Frauen, deren Wert *Anerkennung* eine hohe Priorität hat, sind hier besonders gefährdet. Weil sie von der insgeheimen Furcht beseelt sind, jemand könnte sie übersehen, sind sie gern überall und zu jeder Zeit Mittelpunkt des Geschehens – ganz gleich womit.

Oft liegt auch der Eindruck nahe, manche Frauen hätten ihre Tochterrolle noch nicht so richtig abgestreift. Ein solches Rollenmuster besteht darin, zwischen einem angepaßten und einem aufsässigen Verhalten hin und her zu pendeln. Einige Frauen verhalten sich auch im Beruf so, vornehmlich gegenüber älteren, erfahrenen Chefs, die quasi in die Vaterrolle gedrängt werden und diese manchmal auch annehmen. Einerseits gefällt natürlich zielstrebigen Managern eine solche anpassungsbereite Mitarbeiterin, andererseits aber kann deren Aufsässigkeit als übermäßiger Eigensinn und Quengeligkeit abstoßend wirken, so daß jemand sie auf lange Sicht nicht gern an seiner Seite weiß. Prüfen Sie sich selbst kritisch, ob Sie dieser Rolle verhaftet sind; denn in der Wirkung auf andere wären Ihnen die damit verbundenen Folgen wahrscheinlich nicht sehr genehm. So traut man einem solchen Frauentypus zum Beispiel nicht zu, daß sie eigenverantwortlich Ziele verfolgen kann. Sie erleben und erfahren dies am besten an den Aufgaben oder Problemstellungen, die man Ihnen zuweist; inwieweit man Ihnen Entscheidungsspielraum läßt oder Sie als eifrige Zuarbeiterin noch in die Verantwortlichkeit anderer einbindet.

MERKE Ein Rollenverhalten ist erlernt, und man kann es tröstlicherweise wieder verlernen. Das geht natürlich nicht von heute auf morgen. Doch Sie sollten das schaffen, bevor Sie 40 sind. Danach wirkt ein Tochterverhalten nur noch peinlich. Wählen Sie für die Verlernung des ungeliebten Verhaltens kleine Etappen, eignen Sie sich in überschaubaren

Schritten, aber konsequent, Aufgabenbereiche an, für die Sie allein die Verantwortung haben. Suchen Sie sich eine(n) Mentor(in), zu dem(r) Sie Vertrauen haben, und bitten Sie um eine wohlwollende Hilfestellung. Das Dilemma eines Erwachsenen, der sich ein altes Verhaltensmuster abgewöhnen will, besteht ja darin, daß man niemanden mehr hat, der einen erzieht. Sie müssen jetzt selbst für sich sorgen.

Viele Frauen fordern von sich selbst zu viel, sie schonen sich nicht auf dem Weg zum Erfolg. Das wird oft anerkennend wahrgenommen, aber nicht immer entsprechend honoriert. Lassen Sie deshalb aus Eifer nicht zu schnell Übereifer werden. Es könnte sein, daß Sie nicht die physische Kraft haben, dies für längere Zeit durchzuhalten. Gehen Sie mit Ihren Energien im eigenen Interesse maßvoll um. Jeder Übereifer verstellt auch den Blick für die vorherrschenden Stimmungen und Gegebenheiten. Man neigt dann dazu, die Welt nach seinen Vorstellungen formen zu wollen. Das geht leicht schief und hinterläßt viel Frustration. Deshalb sollte man auch nur etwas wollen, wenn man auch etwas kann. Das heißt: Seien Sie offen, achten Sie auch auf Möglichkeiten, die sich nicht sofort erschließen. Verpassen Sie keine gute Gelegenheit. Wer sich zu sehr von festen Vorstellungen und unverrückbaren Überzeugungen leiten läßt, der sollte wissen, daß die Umstände stärker sind als man selbst.

Gehen Sie gelassen und nicht penetrant, eifrig aber nicht übereifrig vor, wenn Sie Ihr Ziel erreichen wollen. Verwechseln Sie Penetranz nicht mit Durchsetzungsstärke und Übereifer nicht mit Leistungsstärke. Mit seinen Energien hauszuhalten ist ein Gebot der Lebensklugheit und eine Grundvoraussetzung, die Sie für sich selbst zu steuern und zu verantworten haben. Auf keinem Gehaltszettel werden Sie ein Honorar dafür finden, daß Sie sich für jemanden unaufgefordert aufgeopfert haben. Lassen Sie aber auch andere Menschen leben, und überfordern Sie niemanden.

FAZIT Versuchen Sie es doch einmal mit der «Salamitaktik», also scheibchenweise an Ihr Ziel zu gelangen. Hier ist mir noch heute die treffende Aussage einer anerkannten Politikerin im Gedächtnis. Sie wurde in einer Debatte angegriffen, weil sie bestimmte Ziele noch nicht durchgesetzt hatte. Sie antwortete nur: «Warum soll ich heute 100 % fordern, wenn ich in 2 Monaten vielleicht 120 % bekommen kann?» Nehmen Sie also die Chancen wahr, wenn sie sich bieten. Werden Sie selbst die Managerin Ihrer Interessen, die beim sensiblen Sich-Einfühlen in die Interessen anderer ihre eigenen nicht aufgibt, sondern beharrlich wahrnimmt und zugleich geduldig durchsetzt.

4. Beziehungen fallen nicht vom Himmel

Allein kann ich in dieser Welt nichts erreichen, ich brauche dazu die anderen, die mich bei meinen Vorhaben unterstützen oder mir zumindest wohlwollend zugetan sind. In einer Zeit, in der wir einen ausgeprägten Individualismus pflegen, machen wir uns zu selten bewußt, wie sehr wir andere Menschen brauchen und von ihnen abhängig sind. Sei es, daß wir bestimmte Sachprobleme nicht allein lösen können, ohne Wissen um die Bedürfnisse unserer Kunden Produkte nicht bedarfsgerecht entwickeln können oder daß unsere persönliche Weiterentwicklung von einem guten Verhältnis sowohl zum Chef wie zu Kollegen mitentschieden wird.

Beziehungen sind alles im Leben, heißt es immer, wenn man Menschen nach den Bedingungen eines Erfolges fragt. Doch wie kommt man an gute Beziehungen? Zunächst einmal lebt und arbeitet jeder in Beziehungen, sei es in der Familie, mit Freunden, Nachbarn, Kollegen, Chefs und vielen Personen mehr. Daran denkt man zunächst weniger, wenn es darum geht, die eigene Karriere voranzutreiben. Dann, so meinen viele, seien doch eher die Beziehungen zu bestimmten Entscheidungsträgern und Machtinhabern wichtig. Sie halten die Menschen für besonders privilegiert, in deren bestehendem Beziehungsnetz – im privaten und beruflichen Bereich – sich solche Personen befinden. In der Regel ist das nicht der Fall, und die wenigen, die so etwas haben, sind nicht unbedingt zu beneiden. Kinder berühmter Eltern zum Beispiel haben es schwerer, aus deren Schatten hervorzutreten, als solche, die sich unbelastet von solcher Hypothek frei in der Welt bewegen können. Bereits als Ehefrau eines bekannten Managers oder Politikers kann man schon nicht mehr seine eigenen Wege gehen.

Nun ist es ungewohnt, Beziehungen zu anderen Menschen nur unter dem Blickwinkel des möglichen Nutzens für eigene berufliche Vorteile zu betrachten. Im tagtäglichen Geschäftsleben ist es jedoch gang und gäbe, da sich die Beteiligten ihrer interessengeleiteten Beziehungsform bewußt sind und diese auch wollen. Überhaupt gehorchen Geschäftsbeziehungen ganz bestimmten Regeln, wobei eine sich daraus entwickelnde Freundschaft durchaus möglich sein kann und gar nicht so selten auch entsteht. Meistens sind dabei die gegenseitigen Erwartungen klar umrissen, und man muß sich nicht lange darüber verständigen. Ob daraus eine lange andauernde Geschäftsbeziehung entsteht, hängt jedoch im wesentlichen vom persönlichen Sympathiewert, dem gegenseitigen Verständnis und der Verläßlichkeit ab, durch die eine solche Beziehung gefestigt wird.

MERKE Für Ihre eigene Situation sollten Sie Ihre Beziehungen, beispielsweise zu einem Vorgesetzten, nach ähnlichen Kriterien beurteilen. Eine gute Zusammenarbeit erfordert auch hier zunächst einmal das Klären der jeweiligen Erwartungen und deren Abstimmung mit den eigenen. Viele

Frauen setzen dies selbstverständlich voraus und meinen, das hätte sich ja schon herumgesprochen, was der Chef gern hat. Verlassen Sie sich diesbezüglich nicht auf Gerüchte, sie könnten falsch sein. Sondieren Sie stets selbst die genauen und konkreten Wünsche, indem Sie ständig eine gezielte Rücksprache halten. Für eine vertrauensvolle Zusammenarbeit genügt dies hingegen noch nicht. Sie ist mehr als lediglich die Erfüllung gegenseitiger Erwartungen, denn dabei geht es immerhin um Vertrauen. Vertrauen muß wachsen, es stellt sich erst nach einer bestimmten Zeit durch Aufrichtigkeit und verläßliches Verhalten ein. Versprechen Sie deshalb niemals zu viel, wenn Sie es nicht halten können. Erst die Verbindlichkeit in Ihrem Handeln, die sich auch in außergewöhnlichen Situationen für alle Beteiligten als stabil erweist, ist der vertrauenbildende Faktor.

Einige Frauen glauben, nur zu denjenigen Chefs gute Beziehungen pflegen zu können, die mit ihnen weitgehend einer Meinung sind. Treten einmal Differenzen auf, neigen sie sofort dazu, nicht mehr an ein gutes Miteinander zu glauben und die Beziehung abzubrechen. Das ist aber nicht möglich, wenn man weiterhin mit diesem Menschen zusammenarbeiten will oder auch muß.

Besser ist es, sich mit einem Chef auseinanderzusetzen, um auch seinen Standpunkt zu verstehen und nach Möglichkeit selbst bei sehr unterschiedlichen Positionen einen Kompromiß zu finden. Dabei sollten Sie den Grundsatz beherzigen, «Trennendes akzeptieren und Verbindendes suchen». Wenn Sie mit einem Menschen zusammenarbeiten wollen oder müssen, dann ist es angebracht, weniger die Verschiedenheit zu bemängeln als aktiv das zu suchen, was verbindet. Dazu gehört eine gewisse Selbstdisziplin, denn in der Regel neigen wir dazu, eher die negativen Seiten eines Menschen zu beachten und auch in unserem Gedächtnis zu verankern, anstatt das Positive zu sehen.

Es wäre auch ein Irrtum anzunehmen, gute Beziehungen seien nur zwischen Menschen hoher Werteübereinstimmung möglich. In meinen Ausführungen über Werte habe ich näher erläutert, wie sehr man von Gegensätzen profitieren kann, die oft das Anregende und Vorantreibende in einer Beziehung werden. Dazu gehört allerdings auch, daß man nicht ständig andere an den eigenen Werten mißt und dementsprechend die Art der Beziehung gestaltet. Wer sich nur mit seinensgleichen umgibt, fühlt sich vielleicht geborgen, entdeckt aber nicht die Welt mit ihrer Vielfalt.

Frauen leben ungern mit Unstimmigkeiten. Sie versuchen deshalb auch, entsprechende Situationen möglichst zu vermeiden, und schlucken ihren Ärger eher herunter, als ein Wort zuviel zu riskieren. Nur: Solcher Ärger führt im Innern oft ein Eigenleben weiter. Es beginnt dann ein Rationalisieren und Bewältigen negativer Gefühle, die die Grundlage jeder Vorurteilsbildung sind. Eines ist gewiß, wenn Menschen im Raster ihrer eigenen Vorurteile fest verankert sind, kann man ihnen nicht mehr offen begegnen. Folgenschwerer ist die Tatsache, daß man nicht mehr wirklich mit ihnen verhandeln kann.

Empfinden Sie es auch als Zumutung, sich noch mit Menschen beschäftigen zu müssen, die Sie nicht mögen, oder erst recht mit solchen, die Sie verletzt haben? Genau dies ist aber im beruflichen Leben notwendig, solche Beziehungen nicht einfach abbrechen zu können. Was ist zu tun, wenn Sie vor Ärger denken: «Mit dem rede ich kein Wort mehr!» Ich halte solche Herausforderungen für die reizvollsten, da sie eine besonders hohe Selbstdisziplin verlangen. Deshalb sollten Sie sich nicht nur entsprechend Ihrem momentanen Gefühl verhalten, sondern bewußt reflektieren, worin die Verletzung genau bestand und was für Sie an dieser Beziehung unabhängig davon wichtig ist. Verdrängen Sie zwischenmenschliche Probleme also nicht einfach, da sie dann an falscher Stelle immer wieder hochkommen. Verabschieden sollten Sie sich von der Annahme, daß man sich mit jemandem unbedingt prächtig verstehen muß, um eine Beziehung aufrechtzuerhalten. Es gehört zum professionellen Verhalten, mit einem schwierigen Vorgesetzten in vollem Bewußtsein seiner menschlichen Unzulänglichkeit gut umzugehen.

MERKE Die Art und Weise, wie Sie Beziehungen gestalten, liegt immer bei Ihnen, auch die Ferne oder Nähe bestimmen allein Sie. Sicher haben Sie schon bei sich beobachtet, daß sich mit der Wahrnehmung anderer Menschen sofort Sympathie oder Antipathie einstellt. Je nach Neigung ist man versucht, jeweils die positiven oder negativen Seiten stärker ins Visier zu nehmen. Manchmal können negative Verhaltensweisen das gesamte Bild eines Menschen überlagern, wie umgekehrt die positiven Verhaltensweisen auch das Gegenteil bewirken können. Jedenfalls ist man oft nicht mehr in der Lage, Menschen objektiv zu betrachten.

ÜBUNG Wenn Ihnen spontan jemand einfällt, den Sie auf Ihrer Negativliste haben, und wenn Sie dies ändern möchten, empfehle ich Ihnen folgende kleine Übung. Schreiben sie auf ein Blatt Papier alles, was Ihnen an dieser Person mißfällt, möglichst konkrete und sichtbare Verhaltensweisen. Danach sollten Sie eine zweite Spalte unter der Überschrift «womit ich leben kann» aufmachen, unter der Sie all das notieren, was Sie akzeptabel finden. Bedenken Sie immer, daß man nicht alle Menschen lieben muß, mit denen man zusammenarbeitet. Wenn Sie alles aufgelistet haben, konzentrieren Sie sich nur auf die positiven Punkte, und versuchen Sie, sich in Ihrer Wahrnehmung suggestiv darauf einzustimmen. Sie werden sehen, daß Sie jetzt zu diesem Menschen eine Beziehung aufbauen können, die Ihnen vorher nicht möglich gewesen wäre.

Beziehungen wollen auch gepflegt sein. Halten Sie also zu den Menschen Kontakt, denen Sie sich verbunden fühlen, sei es auf fachlicher oder auf persönlicher Ebene. Halten Sie die Beziehung zu Berufskollegen aufrecht, ohne die erotische Komponente ins Spiel zu bringen. Das ist ein Kernproblem der vielfältigen Beziehungen zwischen Männern und Frauen im Beruf. Meiner Erfahrung nach ist die Gestaltung solcher Beziehungen ein sensibles Feld, weil nicht jede und jeder es schaffen, es dauerhaft bei der kollegialen Ebene zu belassen. Dieses Buch ist nicht der Rahmen, um die vielfältigen Aspekte dieser Problematik aufzurollen, doch aus meiner Erfahrung rate ich Ihnen: Bauen Sie Ihre Karriere nicht ausschließlich auf persönlicher Sympathie und erotischer Anziehung auf, sie sollte in jedem Fall auf Kompetenz begründet sein.

Neben der Pflege bestehender Beziehungen im kollegialen und betrieblichen Umfeld ist das Kontakteknüpfen vor allem außerhalb Ihres tagtäglichen Berufsalltags wichtig. Für diejenigen, die im Vertrieb tätig sind, können sich aus den Kundenkontakten vielfältige Beziehungen ergeben, die schon für so manche Karriere entscheidend waren. Nicht selten habe ich Frauen beraten, die von einem Kunden ein gutes Angebot erhielten. Oder der Informationsaustausch mit und zwischen den Kunden führte zu einer guten Selbstdarstellung, die manchmal jede Bewerbungsaktion überflüssig machte, weil die Mundpropaganda ohne viel eigenen Aufwand funktionierte.

MERKE Vieles im beruflichen oder geschäftlichen Umfeld beruht auf dem Prinzip der Gegenseitigkeit. Mit leicht negativem Unterton sagt man auch: «Eine Hand wäscht die andere» und meint damit die nicht immer ganz seriösen Geschäfte. Man kann dies aber auch positiv sehen, denn in unserer arbeitsteiligen Gesellschaft ist das Aufeinanderangewiesensein ein grundlegendes Prinzip. Vielleicht gefällt Ihnen eine alte Kaufmannsregel in diesem Zusammenhang besser, die lautet: «Gute Geschäfte sind nur solche, an denen beide verdienen!» In langfristigen guten Beziehungen habe ich jedenfalls immer wieder festgestellt, daß diese Art, sich gegenseitig nützlich zu sein, wenn sie im menschlichen Miteinander fein austariert blieb, gut funktionierte. Frauen, für die der Wert *Unabhängigkeit* eine besonders wichtige Rolle spielt, haben oft Mühe, mit diesem Prinzip der Gegenseitigkeit richtig zu operieren. In ihrem Bestreben, alles im Leben möglichst allein zu können und Gruppen zu meiden, laufen sie Gefahr, sich zu isolieren, was sich für den Aufbau eines Netzwerkes nachteilig auswirkt.

Ein entscheidendes Forum, um Kontakte und Beziehungen zu knüpfen, sind Verbände, Vereine und inzwischen die vielfältigen Netzwerke, die mit sehr unterschiedlichen Zielsetzungen arbeiten. Neben den ausgesprochenen Berufsverbänden sind für viele Frauen heute die Gruppen interessant geworden, die sich einem bestimmten Anliegen verpflichtet fühlen und sich aktiv dafür einsetzen. Ulla Dick hat in ihrem Buch «Netzwerke und Berufsverbände für Frauen» viele solcher Institutionen vorgestellt.

Den Wert von Organisationen muß jede Frau für sich festlegen. In meiner Beratung höre ich oft negative Kommentare zu solchen Vereinigungen, zum Beispiel: «Die beschäftigen sich nur noch mit Themen, die mich nicht interessieren. Es ist manchmal wie ein Kaffeekränzchen!» Alle diese Gruppen leben davon, wie man sich selbst einbringt und beteiligt, denn alle Vereine, Initiativen, Netzwerke können nur so gut sein, wie die Frauen, die sich dort einbringen. Wer Organisationen nur zu seinem Vorteil nutzt und darüber hinaus nichts einbringt, hat Sinn und Zweck nicht begriffen. Alle Netzwerke leben von einem gesunden Austausch zwischen Geben und Nehmen.

Der Vorteil solcher Verbindungen besteht darin, daß Sie einerseits Informationen aus anderen Unternehmen erhalten, andererseits können solche Kontakte auch bei beruflicher Neuorientierung hilfreich sein, da hier auch unkompliziert und informell Stellenangebote ausgetauscht werden. Nicht zu unterschätzen sind auch die Veranstaltungen zu Fachthemen oder wirtschaftlichen und politischen Aspekten, die regelmäßig angeboten werden. Für Selbständige bieten diese Netzwerke je nach Branche oft ein Kundenpotential, oder es ergeben sich gute und sinnvolle Kooperationsmöglichkeiten. Natürlich ist die Macht und der Einfluß solcher Organisationen unterschiedlich stark. Wer sich also außergewöhnliche Chancen verspricht, wird sicher nicht so schnell auf seine Kosten kommen. Solche Kontakte haben Langzeitwirkung, denn die Bekanntheit führt im Laufe der Jahre zu dem nicht zu unterschätzenden «name dropping», von dem so manche Selbständige lebt. Aber auch in einer Organisation ist dieser Faktor nicht unerheblich, wenn bei Stellenbesetzungen als erstes in dieser Runde nach geeigneten Kandidatinnen gefragt wird. Schon so mancher Job wurde auf diese Art besetzt.

Sicher kann auch die Zugehörigkeit zu einer politischen Partei für einige Jobs ein wichtiger Beziehungsfaktor sein, ebenso wie Stellen im kirchlichen Bereich vorrangig an Mitglieder vergeben werden. Wer sich also beruflich in diesen Sphären bewegen will, sollte über solche Aspekte ernsthaft nachdenken. Leider ist es so, daß Chancen manchmal nur an Menschen vergeben werden, die entsprechende Voraussetzungen, beispielsweise ein Parteibuch, mitbringen. Sie sollten hier nicht nur aus Berechnung entscheiden. Jede erzwungene Zugehörigkeit macht unfroh und verhindert, daß man motiviert für die Organisation eintritt.

FAZIT Alles in allem muß man sich aktiv um ein Beziehungsnetz bemühen. Bei allen Aktivitäten sollten Sie sich aber nicht nur von einem möglichen Nutzen leiten lassen. Das würde Ihren Blick verengen, und die Menschen, die Sie dann für Ihre Interessen vereinnahmen wollen, merken es und wenden sich eher ab. Suchen Sie Menschen, und pflegen Sie die Beziehung zu ihnen, mit denen Sie in der Sache etwas verbindet oder die Sie als Person schätzen. Manchmal kann sich eine Karriere mit der einer bekannten oder befreundeten Person entwickeln.

5. Den Bogen nicht überspannen

Sie und sonst niemand sollte das, was Sie an Wünschen und Zielen in Ihrem Leben realisieren wollen, bestimmen! Dies klingt auf den ersten Blick banal, doch es gibt Frauen, die bei ihren Zielvorstellungen unrealistisch sind. Auf der Suche nach der eigenen Rolle in Beruf und Leben kann es passieren, daß man in die eine oder andere Richtung überzieht. So neigen Frauen leicht dazu, zwischen falscher Bescheidenheit und übertriebener Vermessenheit hin und her zu pendeln. Während sie ihr eigenes Können einerseits unterschätzen, neigen sie andererseits zur Vermessenheit in dem, was sie alles auf einmal erreichen wollen. Man könnte sagen: Einige wollen fast nichts, damit auch nichts schiefgehen kann, und andere wollen alles, womit sie sich und ihr Umfeld überfordern. Die goldene Mitte zu finden ist anscheinend nicht so leicht getan wie gesagt.

In meinen Befragungen unter Seminarteilnehmern habe ich auf die Frage, was für sie Erfolg sei, bei Männern und Frauen unterschiedliche Zielvorstellungen vorgefunden. Für Frauen ist Erfolg oft damit verbunden, eigene Fähigkeiten und Stärken zu entdecken und sich persönlich im Leben weiterzuentwickeln. Bei Männern dominieren dagegen sichtbare und vorzeigbare Ergebnisse – ein Haus, ein schnelles Auto oder eine einflußreiche Position. Dementsprechend unterschiedlich gestaltet sich auch das zur Erreichung der angestrebten Ziele eingesetzte Engagement.

Wer die Ansprüche an sich selbst zu hoch schraubt – wie viele Frauen dies tun –, wird deshalb häufiger das Gefühl der eigenen Unzulänglichkeit haben. Vor allem, wenn die eigene Vervollkommnung sich an menschlichen Qualitäten ausrichtet, sind Erfolge nicht sofort spürbar und schon gar nicht für andere darstellbar. Das spüren die Frauen insgeheim und sind verunsichert, wenn sie bei mir mit der Frage auftauchen, ob sich denn Aufwand und Einsatz all ihrer Aktivitäten letzten Endes auch lohnen? Oft stellen sich diese Fragen in Phasen, in denen die Energie nachläßt und Selbstzweifel aufkommen und wenn man beobachtet, daß anderen anscheinend bei weniger Aufwand der Erfolg in den Schoß fällt.

Die gegenwärtigen Umstrukturierungen in den Unternehmen machen es zusätzlich schwer, Perspektiven für das eigene Vorankommen zu erblicken oder auch nur eine überschaubare und planbare Entwicklung im Laufbahnsystem wahrzunehmen. Da diese irritierende Erfahrung gegenwärtig Männer wie Frauen – gleichgültig ob als Mitarbeiter oder als Führungskraft – machen müssen, kann man kaum Impulse für die eigene Motivation von anderen erwarten. Also muß jeder sich selbst motivieren, mehr als jemals zuvor. Aber wofür und wohin? Dabei fällt mir auf, daß einige Menschen für ihre Zielerreichung gern eine eingebaute Sicherheitsgarantie hätten, die es nicht gibt.

Generell ist eine hohe Eigenmotivation für jeden Beruf, jeden Erfolg notwendig. Wer viel im Leben erreichen will, braucht entsprechend viel Energie, die möglichst rationell einzusetzen ist. Doch nach welchen Kriterien? Wird einem nicht schon durch das Tempo der Arbeitswelt und den Umfang der gestellten Aufgabe vorgeschrieben, wieviel Einsatz man zu leisten hat? Bestimmen nicht der Kunde mit seinen Wünschen und der Wettbewerb mit anderen, was zu leisten ist? Natürlich werden wir weitgehend durch solche Gegebenheiten gesteuert, aber um so wichtiger ist es, sein eigenes Maß zu finden. Orientieren Sie sich auch hier zunächst wieder an Ihren Werten, prüfen Sie erneut Ihre Prioritäten, und bestimmen Sie danach, wofür Sie sich besonders einsetzen wollen.

Bleiben Sie vor allem bei den Ansprüchen an sich selbst Ihre größte Kritikerin! Sicher haben Sie schon einmal erfahren, wie Sie, obwohl Sie nach eigener Einschätzung nicht sonderlich gut auf eine Sitzung, ein Gespräch oder einen Vortrag vorbereitet waren, trotzdem die anderen begeistern konnten. Man verläßt den Ort des Geschehens etwas erstaunt und denkt: «Mit so einem bißchen waren die schon zufrieden?» Jedenfalls ist einem sehr bewußt, daß man eigentlich mehr hätte leisten können. Umgekehrt kann es aber auch passieren, daß man trotz gründlicher Vorbereitung, hohem Einsatz und perfekter Präsentation eines Vorhabens keine große Resonanz von den Zuhörern bekommt und bei sich denkt: «Mal wieder Perlen vor die Säue geworfen!» Hat der Einsatz sich nicht gelohnt? Wenn es Ihnen auch schon so ergangen ist, können Sie sicher bestätigen, wie präzise der eigene Qualitätsmaßstab ist. Bleiben Sie deshalb Ihrem eigenen Maßstab immer treu, und benutzen Sie ihn als Orientierungspunkt.

Fällt Ihnen auf, daß viele Menschen fremdgesteuert in Ihrem beruflichen Umfeld agieren? Ich weiß, daß Führungskräfte eines mittelständischen Unternehmens den Arbeitsplatz nicht vor 20.00 Uhr verlassen, weil auch der Chef nicht früher geht. Andere Mitarbeiter sind nur deshalb zur Mehrarbeit bereit, weil sie sich besondere Sympathien bei ihren

Vorgesetzten versprechen. Anspruchsvolle Kunden können ganze Abteilungen in Atem halten und damit ihrer besonderen Bedeutung Ausdruck verleihen, wobei die sachliche Notwendigkeit des Bedarfs nicht immer gegeben ist. Nicht zuletzt gibt es auch Chefs, die ihre Mitarbeiter nur deshalb besonders fordern, weil sie selbst gut dastehen wollen, ohne allerdings die Sache damit voranzutreiben.

Ein weitgehend selbstbestimmtes Handeln ist nur in wenigen Unternehmenskulturen erwünscht und wird entsprechend gefördert. Dazu gehört sicher so ein Unternehmen wie Hewlett Packard, das mit dem «HP way» eine Unternehmenskultur geschaffen hat, die unter anderem den Mitarbeitern nicht nur Geld, sondern auch Zeit für ihre Leistung zahlt, wobei jeder nach bestimmten Kriterien selbst entscheiden kann, was er wählt. Der Zeitaufwand für eine Tätigkeit wird von jedem Mitarbeiter selbst dokumentiert, denn das Management setzt mehr auf Vertrauen als auf Zeiterfassungssysteme. Oder das Unternehmen «Gore» (dessen Produkt «Goretex» man als Regenschutz kennt): Dort wird das unternehmerische Wagnis jedes einzelnen durch die Prinzipien von «freedom» und «waterline» gesteuert, die jedem Mitarbeiter neben hoher Autonomie auch die wirtschaftliche Verantwortlichkeit auferlegen.

Es ist Ihre Entscheidung, welche Unternehmenskultur Ihrem eigenen Leistungsverständnis am ehesten entspricht. Mir fällt immer wieder auf, daß viele Frauen die Unterschiede in der Art, wie Leistung in den verschiedensten Unternehmen und Branchen abgefordert wird, nicht kennen. Wenn Sie also den Eindruck haben, daß Sie einen erwünschten Einsatz nicht erbringen können oder mögen, dann prüfen Sie die Alternativen unter möglichen Arbeitgebern. Ich konnte schon häufig beobachten, daß der bloße Wechsel in ein anderes Unternehmen viele Probleme löst. Genausowenig wie nicht jeder für die Arbeit in der freien

Wirtschaft geschaffen ist, paßt nicht jeder in den öffentlichen Dienst. Die Leiterin eines Filialunternehmens erzählte mir, daß sie schon nach sechs Wochen wisse – obwohl die Probezeit viel länger dauert –, ob eine neue Mitarbeiterin es in ihrem Geschäft aushalten wird oder nicht. Leistungsanforderungen und Person müssen zusammenpassen.

Viele Frauen arbeiten bis zur Erschöpfung, weil sie glauben, nur so dem eigenen Qualitäts- und Leistungsanspruch gerecht zu werden, und dominieren damit auch ihr Team oder die Abteilung. Fragen Sie sich sehr selbstkritisch, ob Ihr hoher Einsatz die Kompensation für etwas anderes sein könnte? Wenn das der Fall ist, dann achten Sie darauf, daß Sie Ihren Maßstab nicht auch für andere als verbindlich erklären. Ebensowenig können Sie für freiwillig erbrachte Mehrleistungen, die nicht von Ihrem Chef gefordert werden, besonderen Dank oder mehr Geld verlangen. Eine kluge Frau sollte sich bei der Suche nach dem richtigen Maß an den Interessen ihres Chefs orientieren. Dies fällt denjenigen besonders schwer, die ihren Chef als wenig kompetent und zielorientiert einschätzen. Sie glauben, besser zu wissen, was gefordert ist, und erbringen dafür die aus ihrer Sicht notwendige Leistung. So wird eine positive Seite weiblichen Engagements zum Verhängnis, denn sie übersehen dabei leicht, daß ihr Chef vielleicht ganz andere Interessen im Auge hat.

Besonders bei einem sehr geschätzten Chef zeigen Frauen gern ein außergewöhnliches Engagement. Jeder weiß, daß Liebe zum Geben verführt. Vergessen Sie aber nicht, daß Sie sich auf beruflichem Terrain bewegen und hier in der Regel Geschäftsinteressen herrschen, nicht die Liebe füreinander.

In meinen Seminaren provoziere ich Frauen gern mit der Frage: «Können Sie gut mit Feinden leben?» Geantwortet wird mir sofort mit «nein». Das ist ein menschlich sympathischer Zug, der im Beruf hindert. Wappnen Sie sich gegen starke Gefühle, damit Sie Ihre Interessen wahrnehmen und sie sachgerecht verhandeln. Lassen Sie sich nicht ausbooten, und wenden Sie sich nicht frustriert oder enttäuscht ab.

Wer mit dem Kalkül agiert, daß hohe Leistung auch schnell viel Ehre bringt, der hat sich schon manchmal verrechnet. Die Auswahl geeigneter Kandidaten hängt nicht nur von ihrer Leistung ab. Greifen Sie deshalb nicht gleich zu den Sternen, denn wer zu schnell zu hoch hinaus will, kann eher, als es ihm lieb ist, tief fallen. Für die gesamte Ausrichtung und Planung Ihrer beruflichen Laufbahn gilt es einen Rhythmus zu finden, der einerseits den Anforderungen der Arbeitswelt Rechnung trägt und andererseits Ihren persönlichen Lebenszielen.

Daß hin und wieder «Undank der Welt Lohn» ist, haben auch Sie sicher schon zu spüren bekommen. Wenn Sie diese Erfahrung besonders betroffen macht oder verärgert, sollten Sie vielleicht Ihre eigene Verhaltensweise einmal kritisch reflektieren. Ich erlebe recht häufig, daß Frauen sich zu lange zu sehr anpassen und dann das Maß für ein in jeder Gesellschaft generell gefordertes Verhalten verlieren. Überall im Arbeitsleben gilt es, sich anzupassen – mal mehr, mal weniger –, das kann durch die Sachaufgabe geboten oder von Vorgesetzten gewünscht sein. Wer dies nicht aus eigener Freiheit und mit Augenmaß praktiziert, der kann Schaden nehmen und wird irgendwann mit Aggressivität auf die kleinste Zusatzforderung reagieren und jede Gelassenheit verlieren. Es hilft nicht, innerlich eine Buchhaltung zu führen und sich vom angepaßten Verhalten Vorteile zu versprechen. Der Minusposten auf Ihrer Rechnung muß dann von der gesamten Menschheit beglichen werden. Lassen Sie es nicht soweit kommen. Versuchen Sie, selbst zu entscheiden, was Ihnen gemäß ist.

In manchen Punkten unterscheiden sich Frauen noch immer sehr von Männern. So zum Beispiel, wenn es darum geht, sich einen attraktiven Posten zu schnappen. Da greifen die Männer mutiger zu, gern auch schon mal eine Klasse zu hoch, jedenfalls durchaus nicht immer sach- und leistungsgerecht. Frauen trauen sich weniger zu und sind deshalb manchmal zu abwartend. Man könnte sagen, während die Männer zu bedenkenlos nach den höchsten Sternen greifen, bleiben Frauen viel zu lange auf dem Teppich. Sie überspannen damit den Bogen zu sehr in die falsche Richtung. Ich möchte Ihnen trotzdem nicht empfehlen, es den Männern gleichzutun, aber schauen Sie zukünftig nicht absichtlich und zu lange weg, wenn es um eine Positionsvergabe geht. Bringen Sie sich, wenn Sie die Aufgabe reizt, selbstbewußt ins Spiel. Sehr viel leichter fällt es den Frauen, wenn sie ohne Druck agieren können. Deshalb ist meine Empfehlung, lassen Sie rechtzeitig durchsickern, daß Sie gern eine größere Verantwortung übernehmen wollen. Je geschickter und häufiger Sie diese Botschaft an den richtigen Stellen plazieren, desto weniger müssen Sie darum aktiv kämpfen. So kann es passieren, daß andere auf Sie mit einem Angebot zukommen.

Ein Unterschied zwischen Männern und Frauen besteht auch in der Art und Weise, wie Ziele verfolgt werden. Hier fällt auf, daß Männer mit einer Rigorosität vorgehen können und den Bogen in eine Richtung spannen, die Frauen völlig fremd ist. Ohne Rücksicht auf Verluste können Männer den Blick so sehr auf einen zu erreichenden Punkt konzentrieren, daß sie die bei der Verfolgung ihrer Ziele entstehenden Schäden nicht wahrnehmen. Vielleicht steckt dahinter noch das traditionelle Rollenverständnis von «ein Mann, ein Wort» oder «der Kapitän verläßt als letzter das Schiff», die dem Mann konsequentes und eigenverantwortliches Handeln abfordern. Viele Frauen reagieren darauf ambivalent. Einerseits bewundern sie die Durchsetzungskraft, und andererseits sind sie entsetzt, wenn Männer sozusagen über

Leichen gehen. Eine Imitation dieses Verhaltens – nur ganz wenige Frauen probieren es – endet im Image des Mannweibes. Trotzdem sollten Sie daran denken, daß es in manchen Lebenslagen sinnvoll ist, sein Ziel beharrlich und konsequent zu verfolgen.

FAZIT Es geht also in allen Ihren beruflichen Engagements darum, individuell das *richtige Maß* zu finden. Wenn Sie das beherrschen, können Sie Aufgaben und Positionen suchen und auch finden, die Ihnen *gemäß* sind. Ein langfristiger Erfolg ist nur zu erreichen und zu halten, wenn Sie ein klares Verständnis davon haben, was in der jeweiligen Situation für Sie als Person und für andere in ihrer Funktion *angemessen* ist.

VII Schlußbemerkung

Mein Anliegen ist es, Ihnen bei der Beantwortung der Frage zu helfen: «Wie erfahre ich, was ich selbst will?», und ich hoffe, daß Sie einige Anregungen erhalten haben. Jede Veränderung beginnt im Kopf, und ohne eine selbstkritische Beleuchtung des eigenen Denkens und Verhaltens bleibt vieles im dunkeln. Deshalb liegt mir daran, Ihren Blick für die eigenen Stärken und Schwächen zu schärfen.

Dabei geht es nicht darum, Ihnen zu zeigen, wie man richtig lebt, sondern darum, wie Sie Ihre individuellen Erfolgsfaktoren bewußter einsetzen. Wenn Sie Ihren Standpunkt genau bestimmen können, haben Sie schon viel erreicht. Wer weiß, wo er steht, kann zielgerichtet vorgehen.

Wenn Sie das Leben für einen Moment als Spiel betrachten, so möchte ich Ihnen bewußt machen, welche Karten mit welchen Chancen Sie gerade in der Hand halten, und ich wünsche mir, daß Sie manche Karte anders bewerten als vorher – ein Karo könnte sich als Trumpf erweisen. Deshalb möchte ich Sie nach bewußter Prüfung all Ihrer Optionen ermutigen, ein neues Spiel zu wagen.

Meine Botschaft heißt: Nehmen Sie Ihr Anliegen selbst in die Hand! Daß dies nicht dank einiger Tricks und guter Tips von allein funktioniert, habe ich versucht, deutlich zu machen. In allem orientieren sich meine Ausführungen an der Philosophie, daß nur wer seine Geschichte kennt, die Gegenwart besitzt und so die Zukunft gestalten kann.

Dank

Ich möchte allen danken, die mir mit Rat und Tat beim Schreiben dieses Buches behilflich waren: der Fachjournalistin Gerda Berger, die mit vielen Hinweisen so manchen Gedanken zurechtrückte; Hildegard Fleck, der ehemaligen Beauftragten für Chancengleichheit in der IBM Deutschland Informationssysteme GmbH, sowie der Medienpädagogin Jassna Sroka, die mir mit ihrem Feedback das Lebensgefühl der heutigen Endzwanzigerinnen näherbrachte.

Doris Hartmann
Juni 1999

Doris Hartmann
Management Beratung + Entwicklung
Hochallee 12
20149 Hamburg
Fax: 040/444296

Literatur

Adams, Linda und Lenz, Elinor: Frauenkonferenz, Hamburg 1981.

Beauvoir, Simone de: Das andere Geschlecht, Hamburg 1968.

Beck-Gernsheim, Elisabeth: Das halbierte Leben. Männerwelt Beruf – Frauenwelt Familie, Frankfurt/Main 1980.

Beck, Ulrich und Beck-Gernsheim, Elisabeth: Das ganz normale Chaos der Liebe, Frankfurt/Main 1990.

Beck, Ulrich: Risikogesellschaft. Auf dem Weg in eine andere Moderne, Frankfurt/Main 1986.

Bischoff, Sonja: Top-Arbeitgeber für Frauen, Mannheim 1996.

Böckmann, Walter: Das Sinn-System, Düsseldorf und Wien 1981.

Böckmann, Walter: Sinnorientierte Führung als Kunst der Motivation, Landsberg/Lech 1987.

Brooks, Linda: Neuere Entwicklungen in der Theoriebildung, in: Brown/Brooks; Karriere-Entwicklung, Stuttgart 1994.

Dent, Harry S.: Die neuen Spielregeln im Beruf, Düsseldorf, München 1995.

Dick, Ulla: Netzwerke und Berufsverbände für Frauen, Reinbek bei Hamburg 1995.

Dowling, Colette: Der Cinderella Komplex, Frankfurt 1982.

Erikson, Erik H.: Identität und Lebenszyklus, Frankfurt 1966.

Frankl, Viktor E.: Logotherapie und Existenzanalyse, München 1987.

Frankl, Viktor E.: Die Sinnfrage in der Psychotherapie, München 1981.

Fuchs, Jürgen: Die neue Art Karriere im schlanken Unternehmen, in: Havard Business Manager 4/1998.

Gordon, Thomas: Managerkonferenz, Hamburg 1979.

Hall, Douglas T.: Die Theorie der Laufbahnentwicklung in Unternehmen, in: Brown/Brooks; Karriere-Entwicklung, Stuttgart 1994.

Henning, M. Jardin, A.: Frau und Karriere, Hamburg 1978.

Hirth, Regina und Sattelberger, Thomas und Stiefel, Ralf: Life Styling, Landsberg am Lech 1981.

McCall, Morgan, Lombardo, Michael M. und Morrison, Ann M.: Erfolg aus Erfahrung, Stuttgart 1995.

Kotter, Heskett: Die ungeschriebenen Gesetze der Sieger, Düsseldorf 1993.

Petzold, Mathias: Rollenentwicklung und Identität, Paderborn 1982.

Sheehy, Gail: In der Mitte des Lebens, Frankfurt/Main 1978.